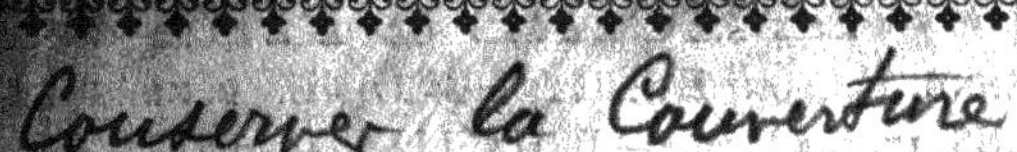

Livre de ecture Musicale

formant un Recueil

des

AIRS NATIONAUX

les plus caractéristiques

rangés dans un ordre progressif avec l'indication

de leur structure rythmique

PAR

ADOLPHE SAMUEL

Directeur du Conservatoire royal de Gand

Membre de l'Académie royale de Belgique, Commandeur de l'ordre de Léopold

---

Prix net : 3 francs

Le recueil est divisé en sept fascicules

—— fascicule : 0 fr. 50

LEMOINE & FILS

ÉDITEURS DE MUSIQUE

PARIS — BRUXELLES

17, Rue Pigalle — 1886 — *45, Rue de la Régence*

Livre
de
Lecture Musicale

formant un Recueil
des

AIRS NATIONAUX

les plus caractéristiques
rangés dans un ordre progressif avec l'indication
de leur structure rythmique

PAR

ADOLPHE SAMUEL

Directeur du Conservatoire royal de Gand
Membre de l'Académie royale de Belgique, Commandeur de l'ordre de Léopold

---

Prix net : 3 francs
Le recueil est divisé en sept fascicules
——— *fascicule : 0 fr. 50*

LEMOINE & FILS
ÉDITEURS DE MUSIQUE

PARIS — *17, Rue Pigalle*

1886

BRUXELLES — *45, Rue de la Régence*

AVANT-PROPOS

Aux solfèges élémentaires qui réunissent les exercices d'intonation et de rythme, il est nécessaire d'adjoindre des recueils, sortes de chrestomathies, dont les mélodies, par leur valeur musicale, intéressent l'élève, éveillent son imagination, et contribuent à développer son goût et son jugement.

Plusieurs ouvrages, formés de morceaux pris dans les œuvres des maîtres, ont été faits dans ce but. Mais ces publications ne sont destinées qu'à l'enseignement des degrés supérieurs : la musique des musiciens, souvent très compliquée, inséparable de l'harmonie et des paroles, ne se plie pas aux exigences de l'enseignement initial.

Or, c'est principalement dans les débuts arides et même rebutants de l'étude de la musique, qu'un recueil de ce genre doit exercer l'influence la plus marquée.

L'idée de puiser dans les chants du peuple les matériaux d'un livre élémentaire de lecture musicale, et de combler ainsi une fâcheuse lacune, m'a été suggérée par mon savant ami, F.-A. Gevaert, l'éminent directeur du Conservatoire de Bruxelles.

Seuls, ces airs nationaux, par leur simplicité, par la clarté de leurs formes piquantes et variées, pouvaient constituer les éléments d'une anthologie musicale primaire. Et ils présentent ce grand avantage, qu'étant homophones, ils se suffisent à eux-mêmes et ne nécessitent point d'accompagnement.

Le recueil contient près de quatre cents chants empruntés à tous les peuples. Ils ont été choisis parmi les plus caractéristiques autant que le permettaient la division des matières et l'ordre progressif.

La physionomie propre de chaque mélodie homophone dépendant de la structure rythmique, et cette structure — pour des morceaux destinés surtout à développer le sens musical — n'étant plus suffisamment appréciable sans les paroles, je l'ai rendu apparente par une notation spéciale, déjà employée, du reste : un espace blanc dans la portée après chaque membre, une double barre après chaque période.

Dès les premiers morceaux, je fais usage des mesures à $\frac{2}{8}$ et à $\frac{4}{8}$, peu usitées, afin que les enfants, auxquels il ne faut inculquer que des notions simples, s'habituent tout d'abord à prendre pour point de départ dans l'appréciation des valeurs, la croche qui, dans notre notation, représente généralement l'unité primordiale du rythme. Les difficultés que les commençants rencontrent ensuite en abordant les mesures à $\frac{6}{8}$, à $\frac{9}{8}$ et à $\frac{12}{8}$ sont ainsi aplanies : ils se rendent compte par eux-mêmes que ces mesures composées sont en réalité formées de deux, trois ou quatre mesures à $\frac{3}{8}$.

Le *Livre de Lecture* n'a pas été amené, en ce qui concerne le mêtre musical, plus loin que la mesure à $\frac{12}{8}$; la connaissance des mesures ayant la blanche pour unité appartient au solfège du degré moyen.

ADOLPHE SAMUEL.

TABLE DES MATIERES

LEÇONS A TEMPS NON DIVISÉS

LEÇONS A TEMPS DIVISÉS PAR DEUX (temps binaires)

LEÇONS

À TEMPS NON DIVISÉS

TON D'UT MAJEUR

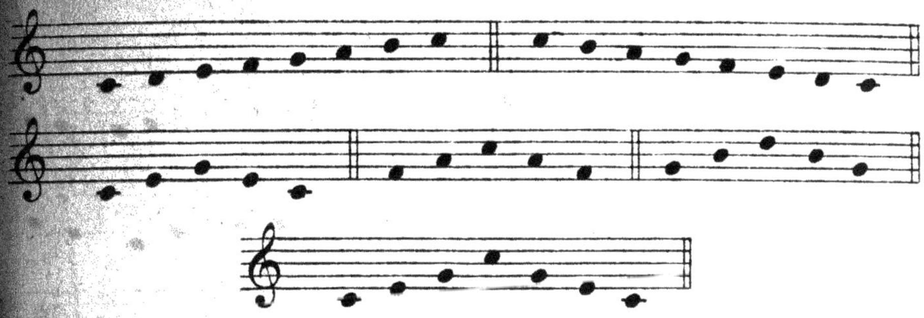

MESURE À DEUX TEMPS

Mesure à $\frac{2}{4}$: une noire ♩ ou un soupir 𝄽 pour chaque temps. | Membres de quatre mesures.

Allegretto.

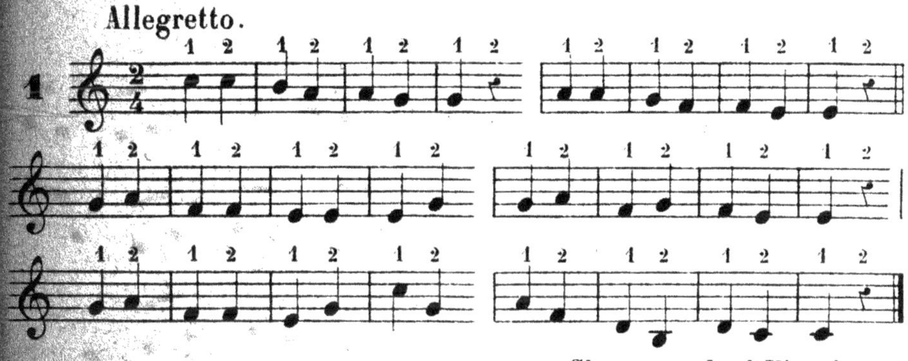

Chanson de l'Ukraine.

Mesure à $\frac{2}{8}$: une croche ♪ ou un demi-soupir 𝄾 pour chaque temps.

Allegretto.

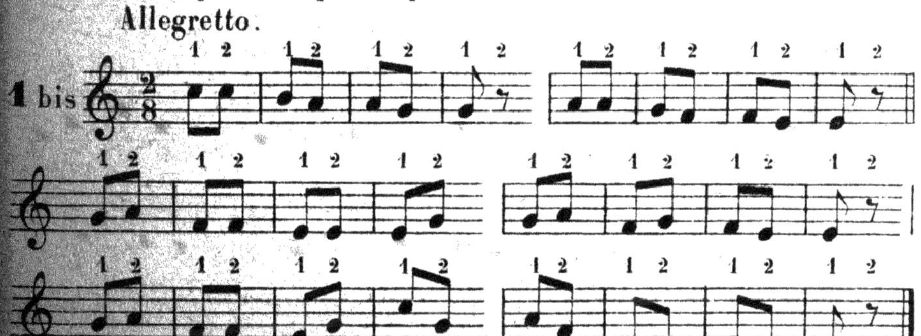

Idem.

Une **noire** ou un **soupir** pour chaque temps. | Membres de coupes variées.

Allegretto vivace.

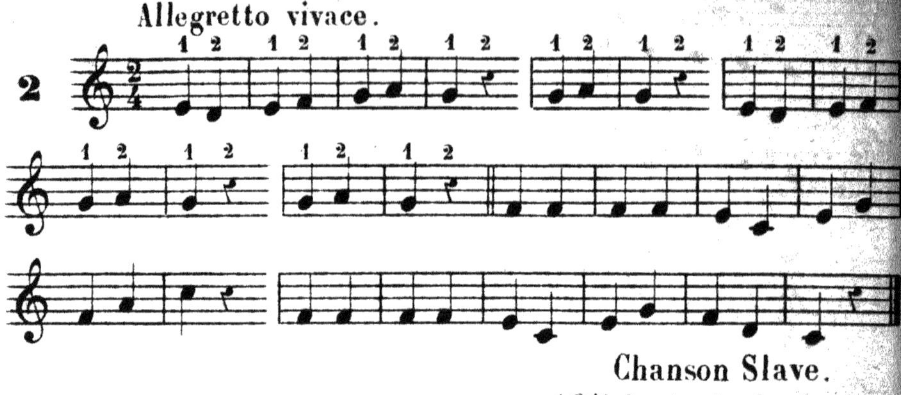

Chanson Slave.

(Oj! du, du, du, du, du, du.)

Une **croche** ou un **demi-soupir** pour chaque temps.

Allegretto vivace.

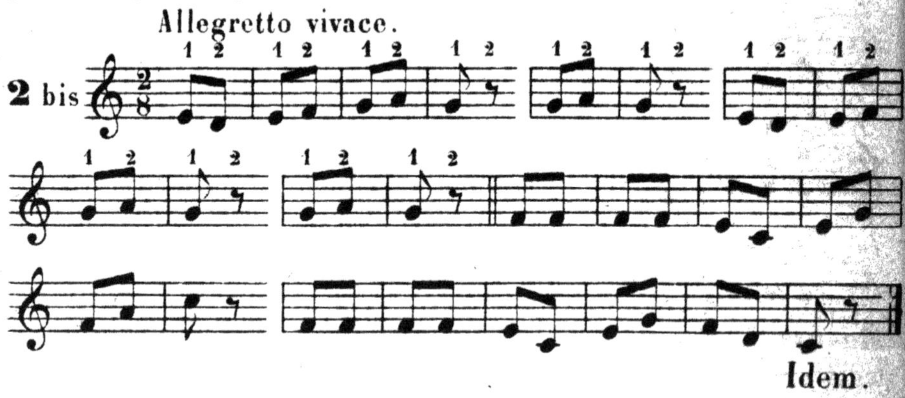

Idem.

Une **noire** ou un **soupir** pour chaque temps. | Membres de coupes variées.

Vivace.

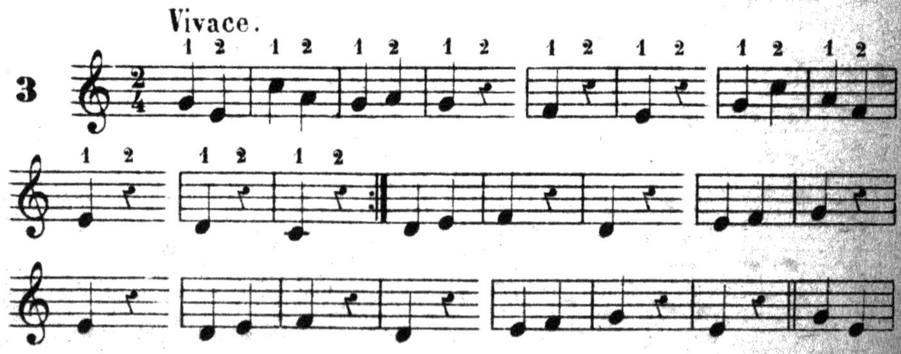

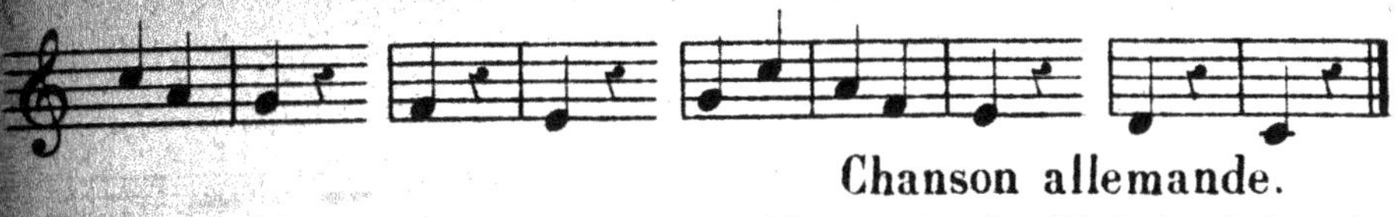

Chanson allemande.

(Traurig ist der Pfad des Lebens.)

Une **croche** ou un **demi-soupir** pour chaque temps.

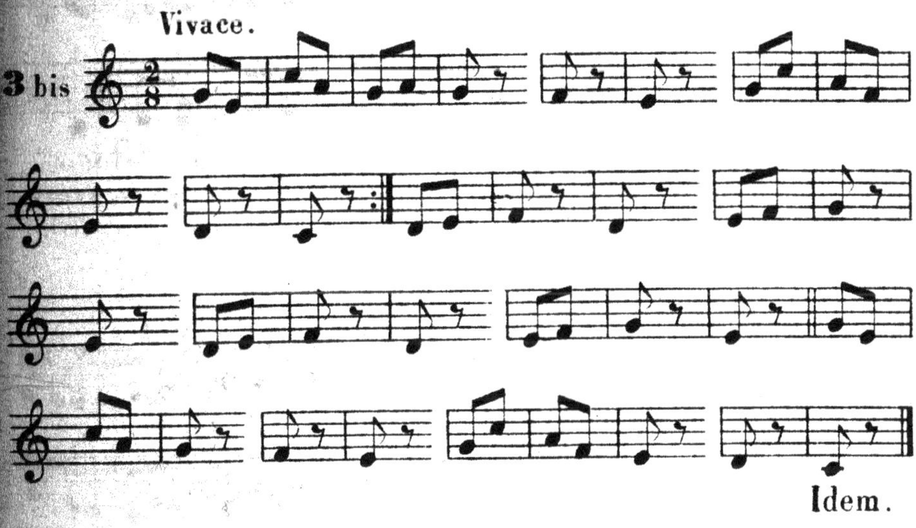

Idem.

UNE NOTE POUR DEUX TEMPS

Mesure à $\frac{2}{4}$: une **blanche** 𝅗𝅥 pour les deux temps de la mesure.

Membres de quatre mesures.

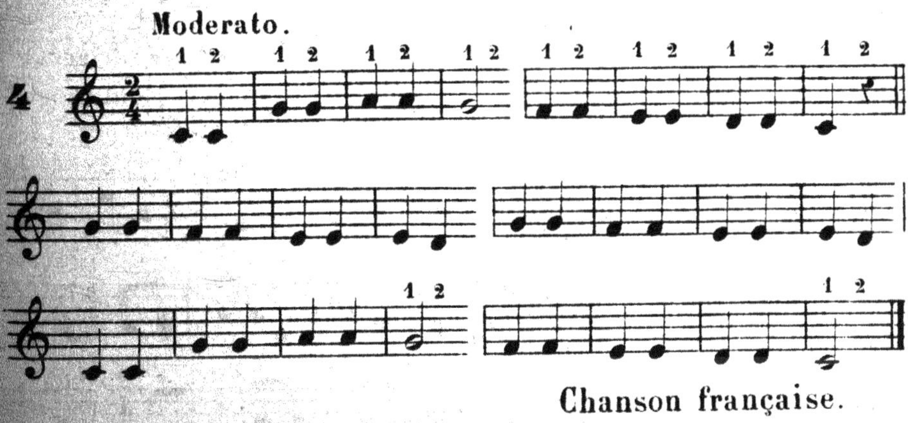

Chanson française.

(Ah! vous dirai-je, maman!)

Mesure à $\frac{2}{8}$: une **noire** ♩ pour les deux temps de la mesure.

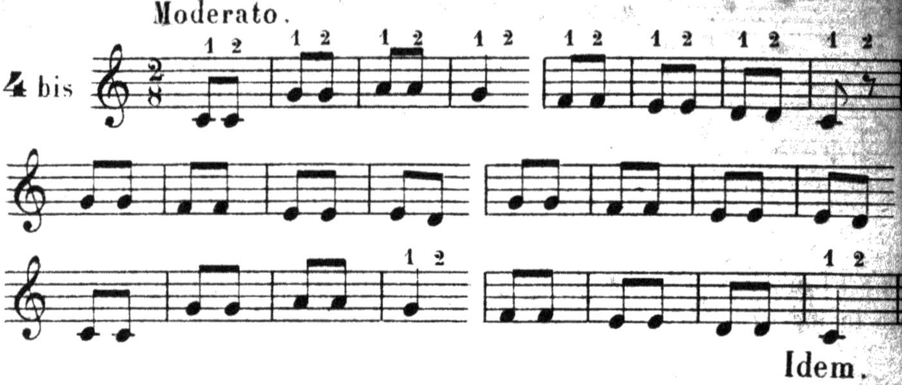

Idem.

Une **blanche** pour les deux temps de la mesure.

Membres de quatre et de trois mesures.

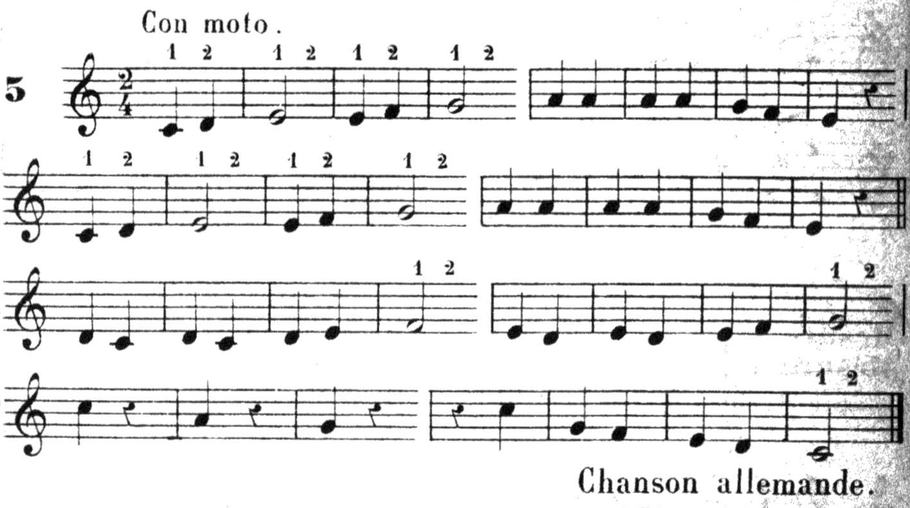

Chanson allemande.
(Singt und trinkt.)

Une **noire** pour les deux temps de la mesure.

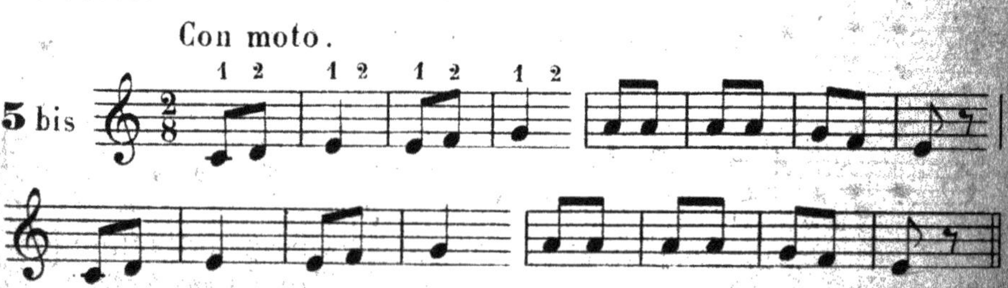

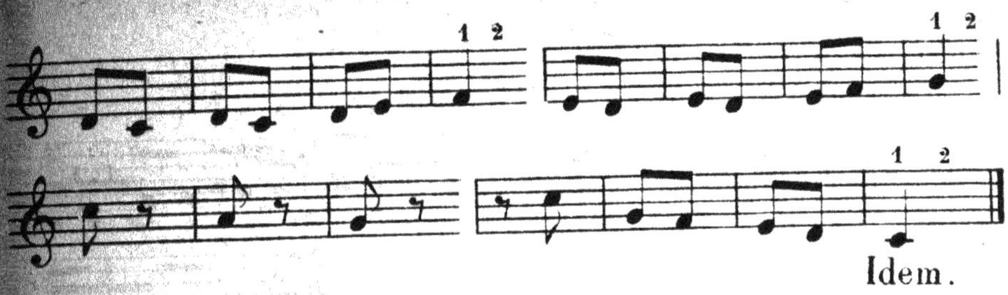

Idem.

Une blanche pour les deux temps de la mesure. | Membres de quatre mesures.

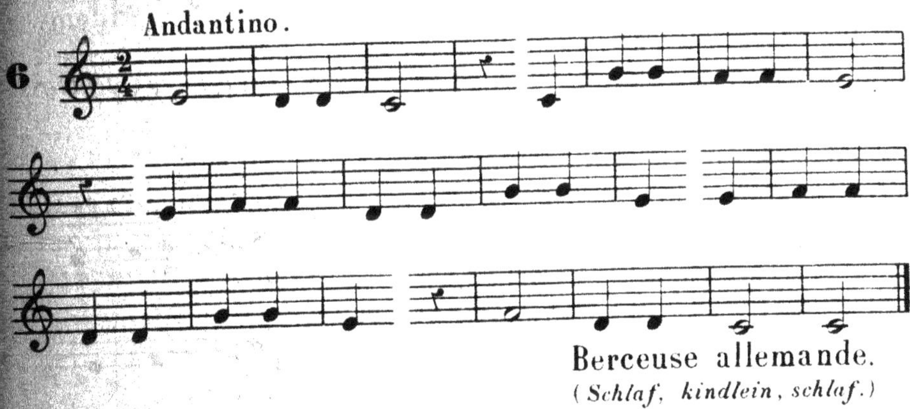

Berceuse allemande.
(Schlaf, kindlein, schlaf.)

MESURE À TROIS TEMPS

Mesure à $\frac{3}{4}$: une noire ♩ ou un soupir 𝄽 pour chaque temps. | Membres de quatre et de deux mesures.

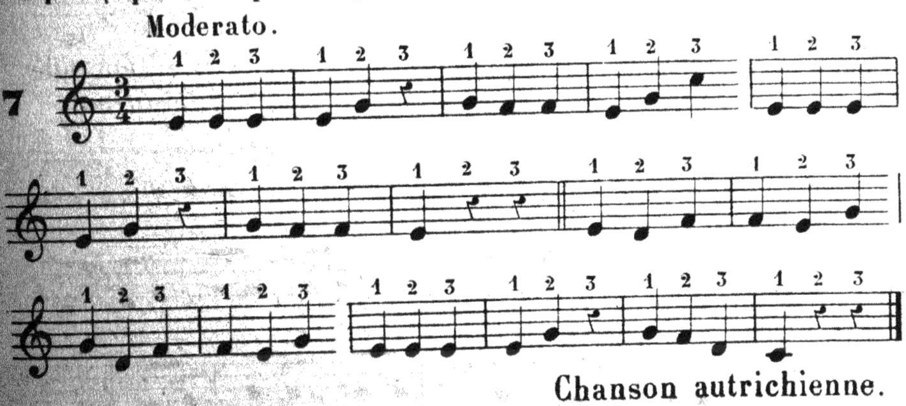

Chanson autrichienne.
(Muss i denn sterben.)

Mesure à $\frac{3}{8}$: **une croche** ♪ **ou un demi-soupir** 𝄾 pour chaque temps.

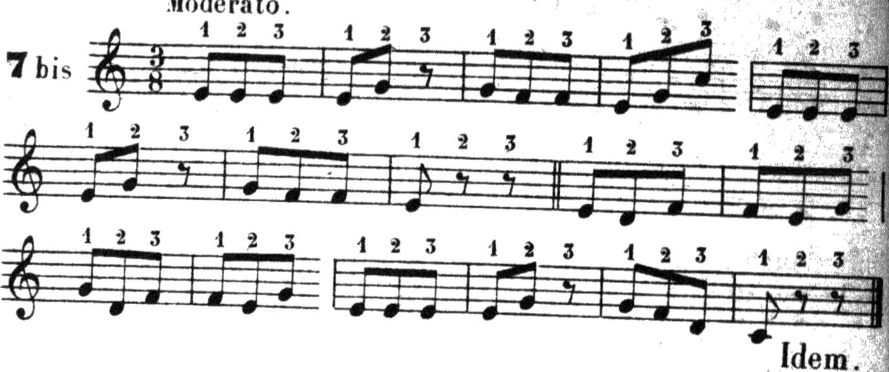

Idem.

Une **noire** ou un **soupir** pour chaque temps.

Membres de quatre mesures.

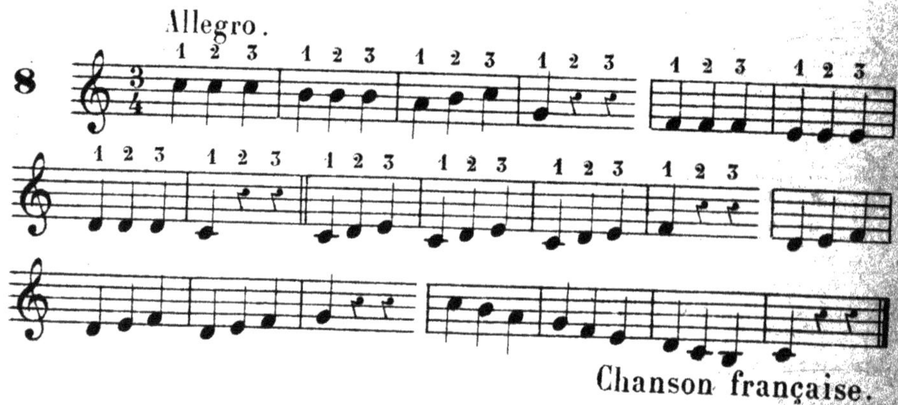

Chanson française.

(Air des bossus.)

Une **croche** ou un **demi-soupir** pour chaque temps.

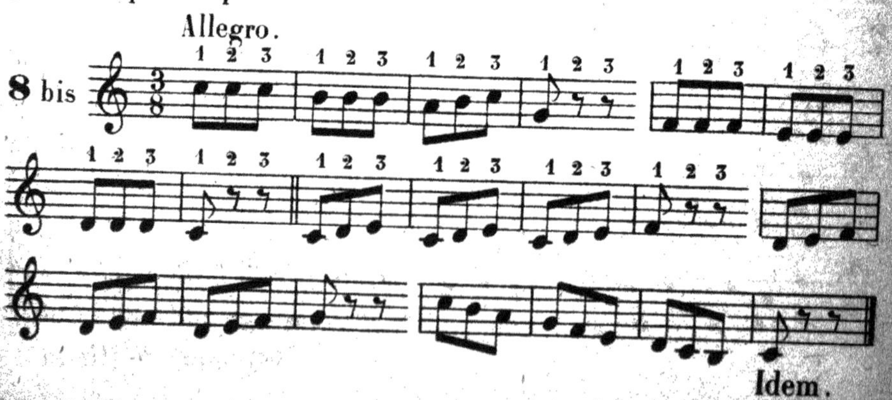

Idem.

Une **noire** ou un **soupir** pour chaque temps.

Membres de quatre mesures.
La mélodie commence par le 3e temps.

Moderato.

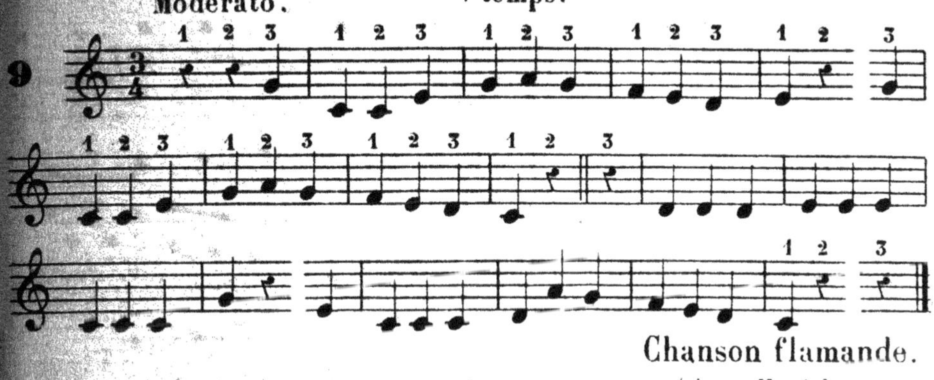

Chanson flamande.
(Anne Marieke.)

Une **croche** ou un **demi-soupir** pour chaque temps.

Moderato.

9 bis

Idem.

Mesure à $\frac{3}{4}$: une **blanche** pour les deux premiers temps de la mesure.

Membres de quatre et de trois mesures.
La mélodie commence par le 3e temps.

Andante.

10

Hymne anglican.

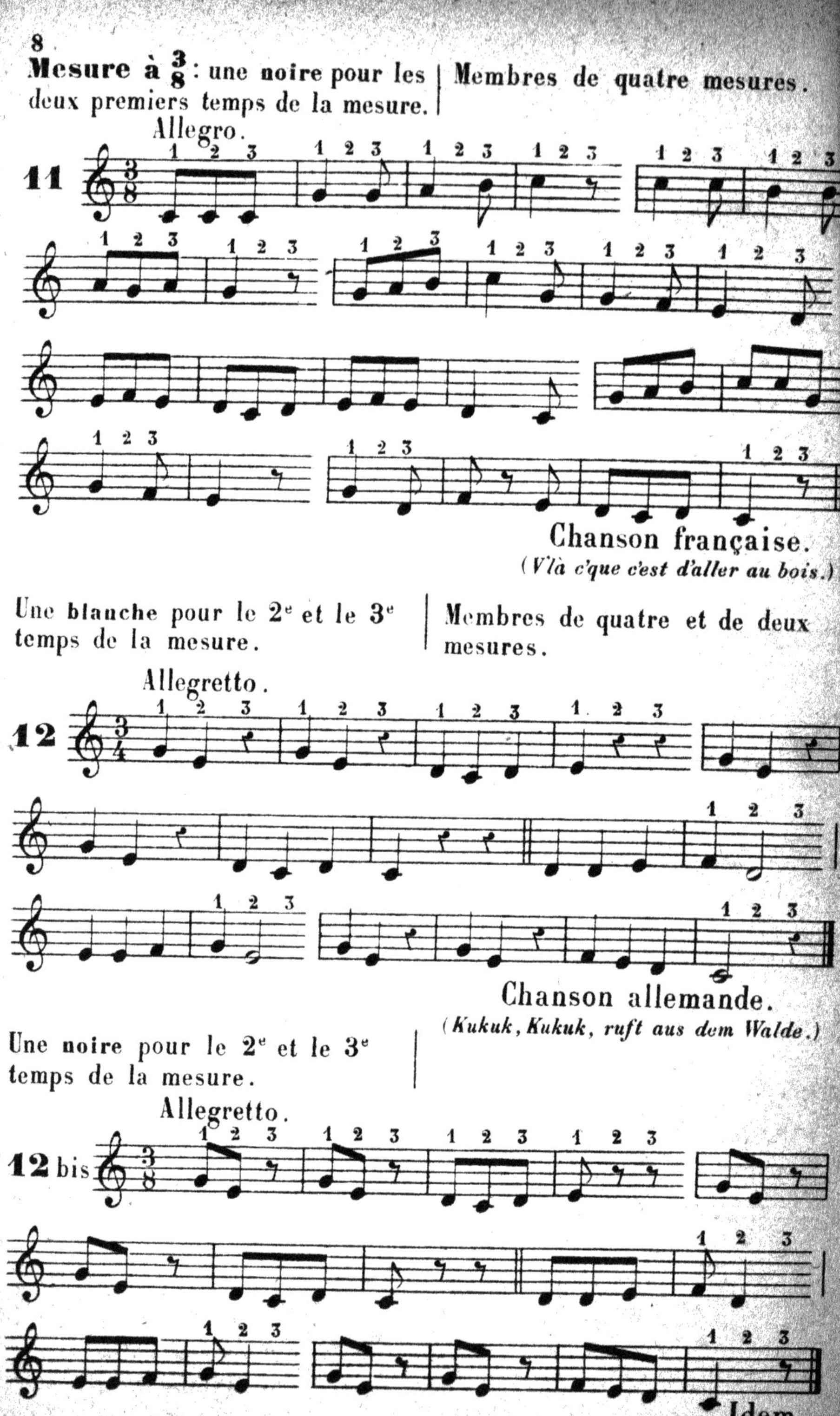

8
Mesure à 3/8 : une noire pour les deux premiers temps de la mesure.
Membres de quatre mesures.
Allegro.
11
1 2 3
Chanson française.
(V'là c'que c'est d'aller au bois.)
Une blanche pour le 2e et le 3e temps de la mesure.
Membres de quatre et de deux mesures.
Allegretto.
12
Chanson allemande.
(Kukuk, Kukuk, ruft aus dem Walde.)
Une noire pour le 2e et le 3e temps de la mesure.
Allegretto.
12 bis
Idem.

TON D'UT MINEUR

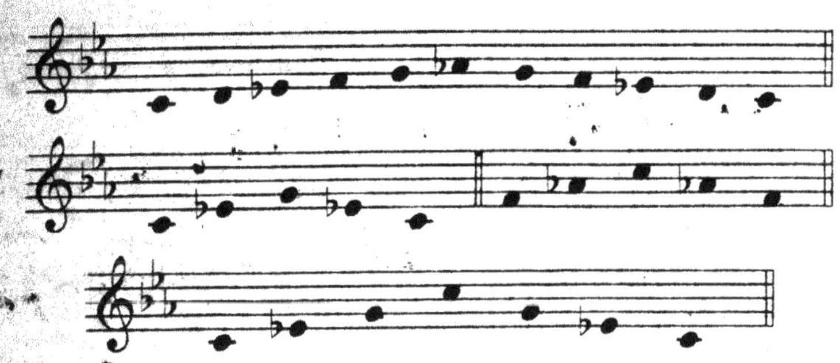

| Membres de quatre mesures.

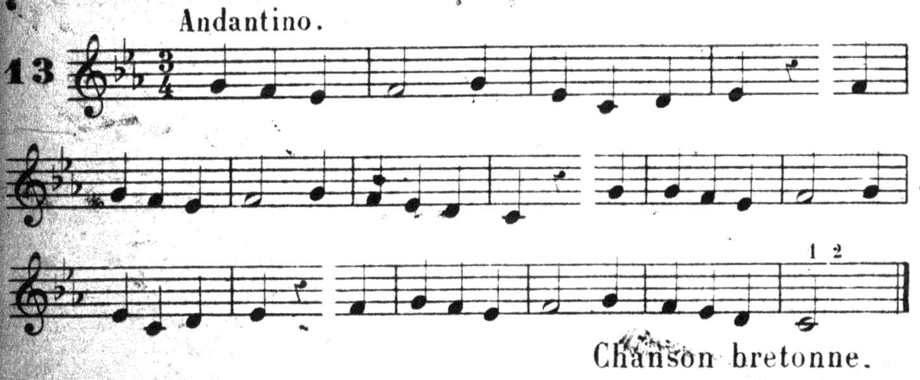

| Membres de quatre mesures.

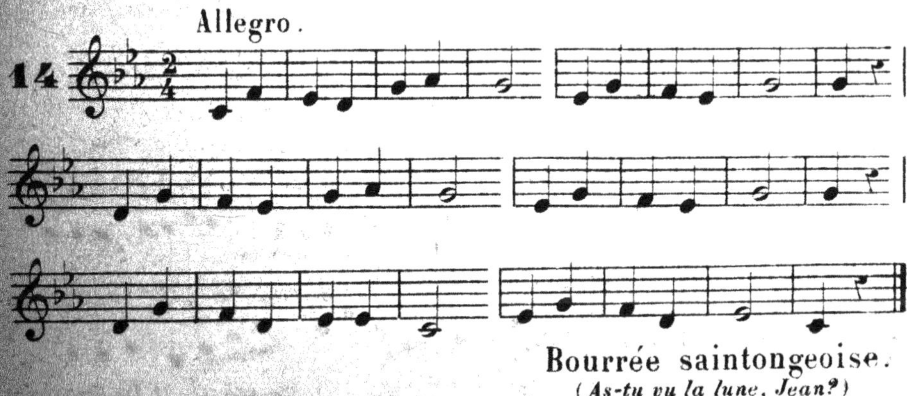

Membres de quatre mesures.

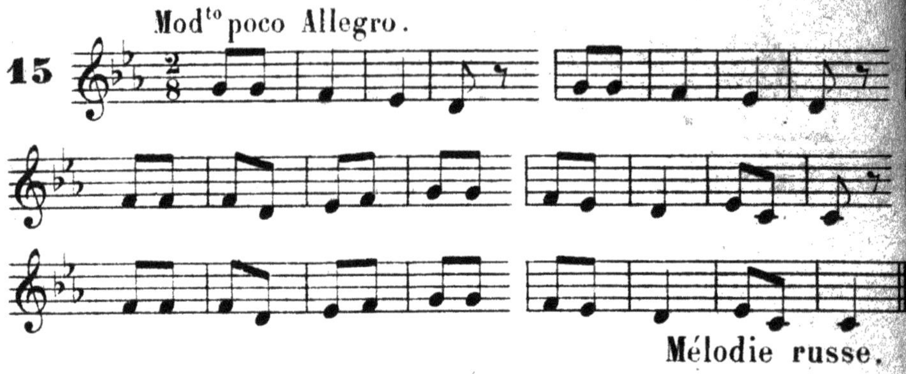

Mélodie russe.

Membres de quatre et de trois mesures.
La mélodie commence par le temps levé.

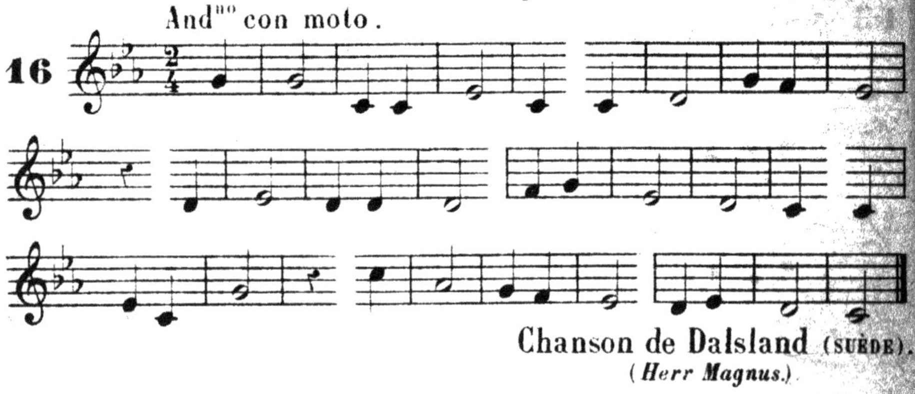

Chanson de Dalsland (SUÈDE).
(*Herr Magnus.*)

TON D'UT MAJEUR
MESURE À QUATRE TEMPS

Mesure à $\frac{4}{4}$ (ou **C**): une noire ♩ ou un soupir 𝄽 pour chaque temps.

Membres de deux mesures.

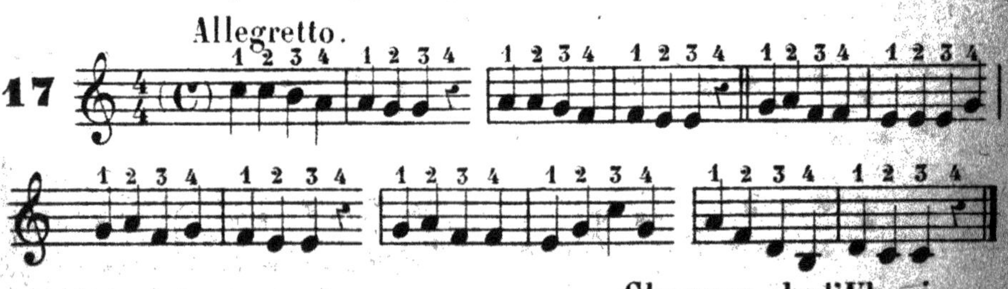

Chanson de l'Ukraine.
(voir N°1, page 1.)

Mesure à $\frac{4}{8}$: une croche ou un demi-soupir pour chaque temps.

Allegretto.

17 bis

1 2 3 4 1 2 3 4 1 2 3 4 1 2 3 4 1 2 3 4 1 2 3 4

1 2 3 4 1 2 3 4 1 2 3 4 1 2 3 4 1 2 3 4 1 2 3 4

Idem.

(voir N° 1 bis, page 1.)

Une **noire** ou un **soupir** pour chaque temps. | Membres de deux mesures.

Gaiement.

18

1 2 3 4 1 2 3 4 1 2 3 4 1 2 3 4 1 2 3 4 1 2 3 4

1 2 3 4 1 2 3 4

Chanson allemande.

(*Juhei! Blümelein, dufte und blühe.*)

Une **croche** ou un **demi-soupir** pour chaque temps.

Gaiement.

18 bis

1 2 3 4 1 2 3 4 1 2 3 4 1 2 3 4 1 2 3 4 1 2 3 4

1 2 3 4 1 2 3 4

Idem.

Une **blanche** ou une **demi-pause** pour deux temps. | Membres de deux mesures.

Vif.

19

1 2 3 4 1 2 3 4 1 2 3 4 1 2 3 4 1 2 3 4

1 2 3 4 1 2 3 4 1 2 3 4

1 2 3 4

Chanson allemande.

(*Fahret hin.*)

Une **noire** ou un **soupir** pour deux temps.

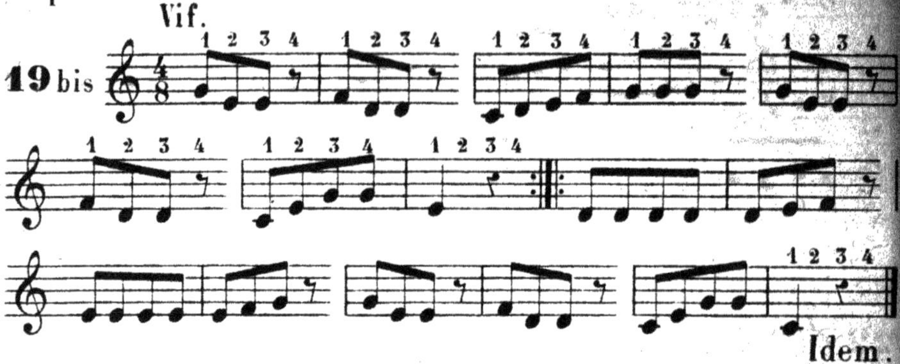

Une **blanche** ou une **demi-pause** pour deux temps.

Membres de deux et de quatre mesures.

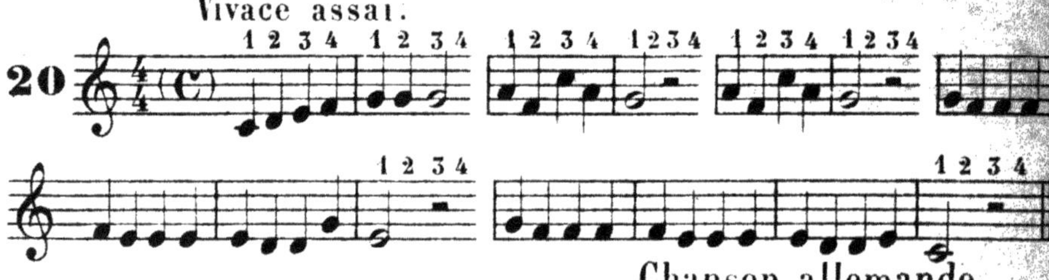

Chanson allemande.

(*Fuchs, du hast die Gans gestohlen.*)

Une **noire** ou un **soupir** pour deux temps.

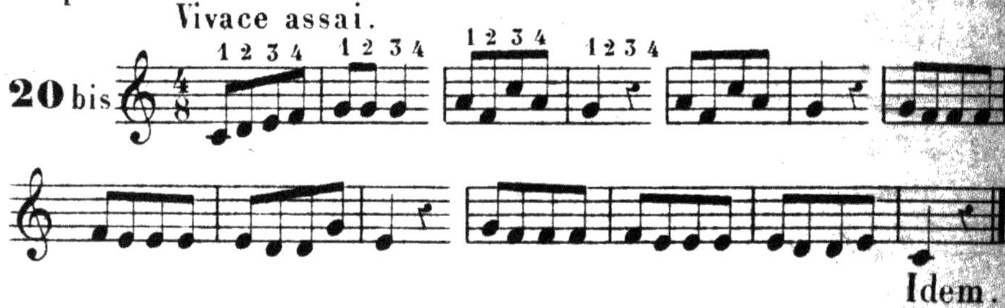

Une **blanche** ou une **demi-pause** pour deux temps.

Membres de quatre mesures. La mélodie commence par le 3e temps.

Andante.

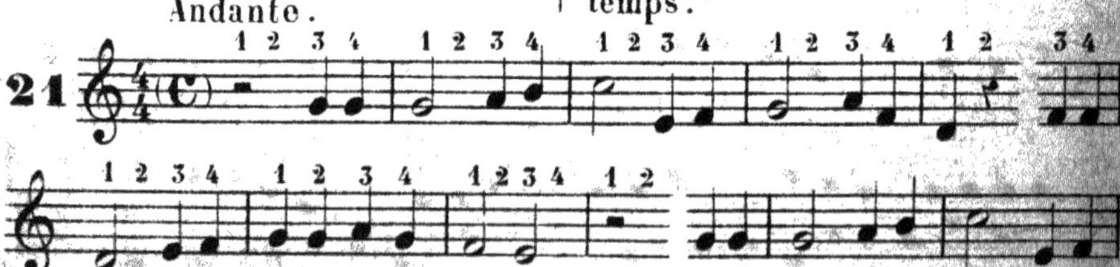

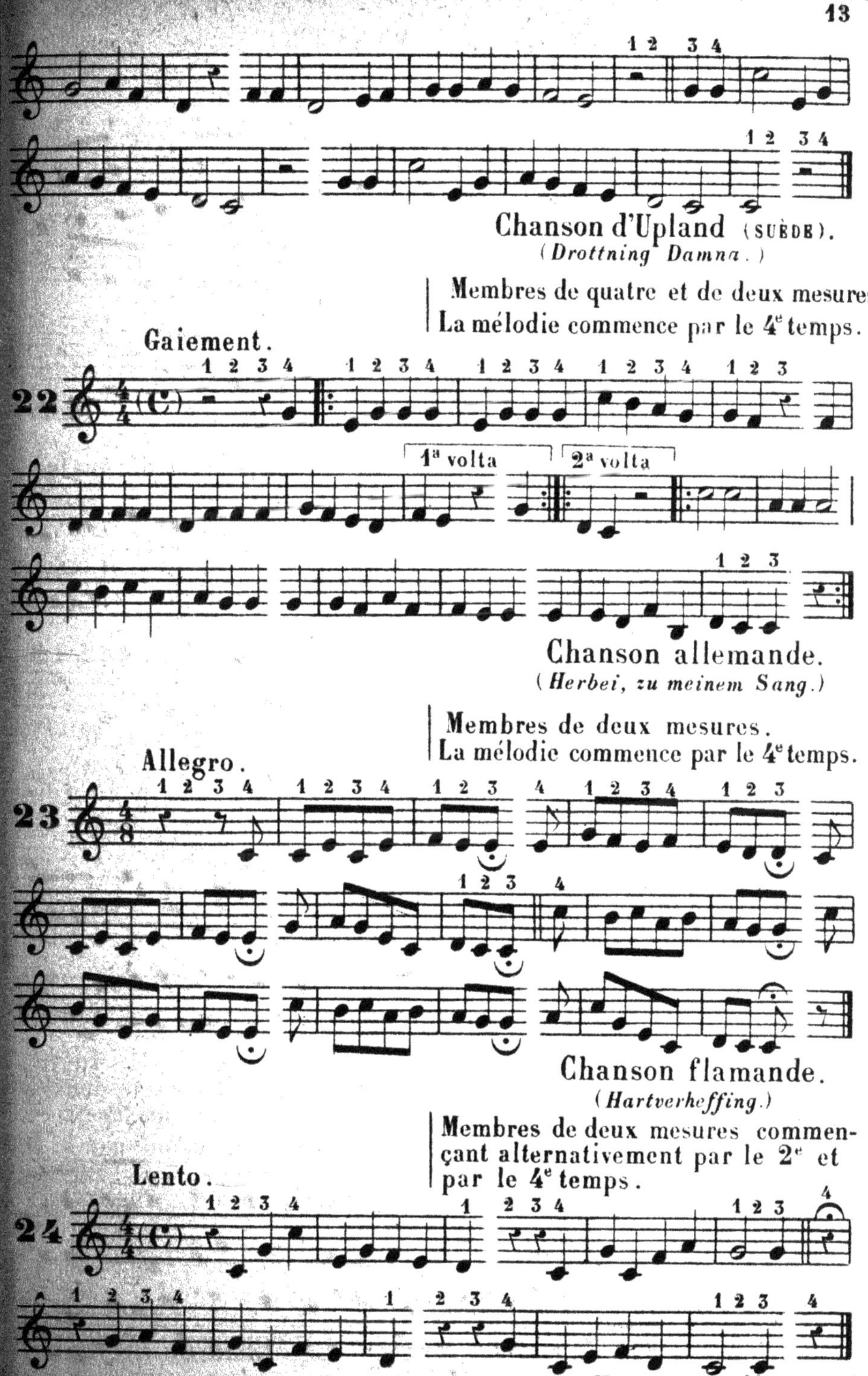
1 2 3 4
1 2 3 4
Chanson d'Upland (SUÈDE).
(Drottning Damna.)
Membres de quatre et de deux mesures.
La mélodie commence par le 4e temps.
Gaiement.
22
1 2 3 4
1 2 3 4
1 2 3 4
1 2 3 4
1 2 3
1a volta
2a volta
1 2 3
Chanson allemande.
(Herbei, zu meinem Sang.)
Membres de deux mesures.
La mélodie commence par le 4e temps.
Allegro.
23
1 2 3 4
1 2 3 4
1 2 3
4
1 2 3 4
1 2 3
1 2 3
4
Chanson flamande.
(Hartverheffing.)
Membres de deux mesures commençant alternativement par le 2e et par le 4e temps.
Lento.
24
1 2 3 4
1
2 3 4
1 2 3
4
1 2 3 4
1
2 3 4
1 2 3
4
Hymne anglican.

TON D'UT MINEUR

Gamme mineure du premier type
(MINEUR USUEL)

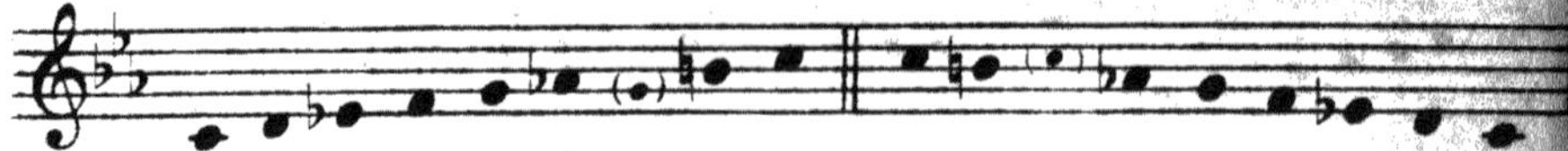

Gamme mineure du deuxième type
(Cette gamme ne se fait guère qu'en montant)

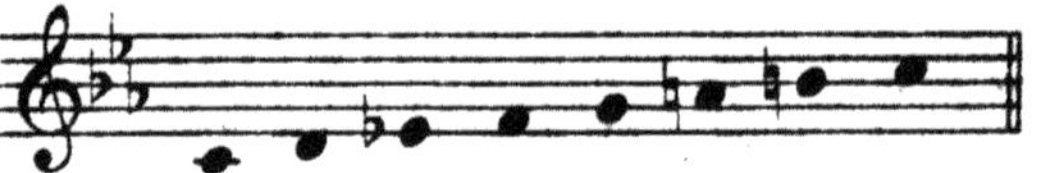

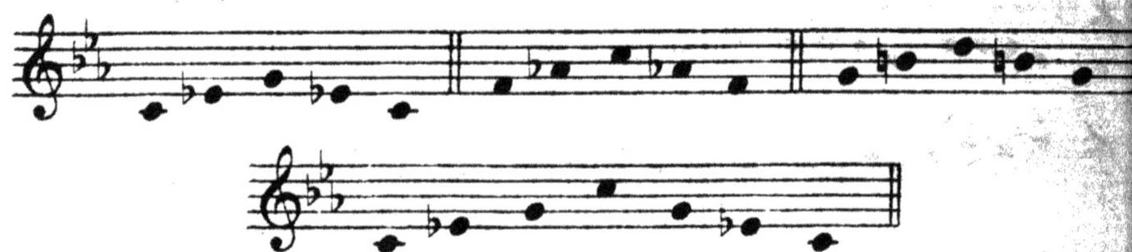

Membres de quatre et de trois mesures.
La mélodie commence par le 3e temps.

Andante.

25

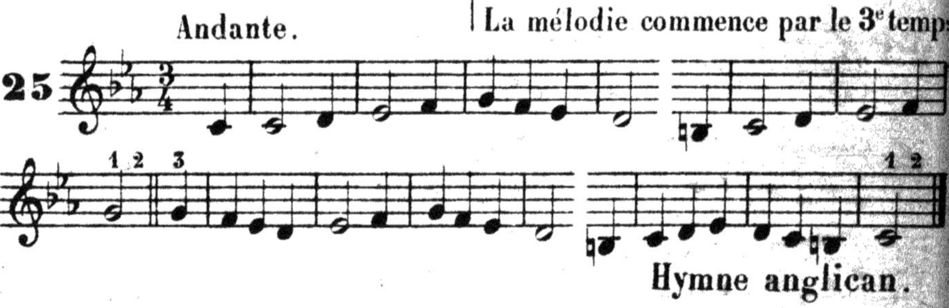

Hymne anglican.

Membres de quatre et de deux mesures.

Allegro.

26

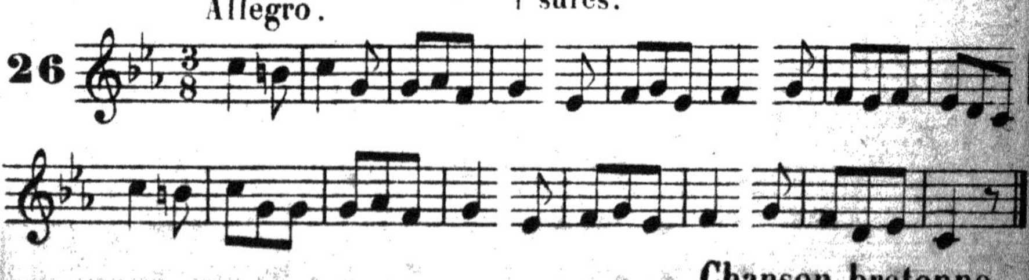

Chanson bretonne.

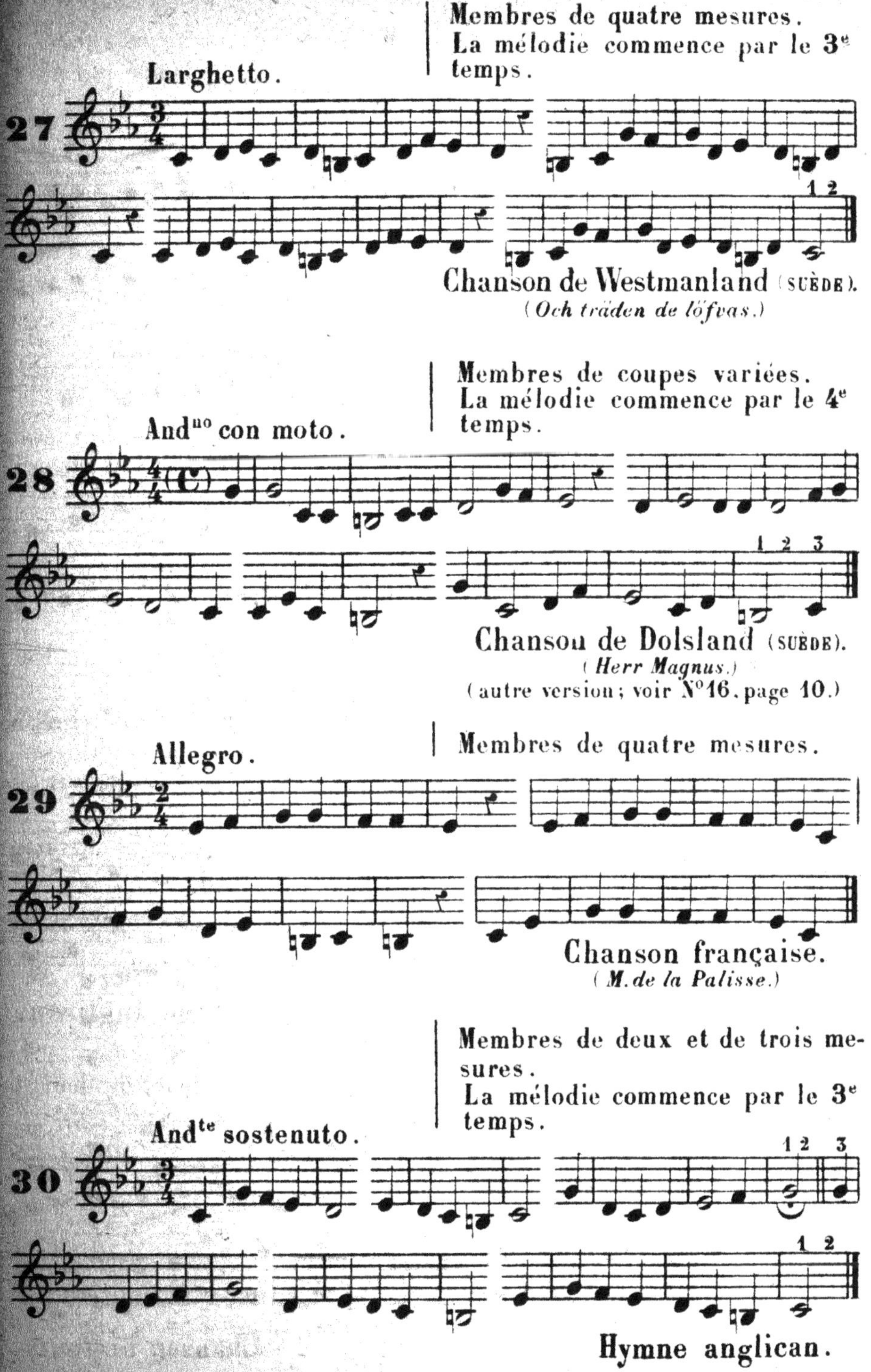
Membres de quatre mesures.
La mélodie commence par le 3e temps.
Larghetto.
27
1 2
Chanson de Westmanland (SUÈDE).
(Och träden de löfvas.)
Membres de coupes variées.
La mélodie commence par le 4e temps.
Anduo con moto.
28
1 2 3
Chanson de Dolsland (SUÈDE).
(Herr Magnus.)
(autre version; voir N°16, page 10.)
Membres de quatre mesures.
Allegro.
29
Chanson française.
(M. de la Palisse.)
Membres de deux et de trois mesures.
La mélodie commence par le 3e temps.
Andte sostenuto.
30
1 2 3
1 2
Hymne anglican.

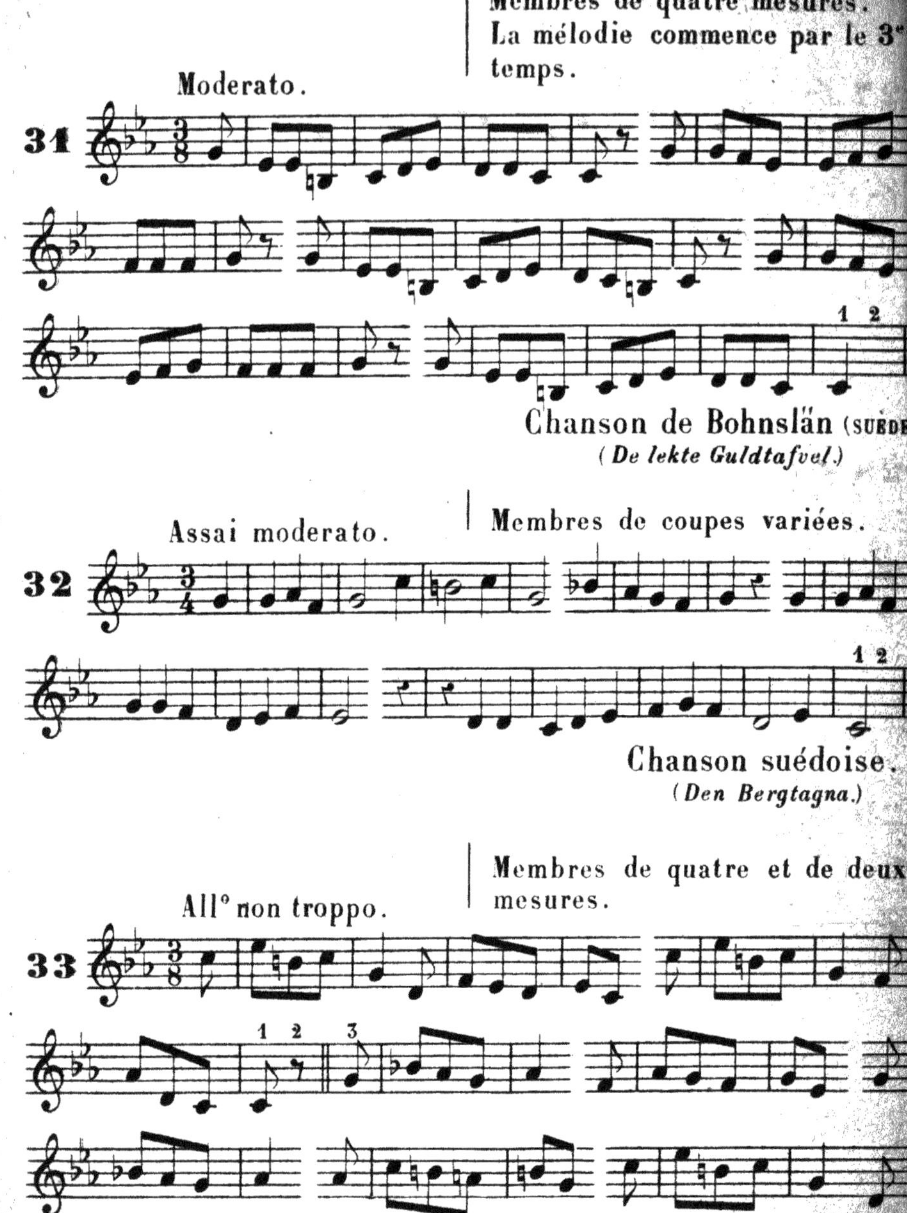

Chanson française.

(*Plus on est de fous, plus on rit à table.*)

LEÇONS

À TEMPS DIVISÉS PAR DEUX

(TEMPS BINAIRES)

TON D'UT MAJEUR

Mesure à $\frac{2}{4}$: deux croches ♫ **par temps; ou une croche et un demi-soupir,** soit ♪𝄾, soit 𝄾♪ | Membres de deux (doubles) mesures.

Moderato.

34

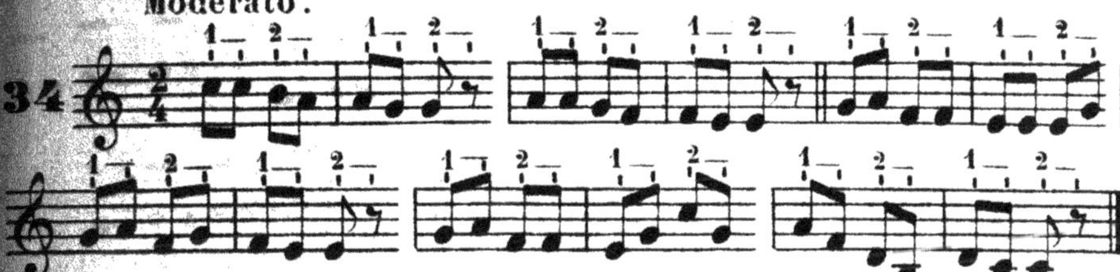

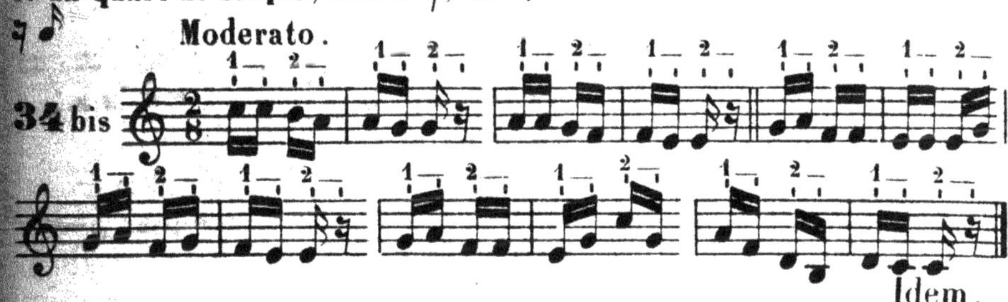

Chanson de l'Ukraine.

(voir N° 1 bis, page 1, et 17 bis, page 11)

Mesure à $\frac{2}{8}$: deux doubles-croches **par temps; ou une double-croche et un quart de soupir,** soit , soit

Moderato.

34 bis

Idem.

Deux croches par temps; ou une **croche et un demi-soupir.** | Membres de coupes variées.

Andantino.

35

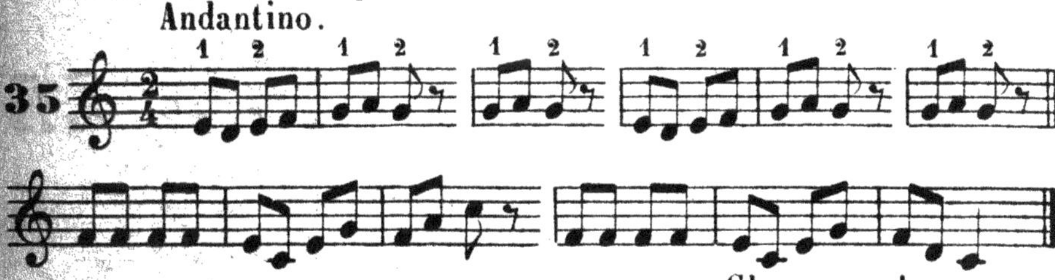

Chanson slave.

(*Oj! du, du, du, du, du, du.*)

(voir N° 2 bis, page 2.)

Deux doubles-croches par temps; ou une **double-croche et un quart de soupir.**

Andantino.

35 bis

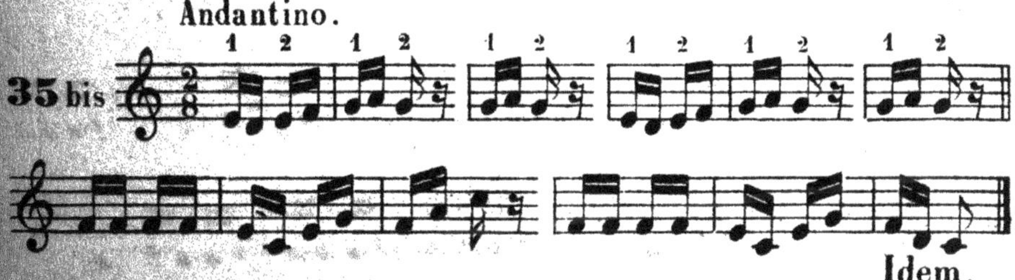

Idem.

Deux **croches** par temps; ou une **croche** et un **demi-soupir**.

Membres de deux (doubles) mesures. La mélodie commence par le temps levé.

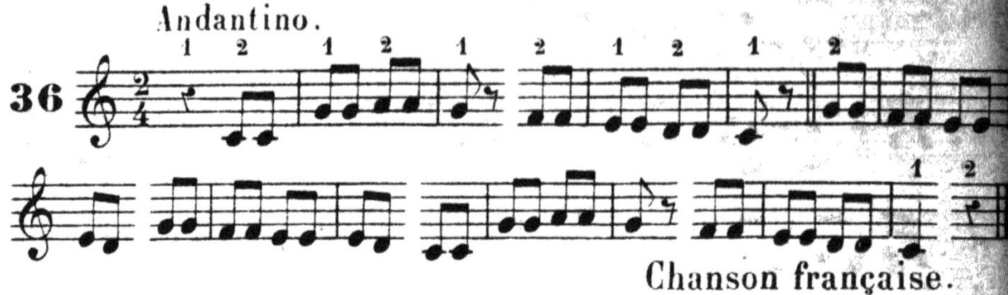

Chanson française.
(Ah! vous dirai-je, maman!)
(voir N° 4 bis, page 4.)

Deux **doubles-croches** par temps; ou une **double-croche** et un **quart de soupir**.

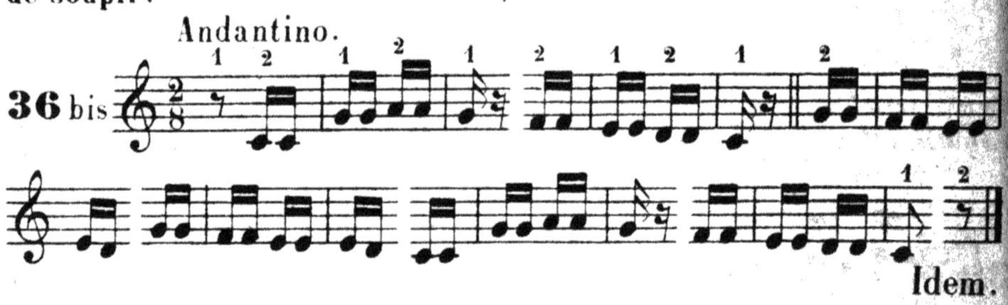

Idem.

Deux **croches** par temps; ou une **croche** et un **demi-soupir**.

Membres de deux **et de quatre** mesures.

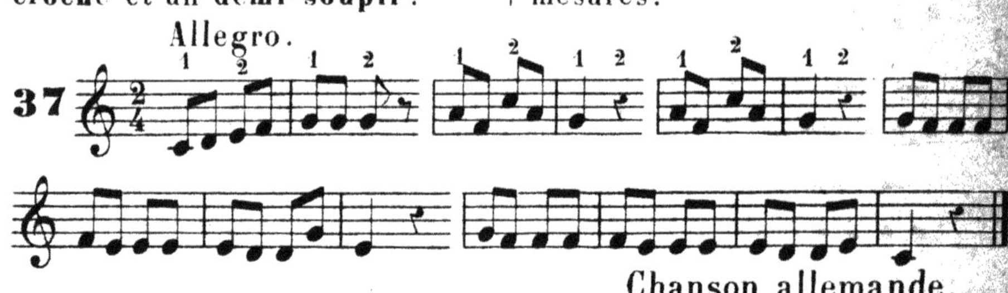

Chanson allemande.
(Fuchs, du hast die Gans gestohlen.)
(voir N° 20, page 12.)

Deux **doubles-croches** par temps; ou une **double-croche** et un **quart de soupir**.

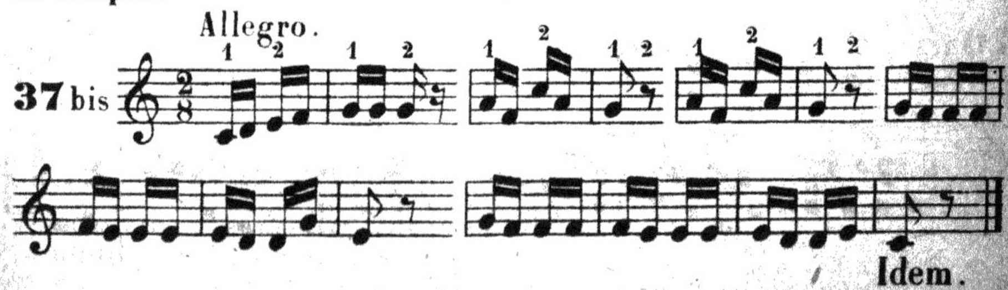

Idem.

Deux croches par temps. | Membres de quatre mesures.

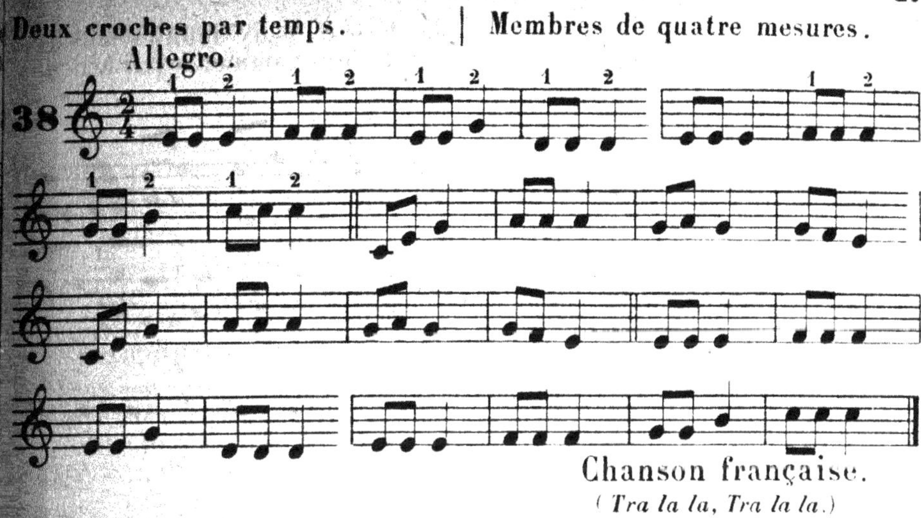

Chanson française.
(Tra la la, Tra la la.)

Deux croches par temps; ou une croche et un demi-soupir. | Membres de deux mesures.

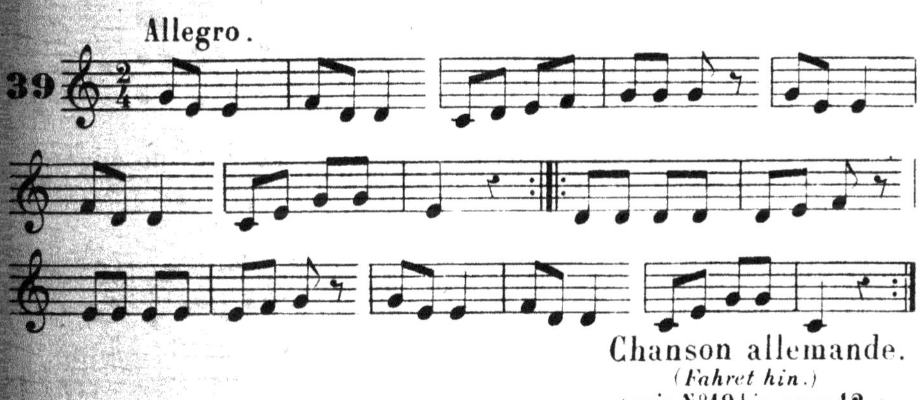

Chanson allemande.
(Fahret hin.)
(voir N°19 bis, page 12.)

Membres de quatre et de deux mesures.
La mélodie commence par le temps levé.

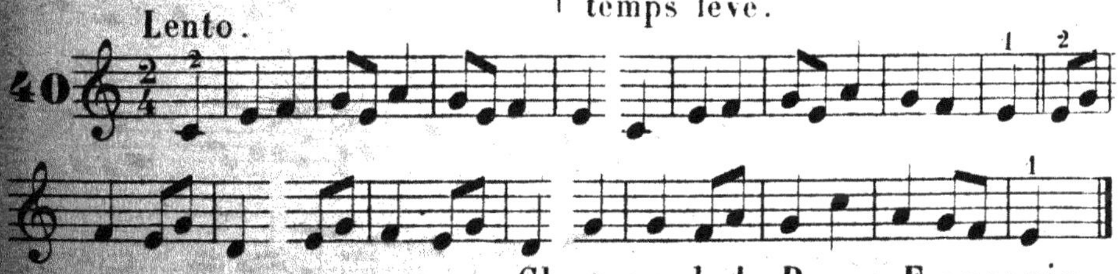

Chanson de la Basse Franconie
(Geh'ich wohl in den Kirchhof.)

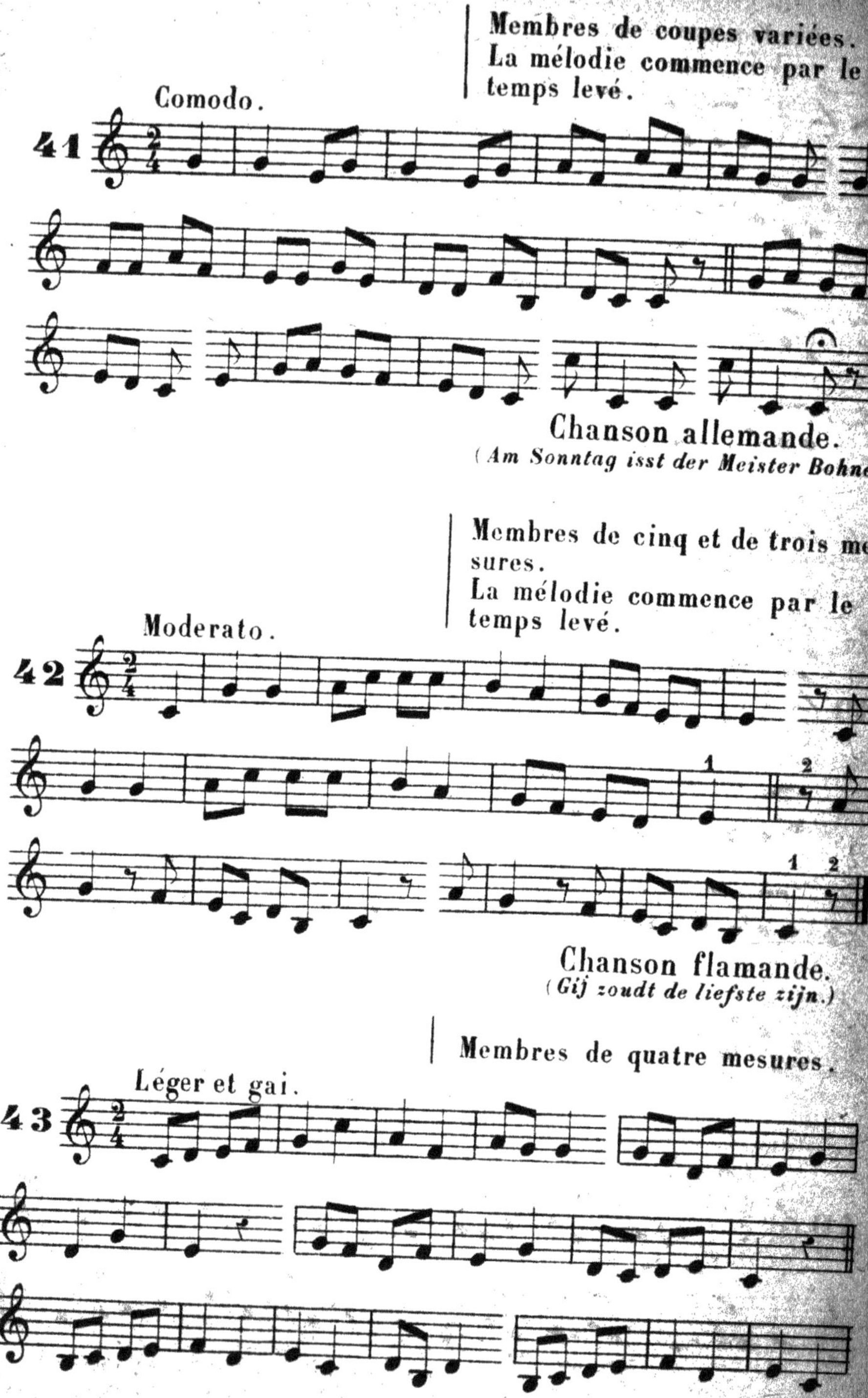
Membres de coupes variées.
La mélodie commence par le temps levé.
Comodo.
41
Chanson allemande.
(Am Sonntag isst der Meister Bohne.)
Membres de cinq et de trois mesures.
La mélodie commence par le temps levé.
Moderato.
42
1
2
1
2
Chanson flamande.
(Gij zoudt de liefste zijn.)
Membres de quatre mesures.
Léger et gai.
43

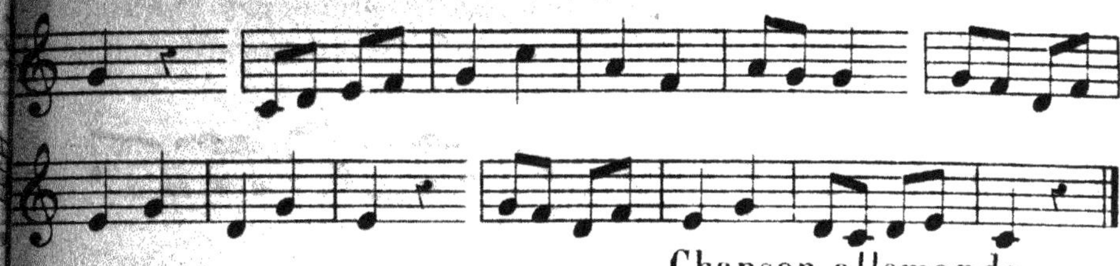

Chanson allemande.
(Ueber die Beschwerden dieses Lebens.)

Mesure à $\frac{3}{4}$: deux **croches** par temps; ou une **croche** et un **demi-soupir**.

Membres de quatre et de deux mesures.

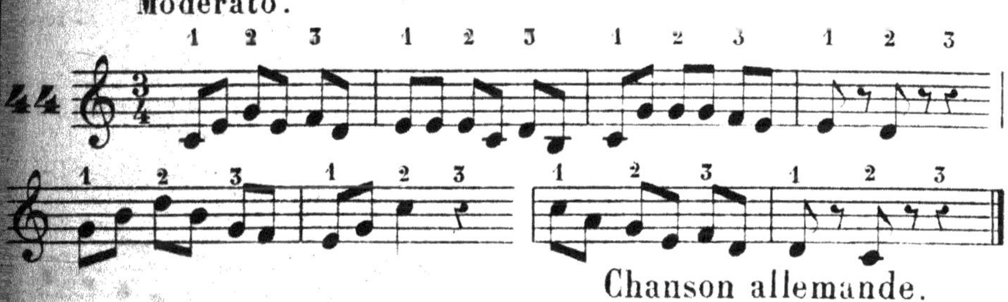

Chanson allemande.
(Das ganze Dorf versammelt sich.)

Mesure à $\frac{3}{8}$: deux **doubles-croches** par temps; ou une **double-croche** et un **quart de soupir**.

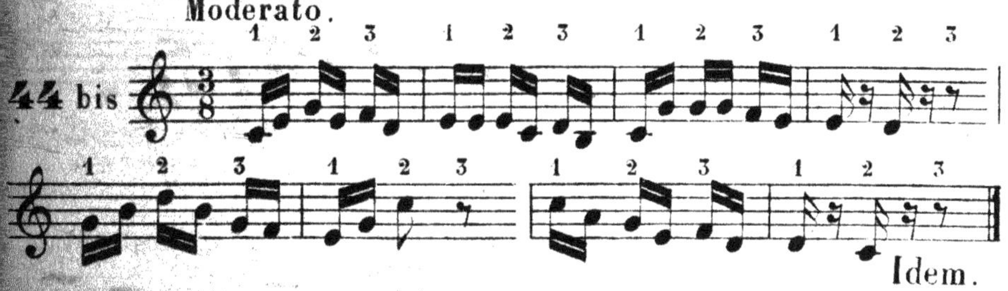

Idem.

Deux **croches** par temps.

Membres de deux mesures.

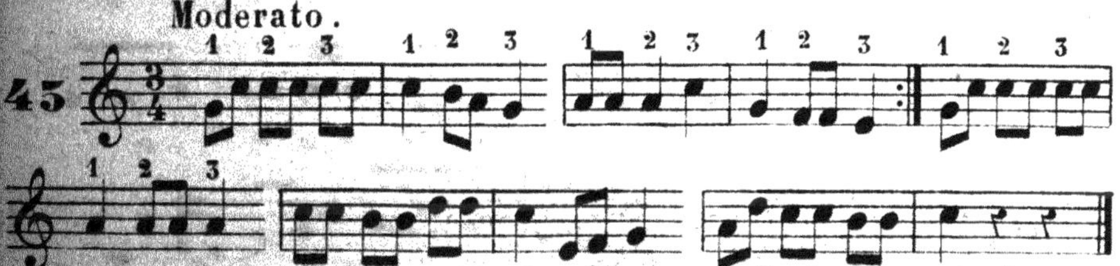

Chanson de la Franconie.
(Brüder, Brüder, jetz geht's in der Krieg.)

Deux doubles-croches par temps.

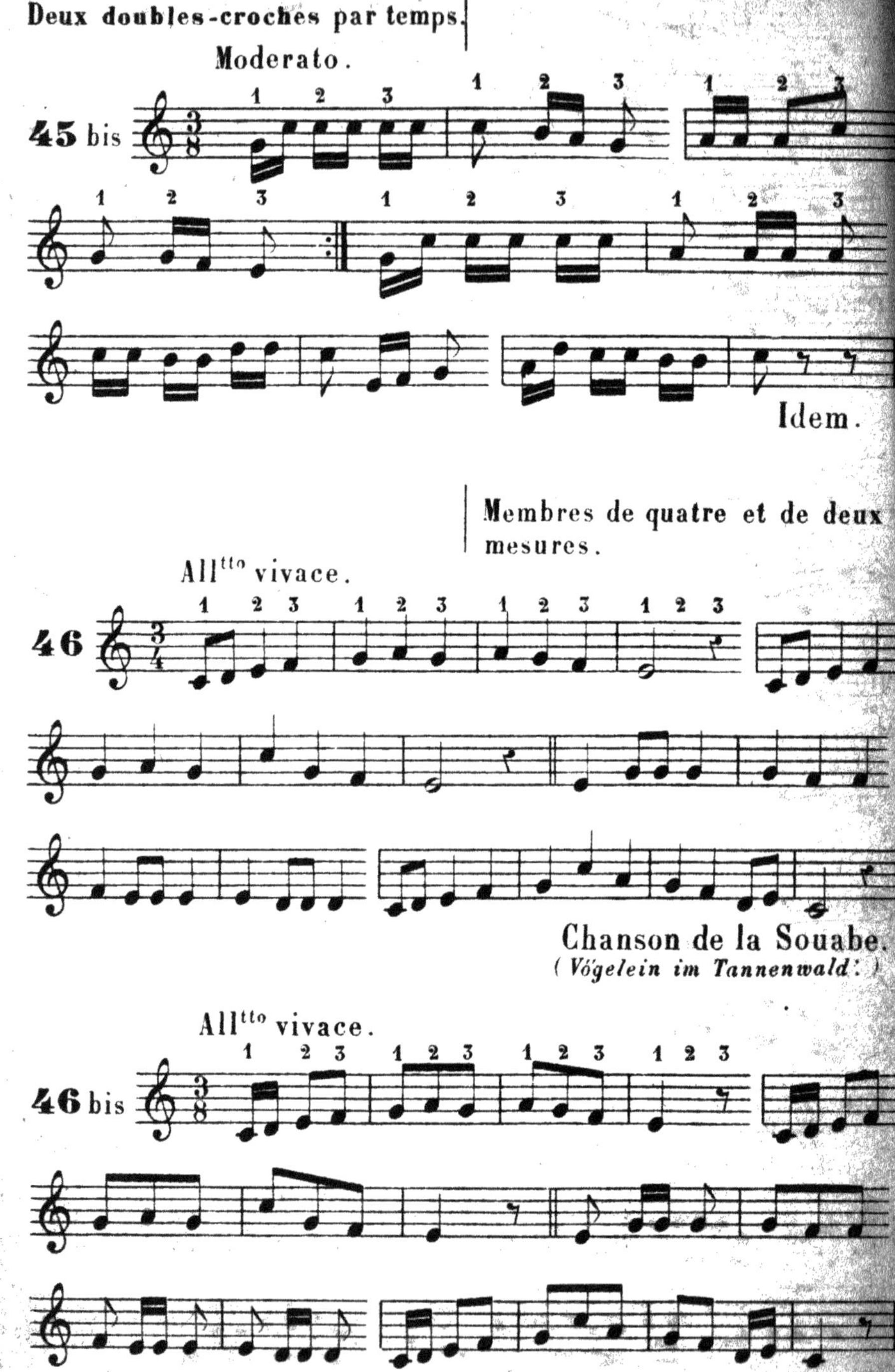

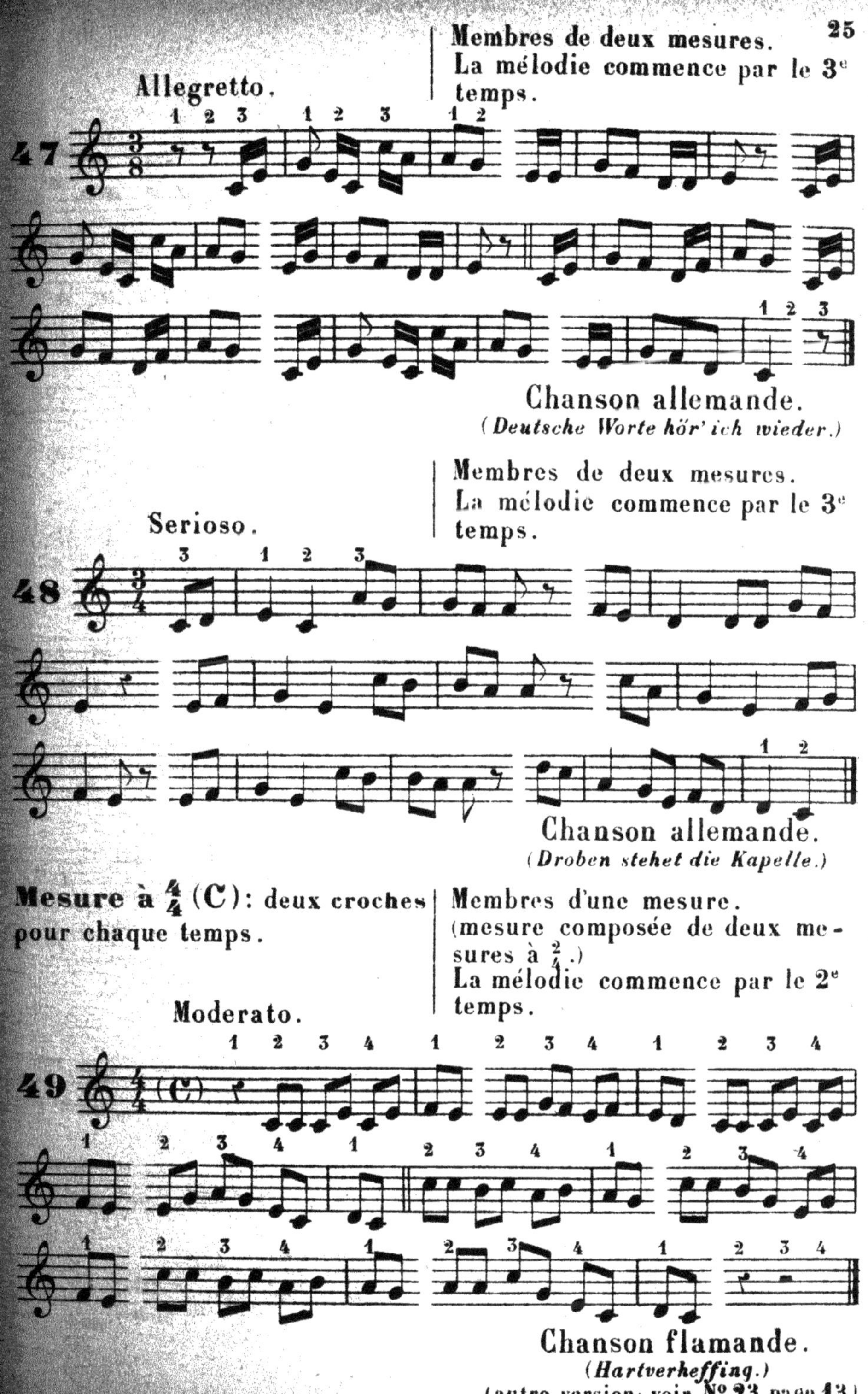
Membres de deux mesures.
La mélodie commence par le 3e temps.
Allegretto.
47
Chanson allemande.
(Deutsche Worte hör' ich wieder.)
Membres de deux mesures.
La mélodie commence par le 3e temps.
Serioso.
48
Chanson allemande.
(Droben stehet die Kapelle.)
Mesure à 4/4 (C): deux croches pour chaque temps.
Membres d'une mesure.
(mesure composée de deux mesures à 2/4.)
La mélodie commence par le 2e temps.
Moderato.
49
Chanson flamande.
(Hartverheffing.)
(autre version: voir N° 23, page 13)

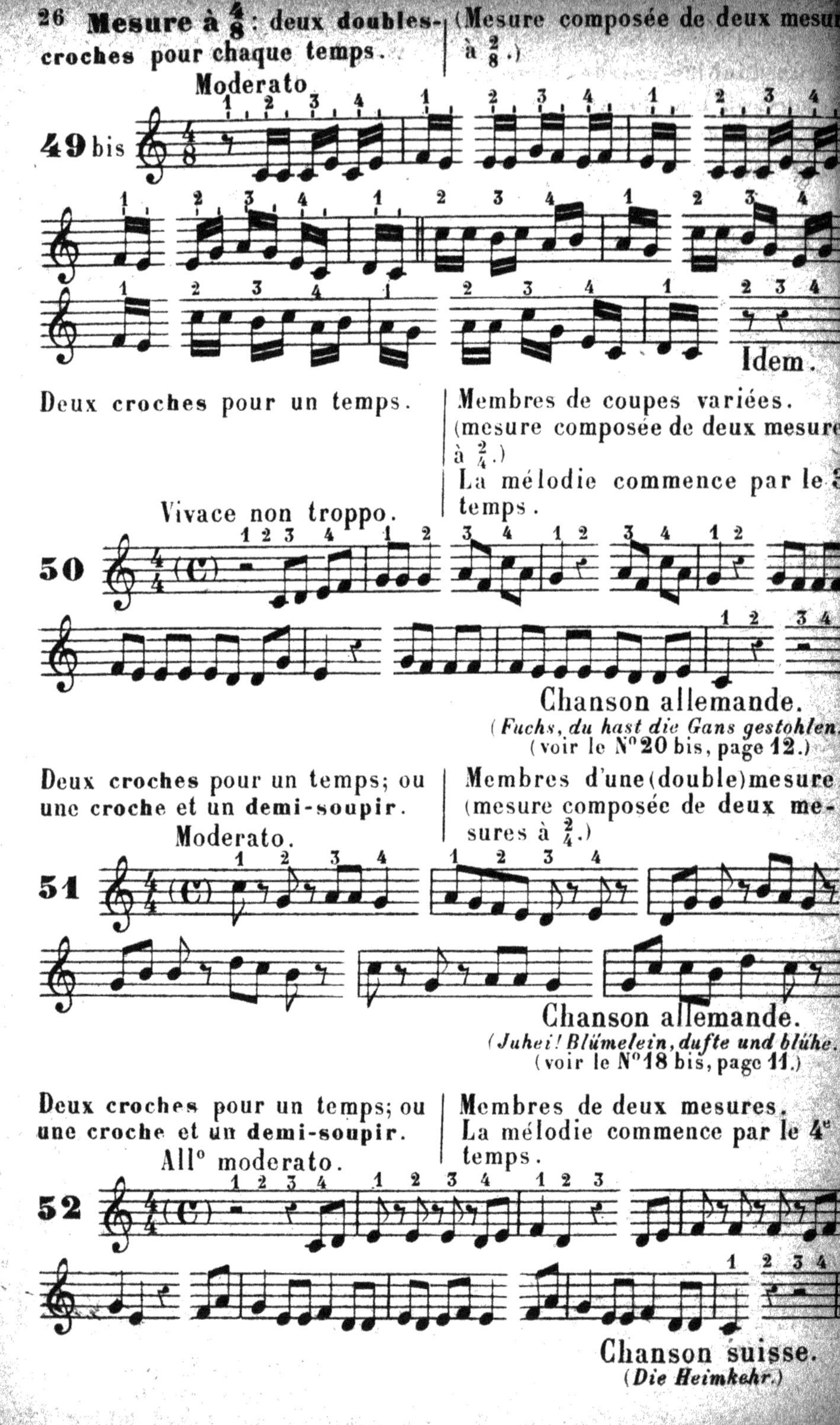
26
Mesure à 4/8 : deux doubles-croches pour chaque temps.
(Mesure composée de deux mesures à 2/8.)
Moderato.
49 bis
Idem.
Deux croches pour un temps.
Membres de coupes variées. (mesure composée de deux mesures à 2/4.)
La mélodie commence par le 3e temps.
Vivace non troppo.
50
Chanson allemande.
(Fuchs, du hast die Gans gestohlen.)
(voir le N° 20 bis, page 12.)
Deux croches pour un temps; ou une croche et un demi-soupir.
Membres d'une (double) mesure. (mesure composée de deux mesures à 2/4.)
Moderato.
51
Chanson allemande.
(Juhei! Blümelein, dufte und blühe.)
(voir le N° 18 bis, page 11.)
Deux croches pour un temps; ou une croche et un demi-soupir.
Membres de deux mesures.
La mélodie commence par le 4e temps.
All° moderato.
52
Chanson suisse.
(Die Heimkehr.)

Deux **doubles-croches** pour un temps; ou une **double-croche** et un **quart de soupir**.

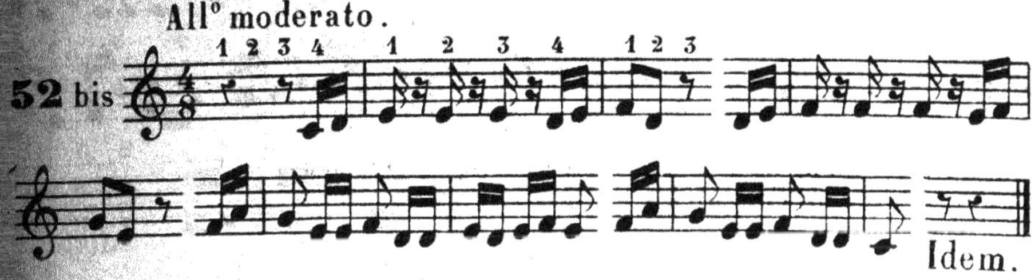

Idem.

Deux **croches** pour un temps; ou une **croche** et un **demi-soupir**.

Membres de deux mesures.
La mélodie commence par le 4ᵉ temps.

Moderato.

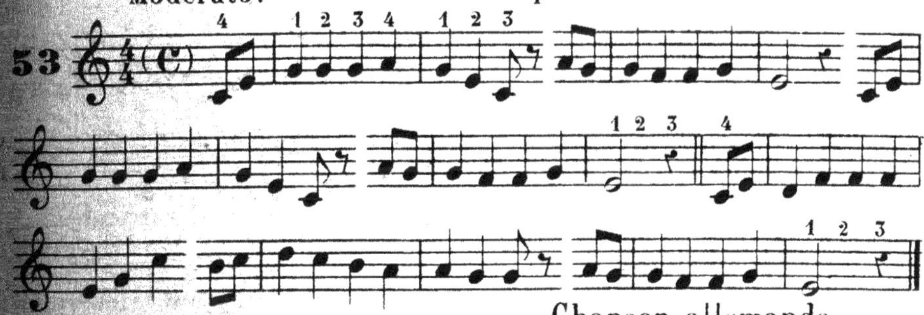

Chanson allemande.

(Nun ade, du mein lieb Heimathland.)

Membres de coupes variées.
La mélodie commence par le 2ᵉ temps.

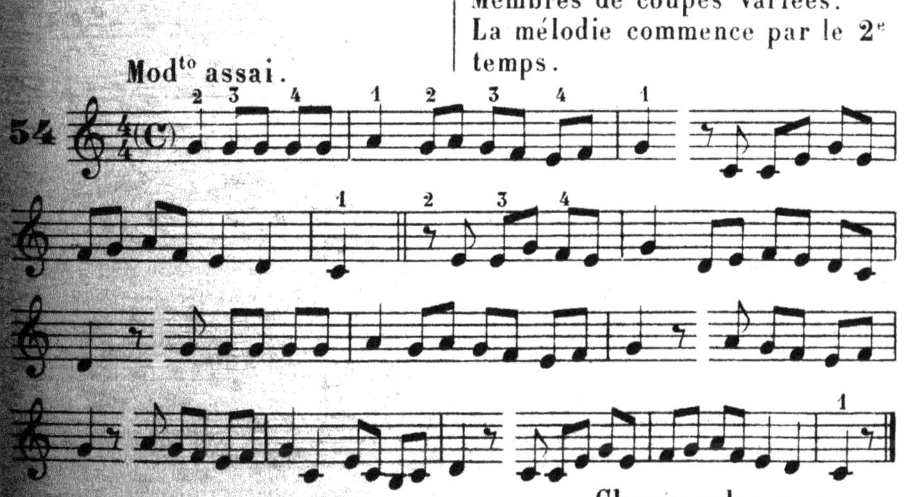

Chanson basque.

(Amairu Puntucua.)

TON DE LA MINEUR

Gamme mineure du premier type

(MINEUR USUEL)

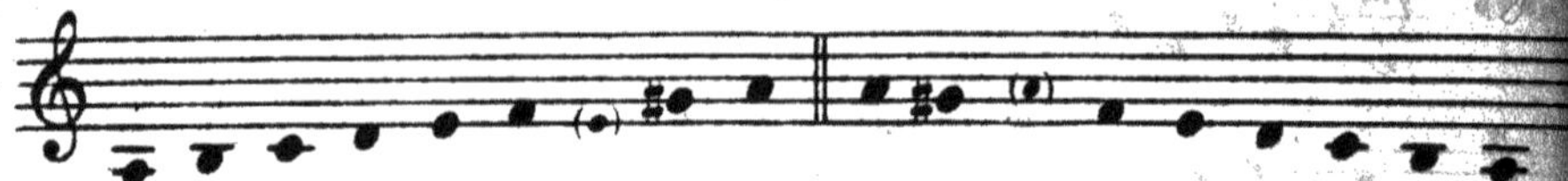

Gamme mineure du deuxième type

(Cette gamme ne se fait guère qu'en montant.)

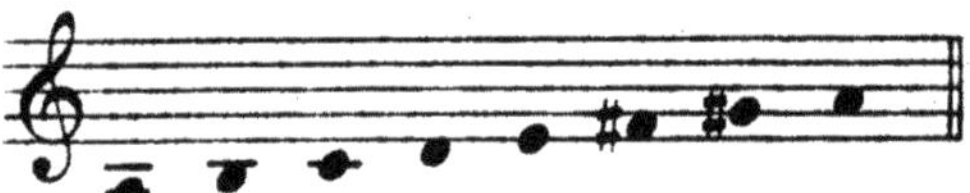

Gamme mineure du troisième type

(MINEUR ANTIQUE)

(Cette gamme ne se fait ordinairement qu'en descendant.)

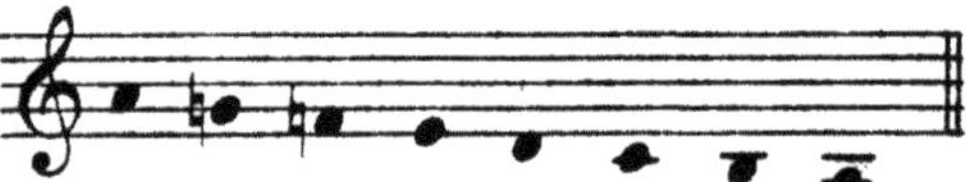

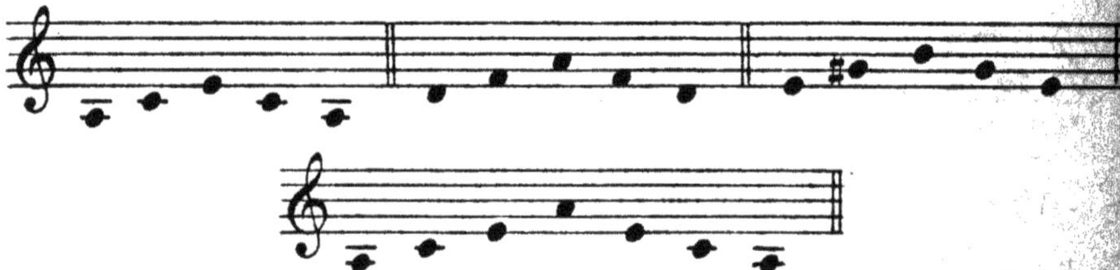

Membres de deux et de quatre mesures.

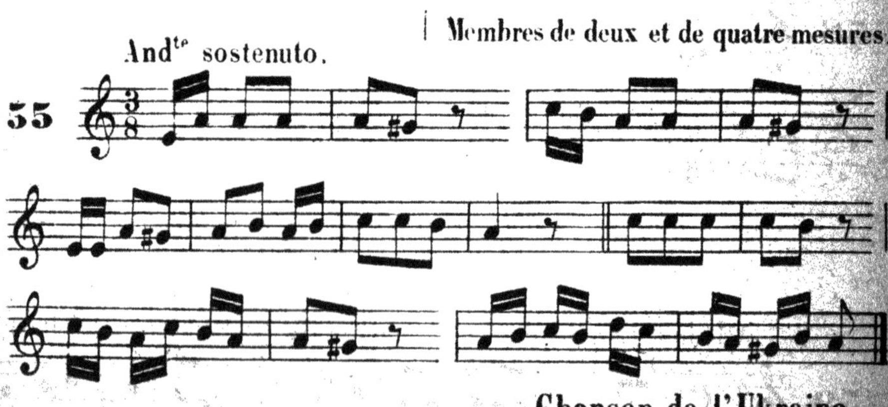

Chanson de l'Ukraine.

(Oddata mene, moja matinka)

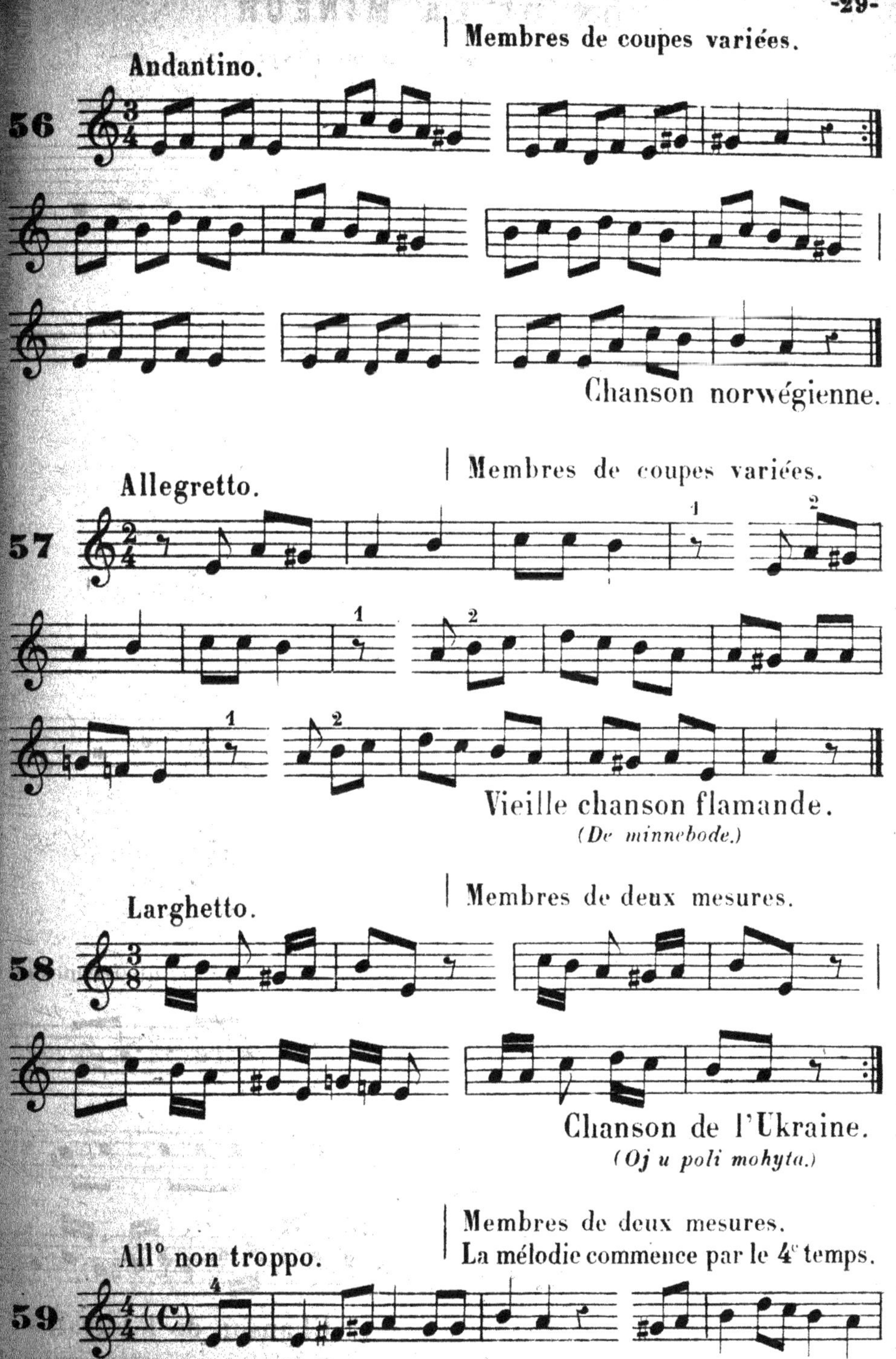
Membres de coupes variées.
Andantino.
56
Chanson norwégienne.
Membres de coupes variées.
Allegretto.
57
1
2
Vieille chanson flamande.
(De minnebode.)
Membres de deux mesures.
Larghetto.
58
Chanson de l'Ukraine.
(Oj u poli mohyta.)
Membres de deux mesures.
La mélodie commence par le 4e temps.
All° non troppo.
59
4

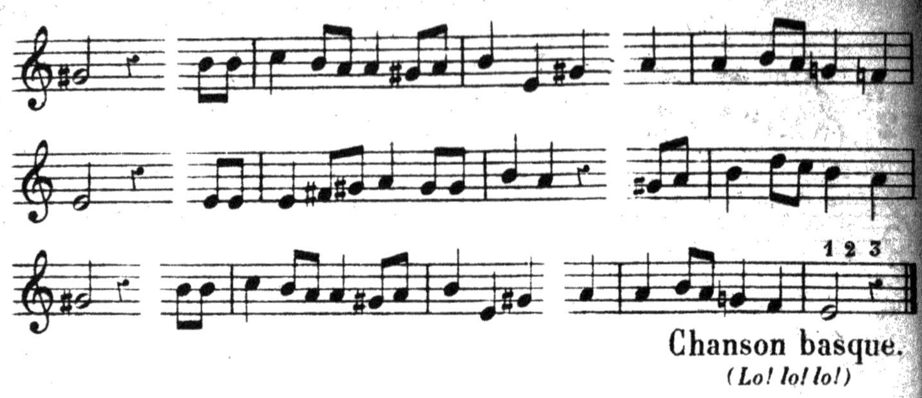

Chanson basque.
(Lo! lo! lo!)

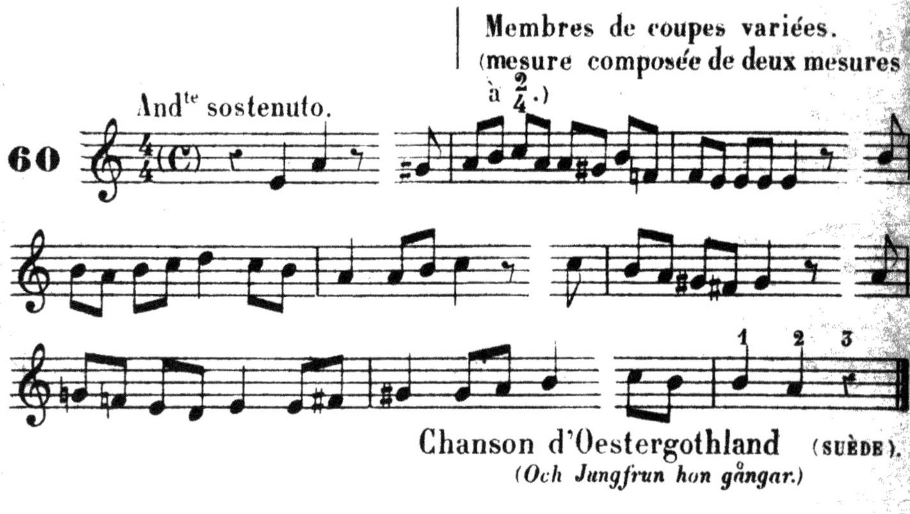

Chanson d'Oestergothland (SUÈDE).
(Och Jungfrun hon gångar.)

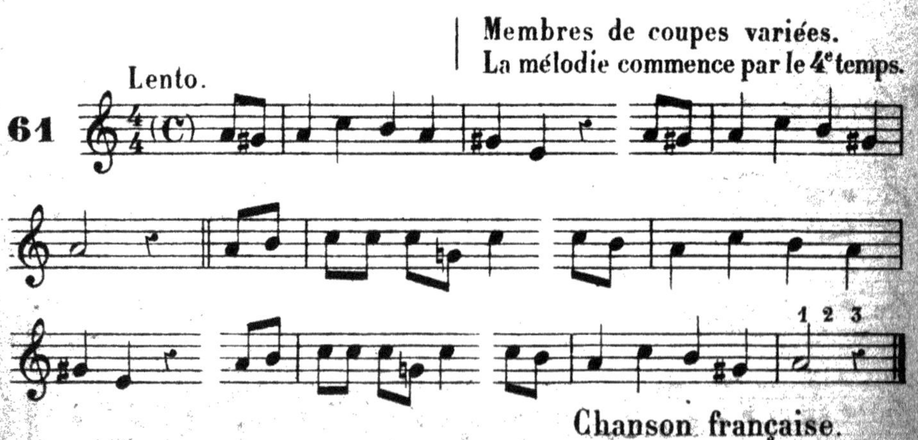

Chanson française.
(Air de la machine infernale.)

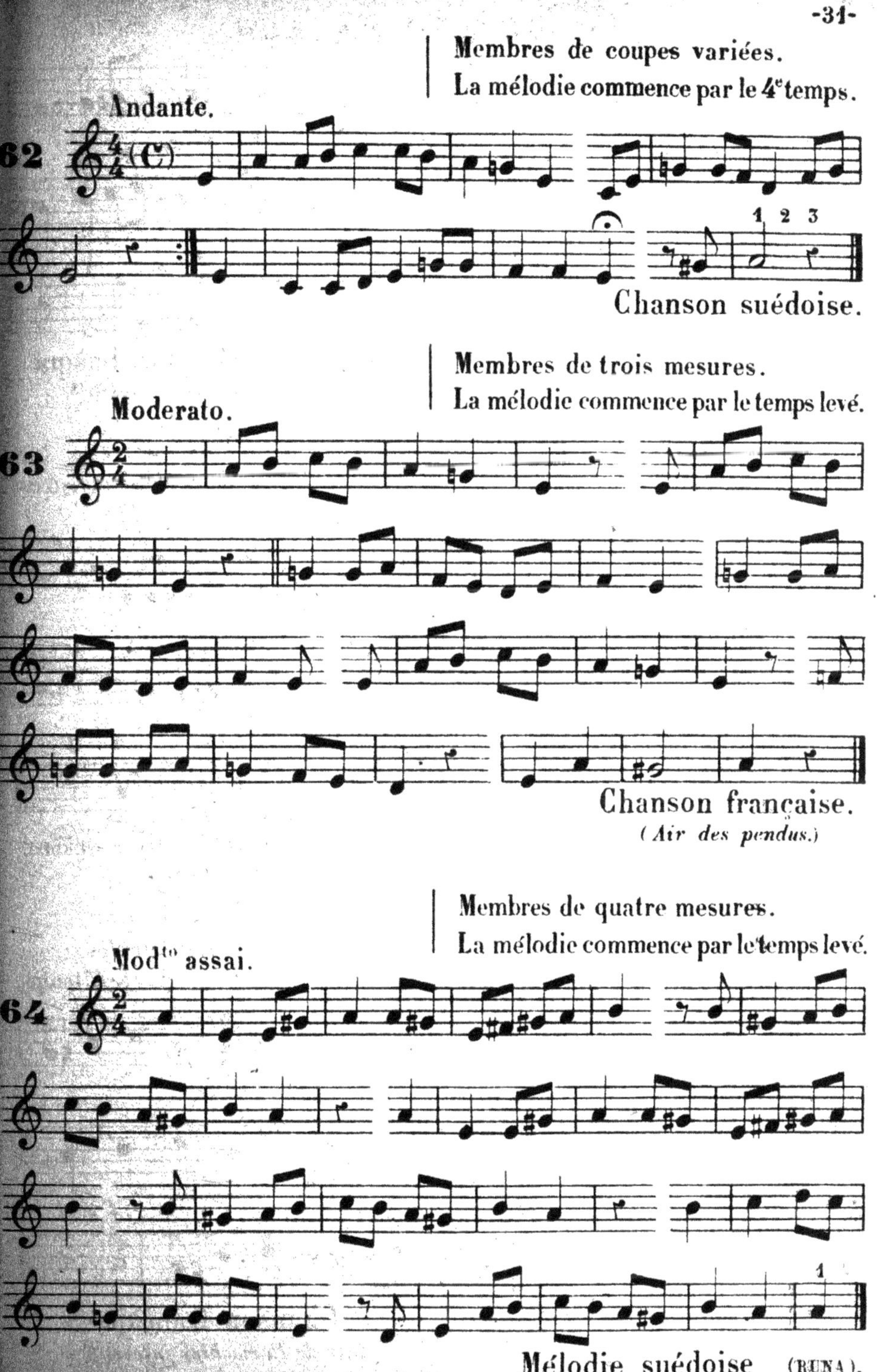
Membres de coupes variées.
La mélodie commence par le 4e temps.
Andante.
62
1 2 3
Chanson suédoise.
Membres de trois mesures.
La mélodie commence par le temps levé.
Moderato.
63
Chanson française.
(Air des pendus.)
Membres de quatre mesures.
La mélodie commence par le temps levé.
Mod^to assai.
64
1
Mélodie suédoise (RUNA).

TON DE SOL MAJEUR

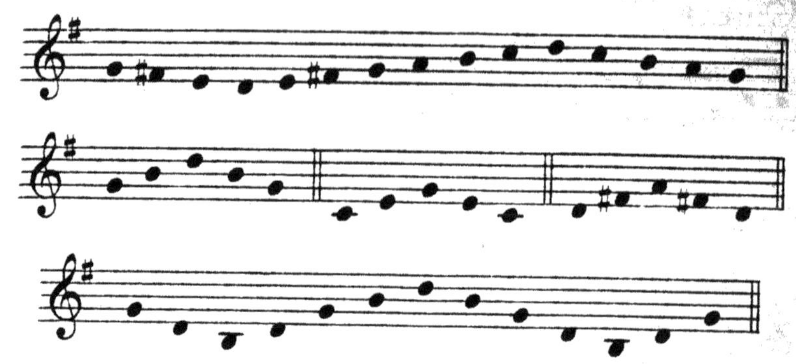

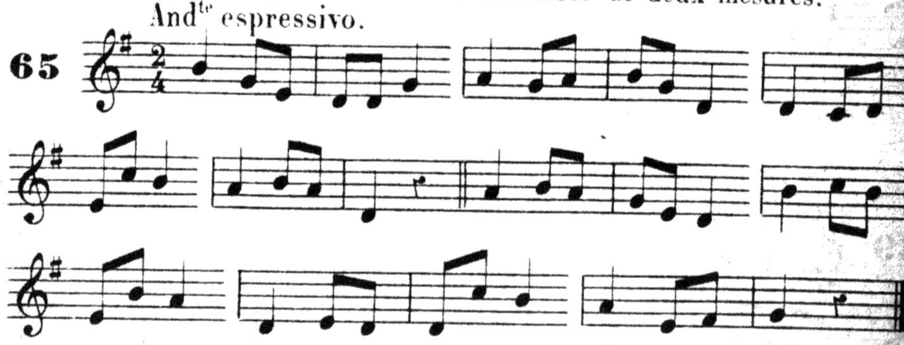

Chanson allemande.
(Ach, wie ist's möglich, Dass ich dich lassen Kann.)

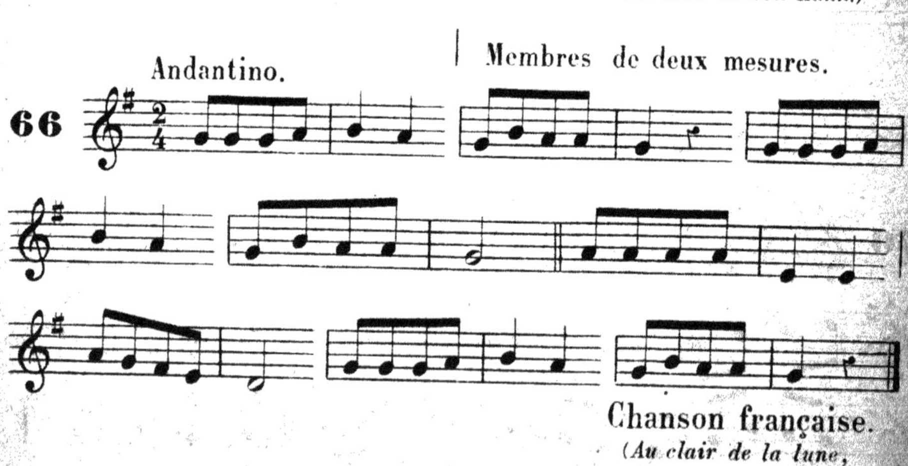

Chanson française.
(Au clair de la lune, mon ami Pierrot.)

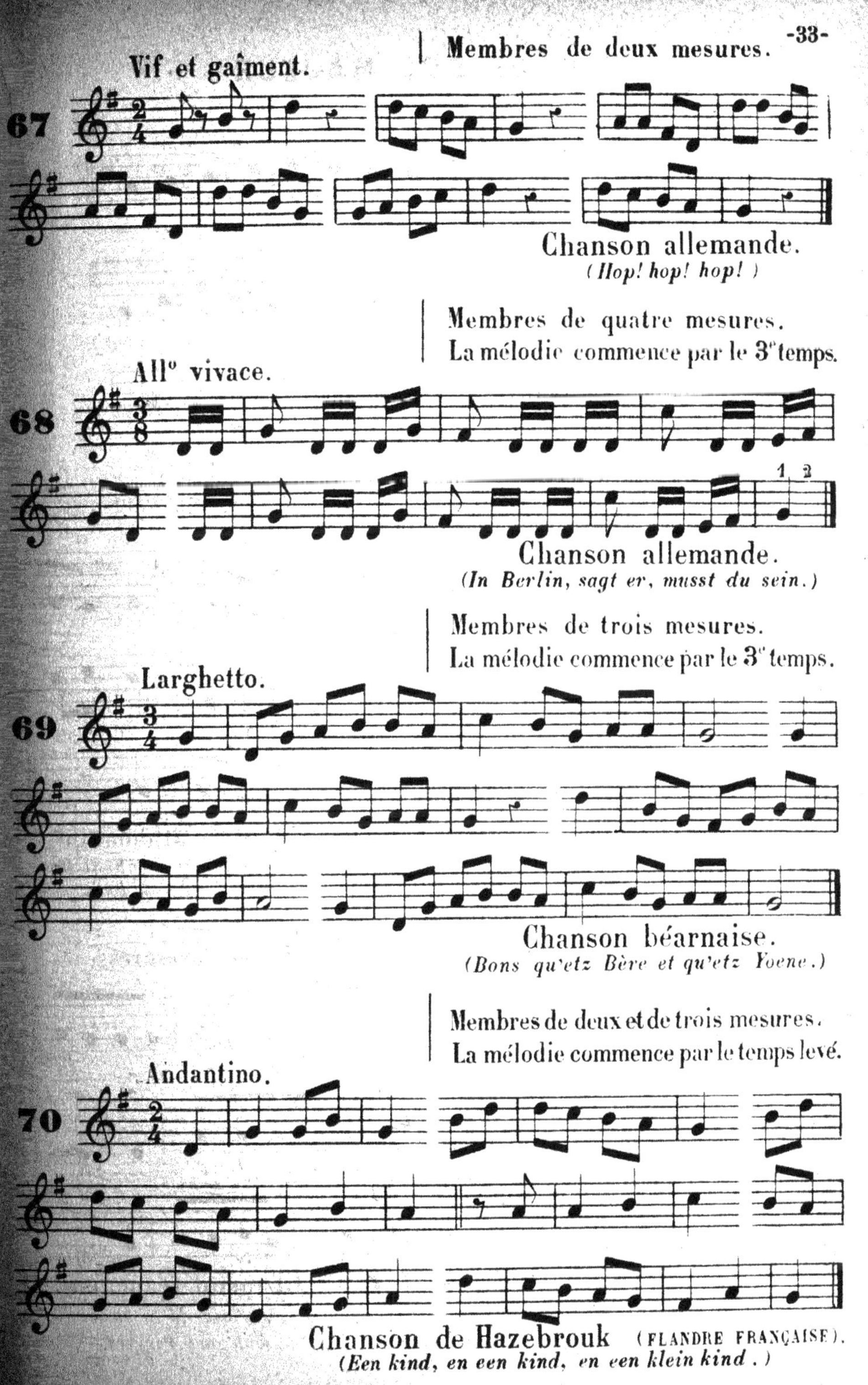
Membres de deux mesures.
Vif et gaîment.
67
Chanson allemande.
(Hop! hop! hop!)
Membres de quatre mesures.
La mélodie commence par le 3e temps.
All° vivace.
68
1 2
Chanson allemande.
(In Berlin, sagt er, musst du sein.)
Membres de trois mesures.
La mélodie commence par le 3e temps.
Larghetto.
69
Chanson béarnaise.
(Bons qu'etz Bère et qu'etz Yoene.)
Membres de deux et de trois mesures.
La mélodie commence par le temps levé.
Andantino.
70
Chanson de Hazebrouk (FLANDRE FRANÇAISE).
(Een kind, en een kind, en een klein kind.)

Membres de quatre et de trois mesures.

Moderato.

71

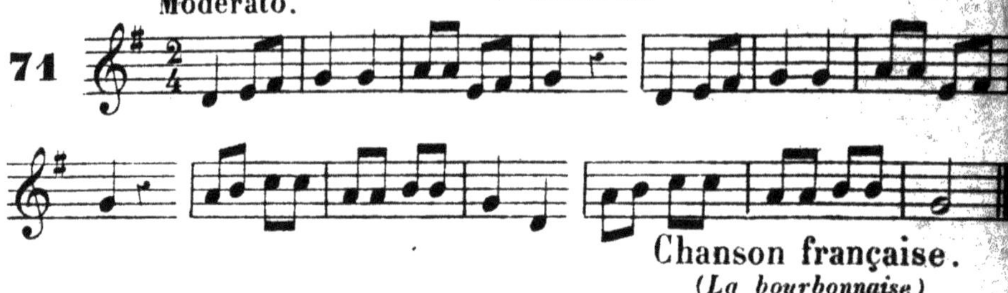

Chanson française.
(La bourbonnaise.)

Membres de deux mesures.

Allegretto.

72

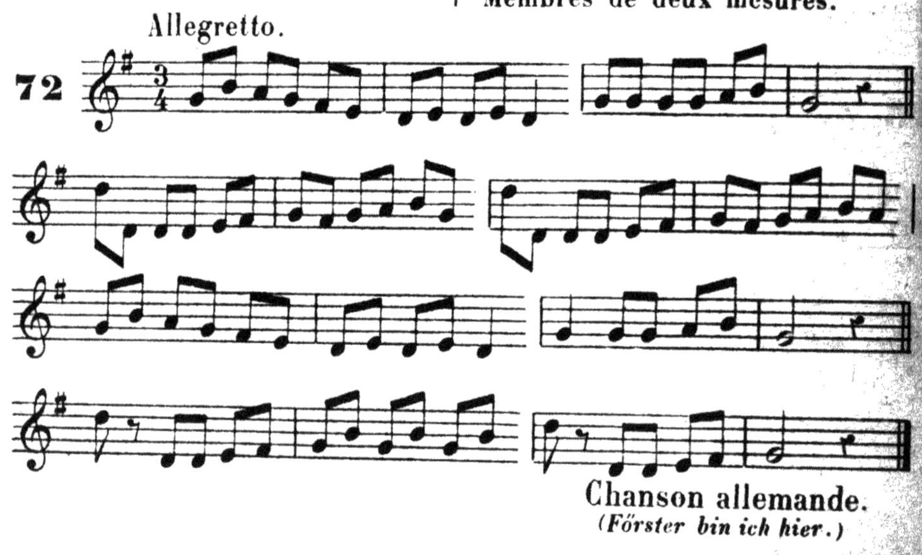

Chanson allemande.
(Förster bin ich hier.)

Membres de deux mesures.
La mélodie commence par le temps levé.

All° vivace.

73

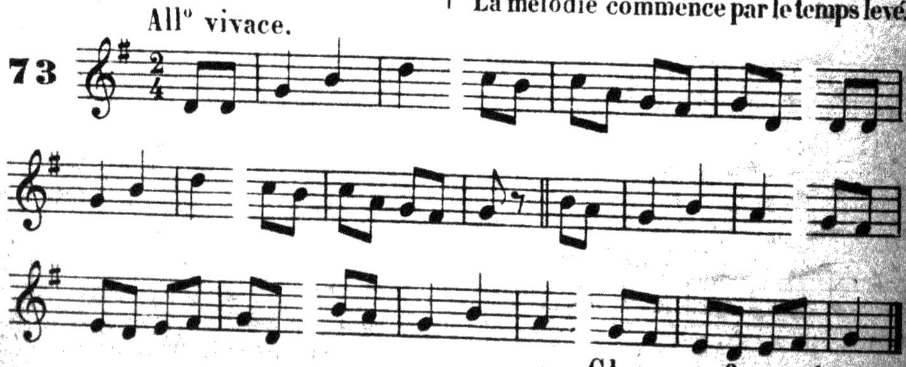

Chanson française.
(Je n'saurais danser.)

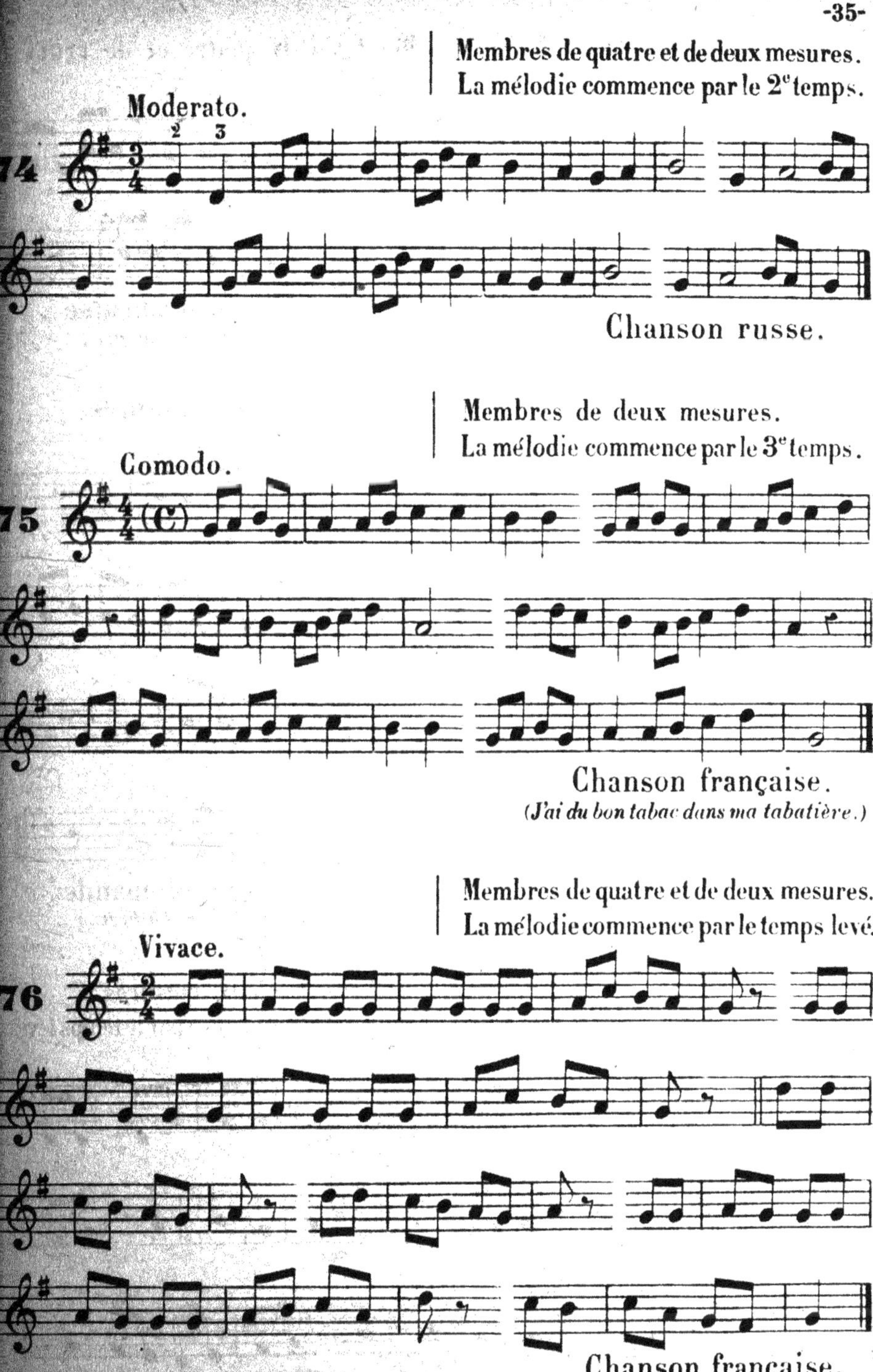
Membres de quatre et de deux mesures.
La mélodie commence par le 2e temps.
Moderato.
74
Chanson russe.
Membres de deux mesures.
La mélodie commence par le 3e temps.
Comodo.
75
Chanson française.
(J'ai du bon tabac dans ma tabatière.)
Membres de quatre et de deux mesures.
La mélodie commence par le temps levé.
Vivace.
76
Chanson française.
(J'ons un curé patriote.)

TON DE SOL MINEUR

Gamme mineure du premier type

(MINEUR USUEL)

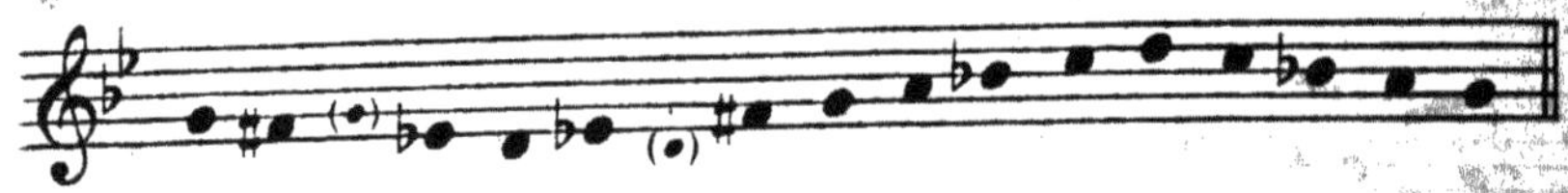

Gamme mineure du deuxième type

(Cette gamme ne se fait guère qu'en montant.)

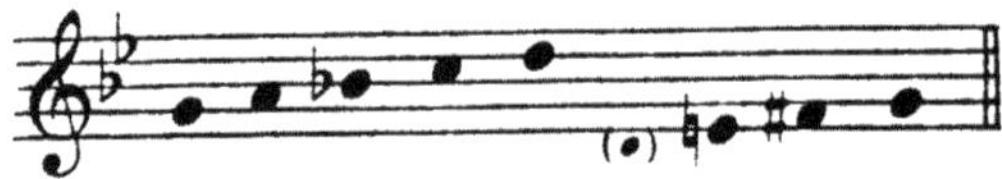

Gamme mineure du troisième type

(MINEUR ANTIQUE)

(Cette gamme ne se fait ordinairement qu'en descendant.)

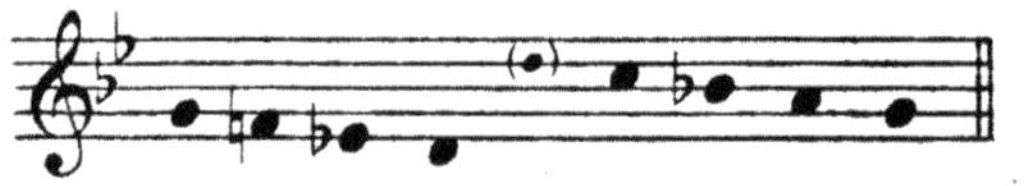

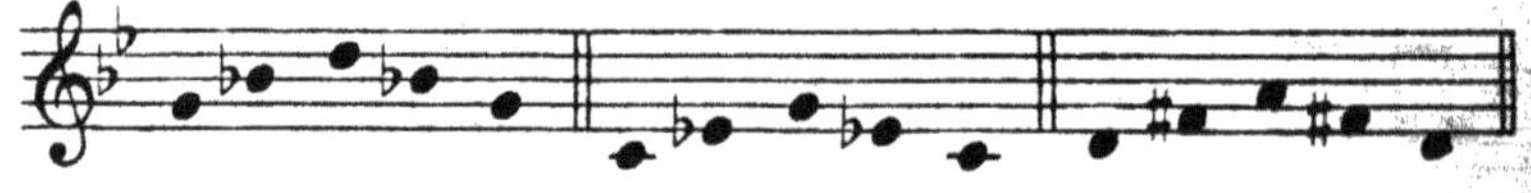

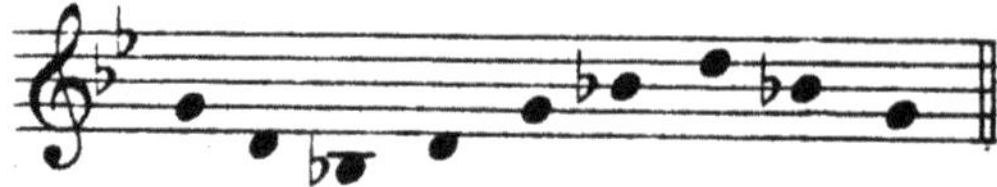

Membres de coupes variées.
(mesure composée de deux mesures à $\frac{2}{4}$.)
La mélodie commence par le 2e temps.

Andantino.

77

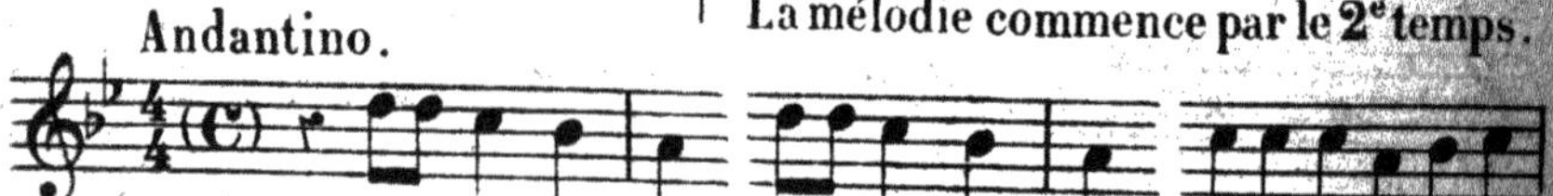

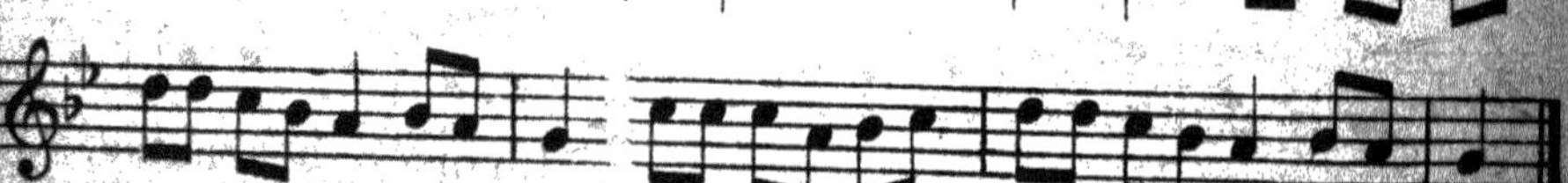

Mélodie russe.
(voir N° 15, page 10.)

Membres de deux mesures.
La mélodie commence par le temps levé.

Comodo.

78

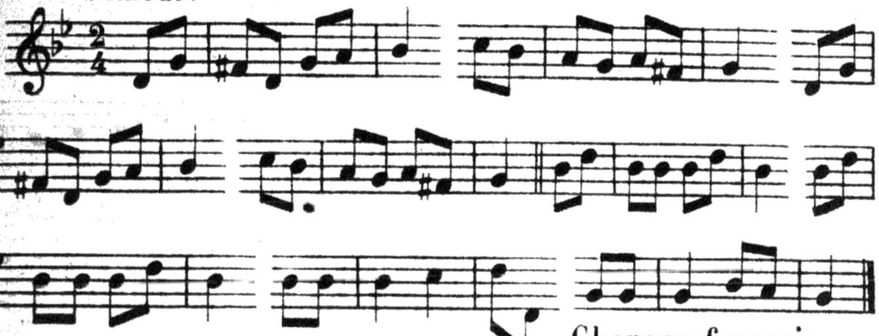

Chanson française.
(Quand Biron voulut danser.)

Membres de deux et de quatre mesures.

Andantino.

79

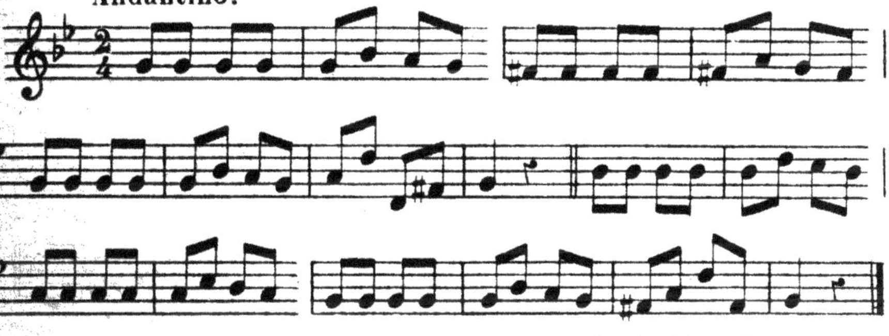

Mélodie slave.

Membres de coupes variées.
La mélodie commence par le 3e temps.

80

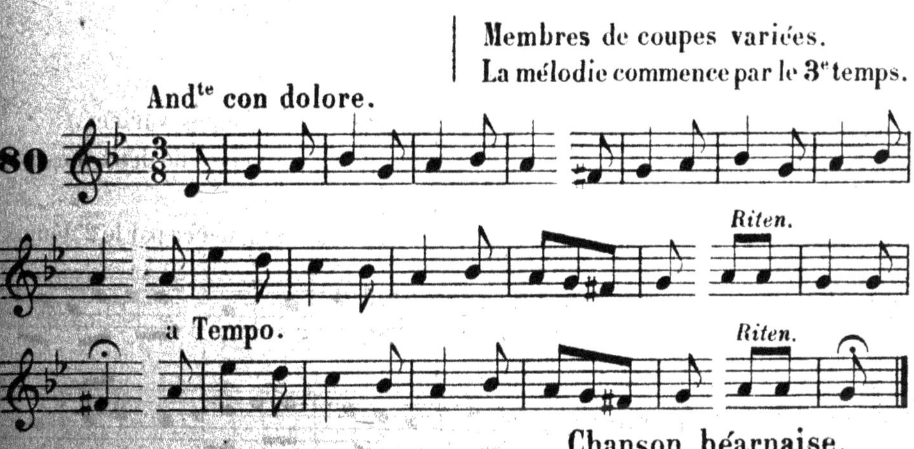

Chanson béarnaise.
(Noum biengues dabant ni darrè.)

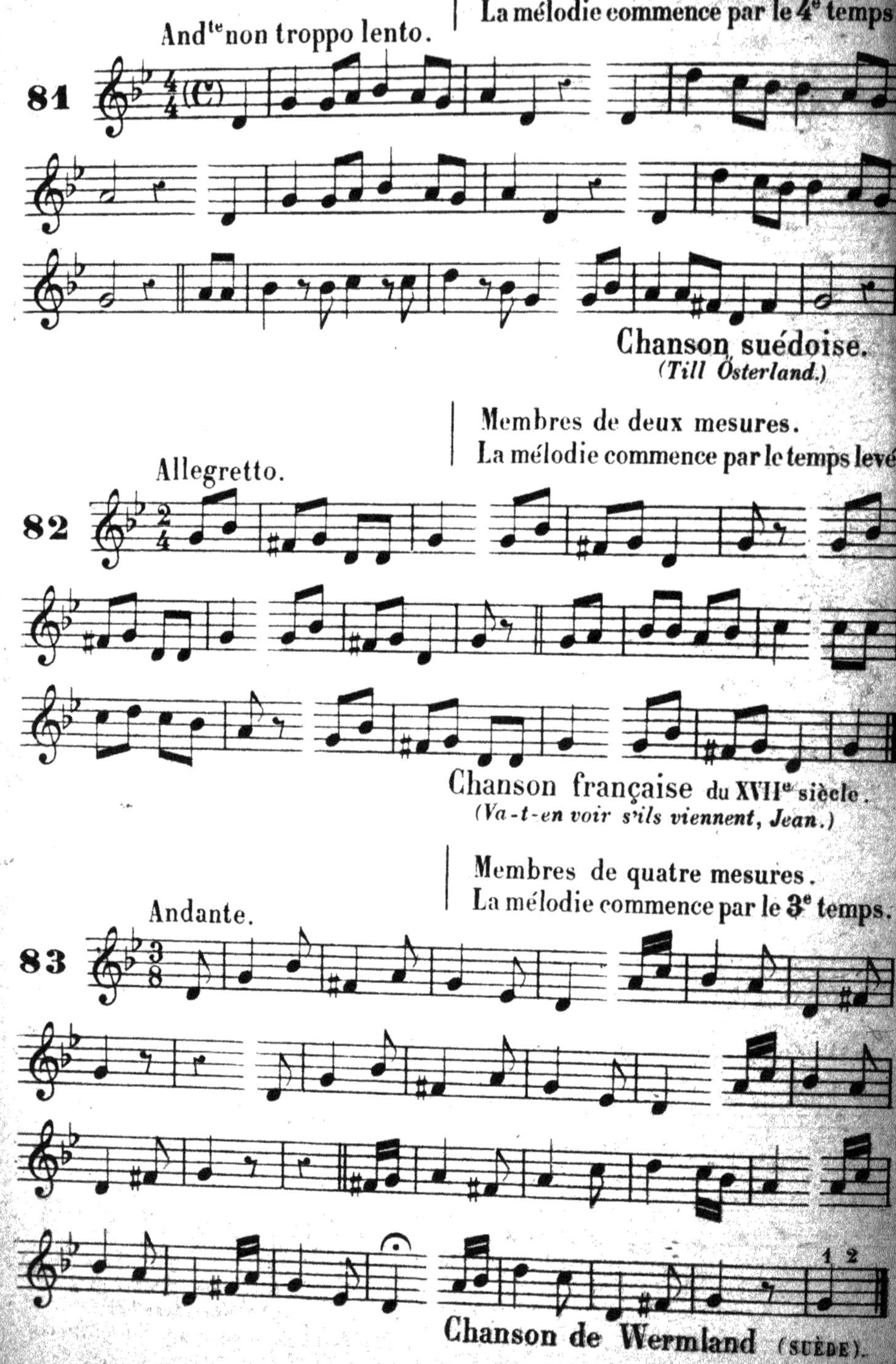
Membres de deux mesures.
La mélodie commence par le 4e temps.
Andte non troppo lento.
81
Chanson suédoise.
(Till Österland.)
Membres de deux mesures.
La mélodie commence par le temps levé.
Allegretto.
82
Chanson française du XVIIe siècle.
(Va-t-en voir s'ils viennent, Jean.)
Membres de quatre mesures.
La mélodie commence par le 3e temps.
Andante.
83
Chanson de Wermland (SUÈDE).

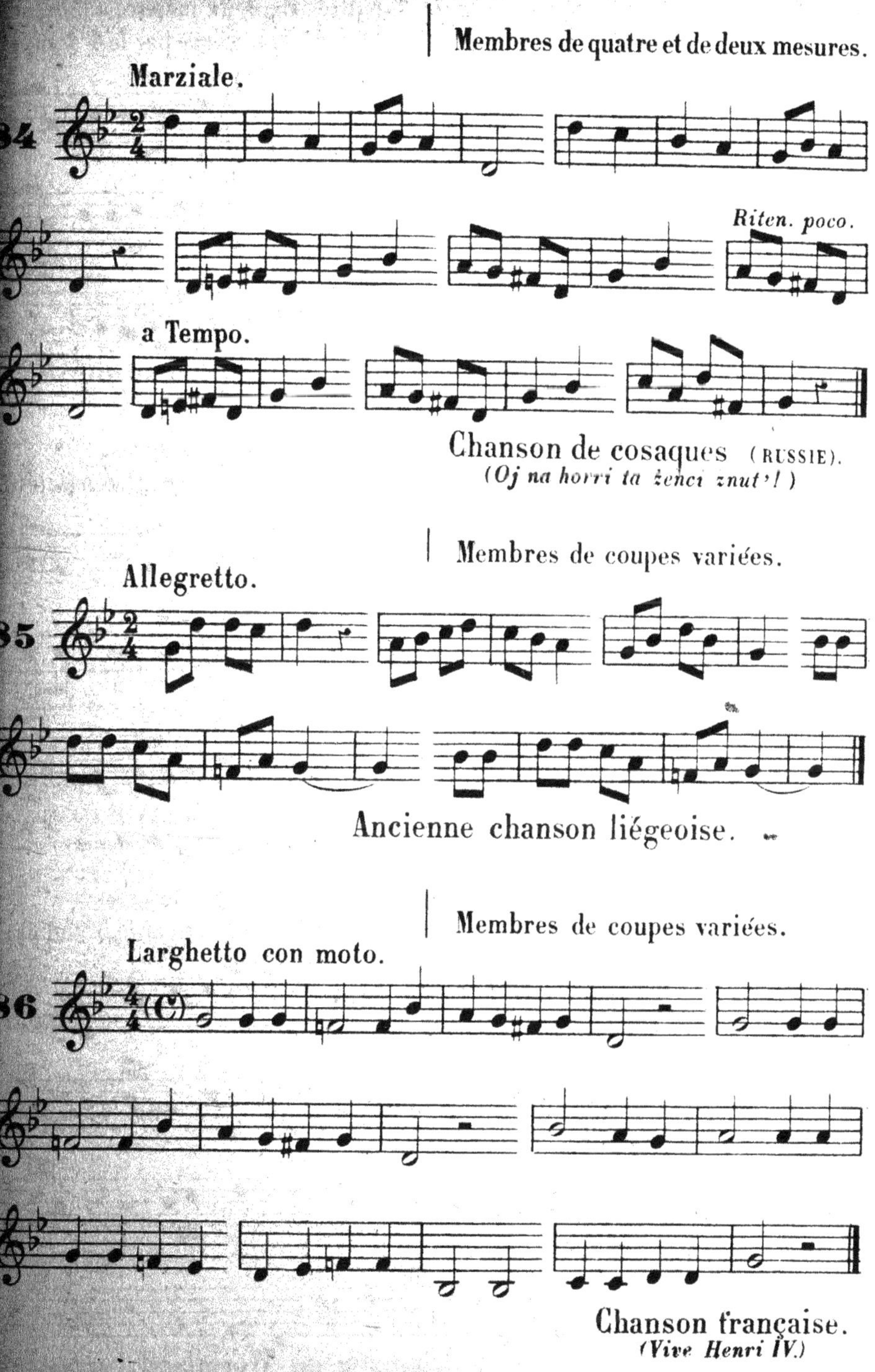
Membres de quatre et de deux mesures.
Marziale.
84
Riten. poco.
a Tempo.
Chanson de cosaques (RUSSIE).
(Oj na horri ta ženci znut'!)
Membres de coupes variées.
Allegretto.
85
Ancienne chanson liégeoise.
Membres de coupes variées.
Larghetto con moto.
86
Chanson française.
(Vive Henri IV.)

TON DE SOL MAJEUR

UNE NOTE POUR TROIS TEMPS

Mesure à $\frac{3}{4}$: une **blanche pointée** 𝅗𝅥. pour les trois temps de la mesure | Membres de deux mesures.

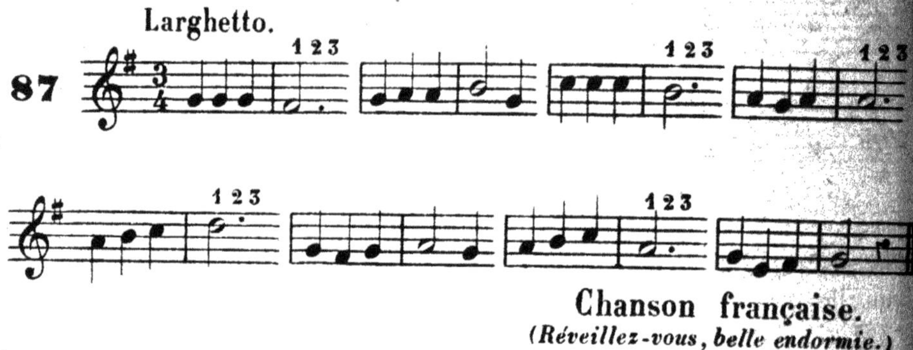

Chanson française.
(Réveillez-vous, belle endormie.)

Une **blanche pointée** pour les trois temps de la mesure. | Membres de quatre et de deux mesures. La mélodie commence par le 3e temps.

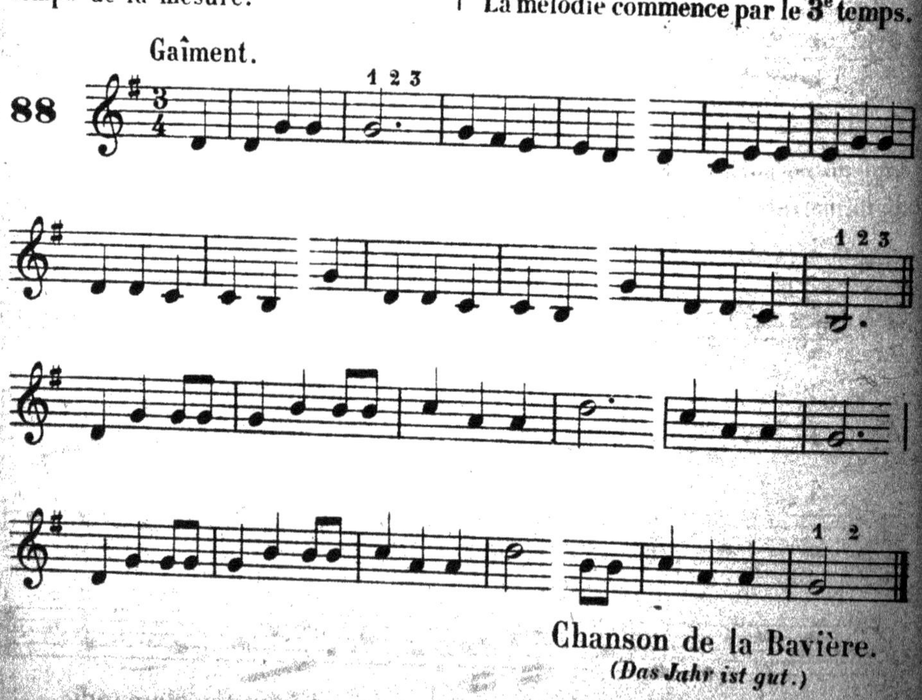

Chanson de la Bavière.
(Das Jahr ist gut.)

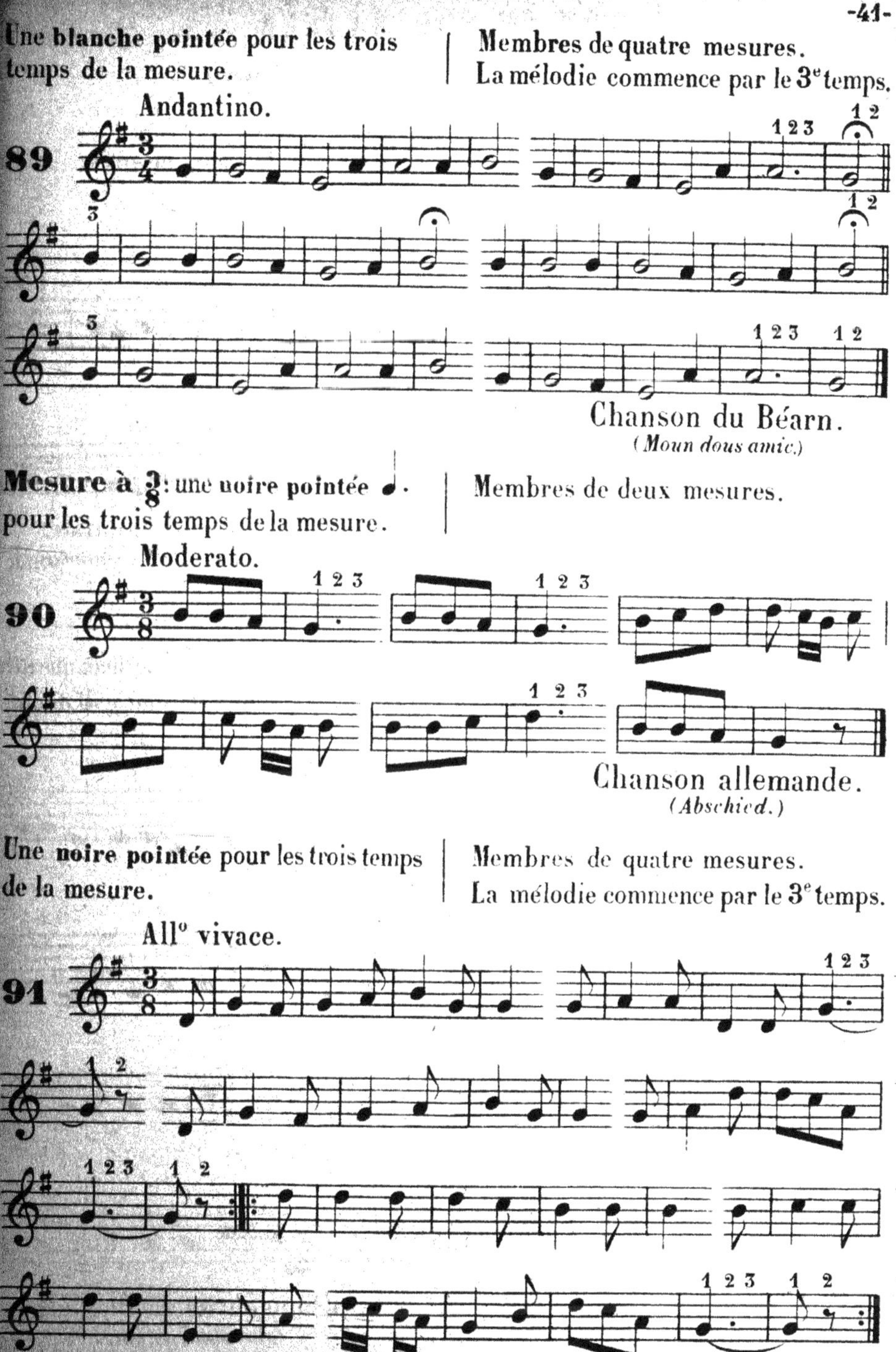
Une blanche pointée pour les trois temps de la mesure.
Membres de quatre mesures.
La mélodie commence par le 3e temps.
Andantino.
89
Chanson du Béarn.
(Moun dous amic.)
Mesure à 3/8: une noire pointée pour les trois temps de la mesure.
Membres de deux mesures.
Moderato.
90
Chanson allemande.
(Abschied.)
Une noire pointée pour les trois temps de la mesure.
Membres de quatre mesures.
La mélodie commence par le 3e temps.
Allº vivace.
91
Chanson flamande.
(Heil der liefde.)

Mesure à $\frac{4}{4}$ (C): une blanche pointée 𝅗𝅥. pour les trois premiers temps de la mesure.

Membres de coupes variées.

Mod^to ma con moto.

92

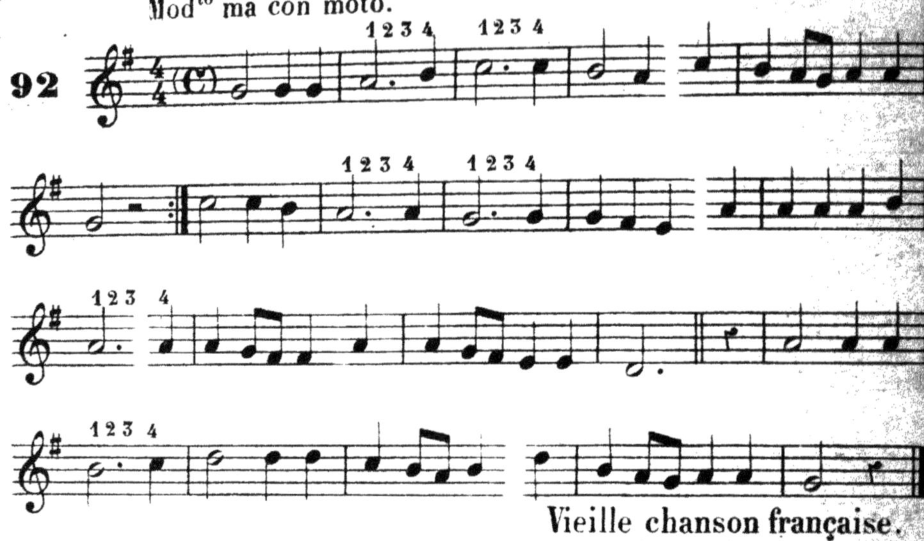

Vieille chanson française.
(La nuit, le jour, je suis en peine.)

Une **blanche pointée** pour les trois premiers temps de la mesure.

Membres de **deux mesures.**
La mélodie commence par le 4e temps.

Andantino.

93

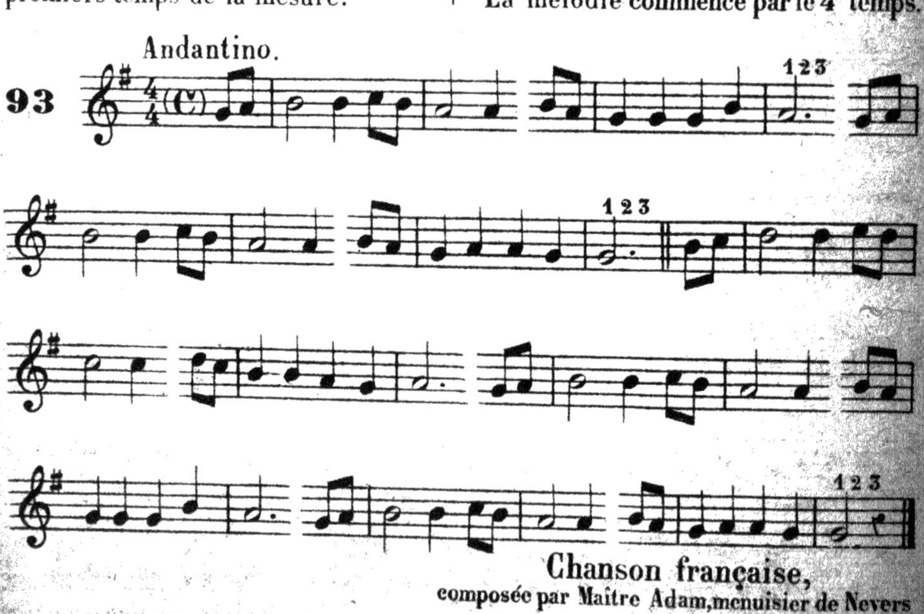

Chanson française,
composée par Maître Adam, menuisier de Nevers
(au commencement du XVIIe siècle).
(Aussitôt que la lumière.)

ne blanche pointée pour les trois remiers temps de la mesure.

Membres de trois et de deux mesures.
La mélodie commence par le 4e temps.

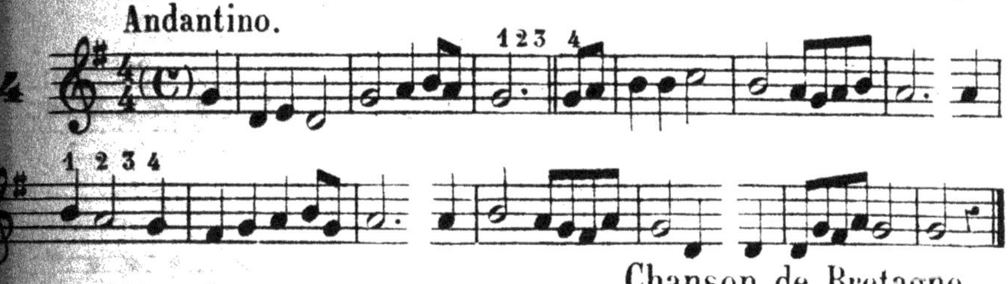

Chanson de Bretagne.
(Légende de saint Efflamm.)

esure à 4/8 : une noire pointée ♩. our les trois premiers temps de la esure.

Membres de deux mesures.
La mélodie commence par le 4e temps.

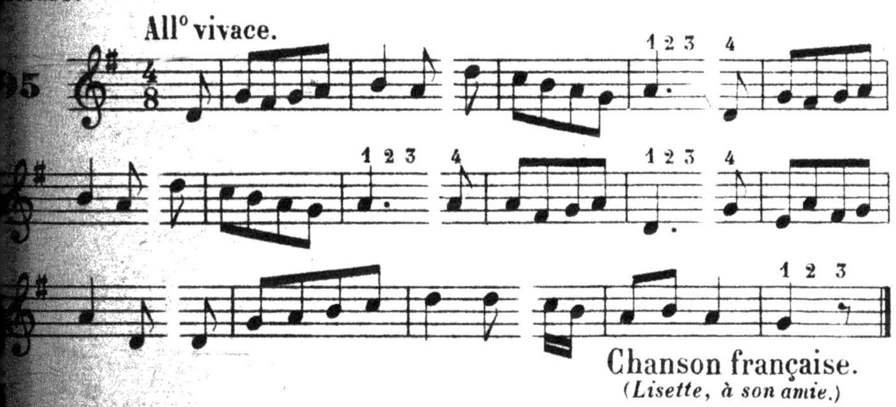

Chanson française.
(Lisette, à son amie.)

ne noire pointée pour les trois premiers temps de la mesure.

Membres de deux et de trois mesures.
La mélodie commence par le 3e temps.

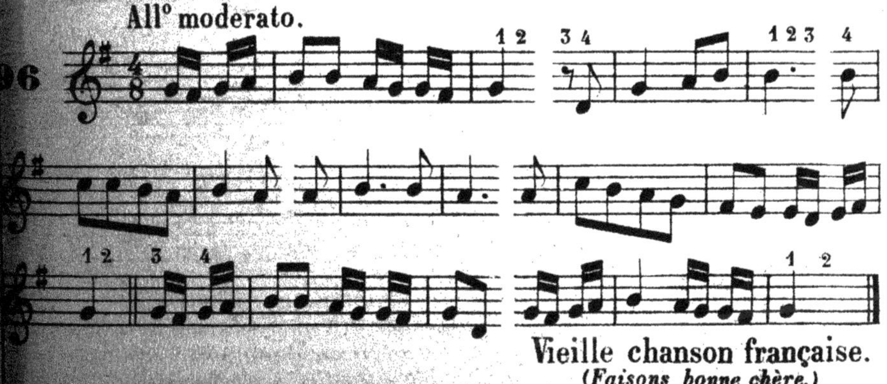

Vieille chanson française.
(Faisons bonne chère.)

TON DE MI MINEUR

Gamme mineure du premier type

(MINEUR USUEL)

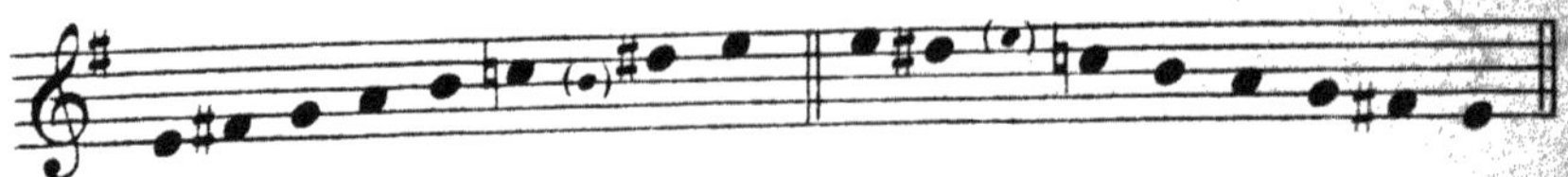

Gamme mineure du deuxième type

(Cette gamme ne se fait guère qu'en montant.)

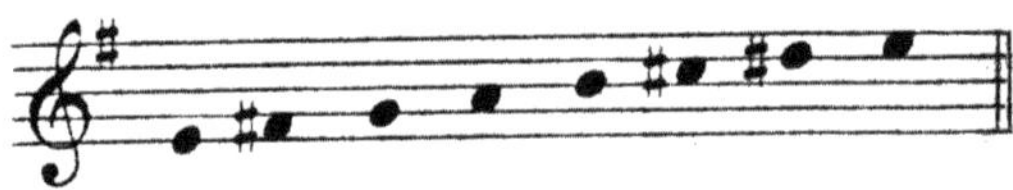

Gamme mineure du troisième type

(MINEUR ANTIQUE)

(Cette gamme ne se fait ordinairement qu'en descendant.)

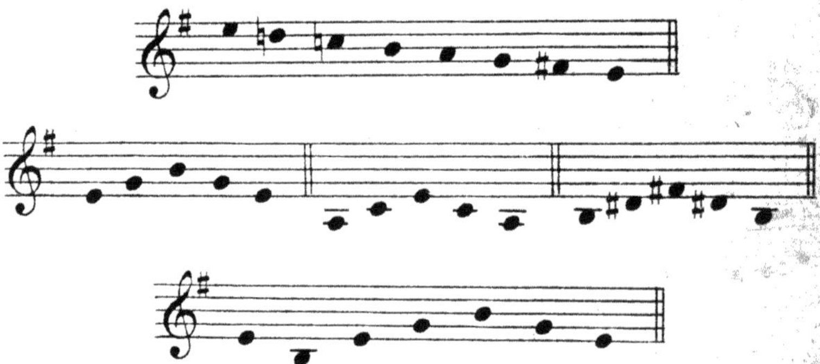

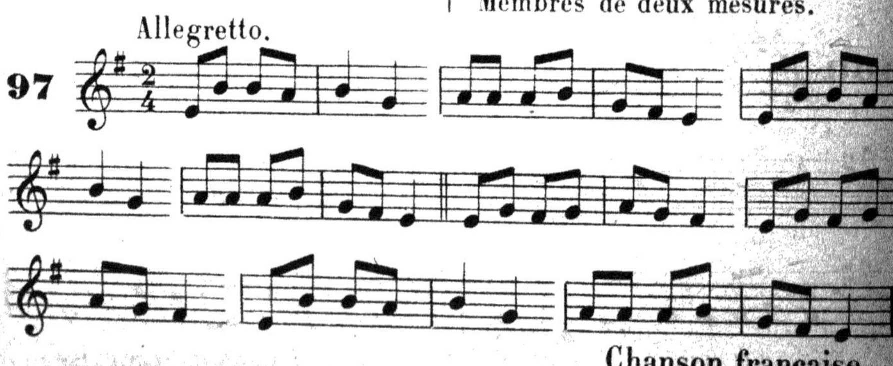

Chanson française.
(J'ai perdu mon âne.)

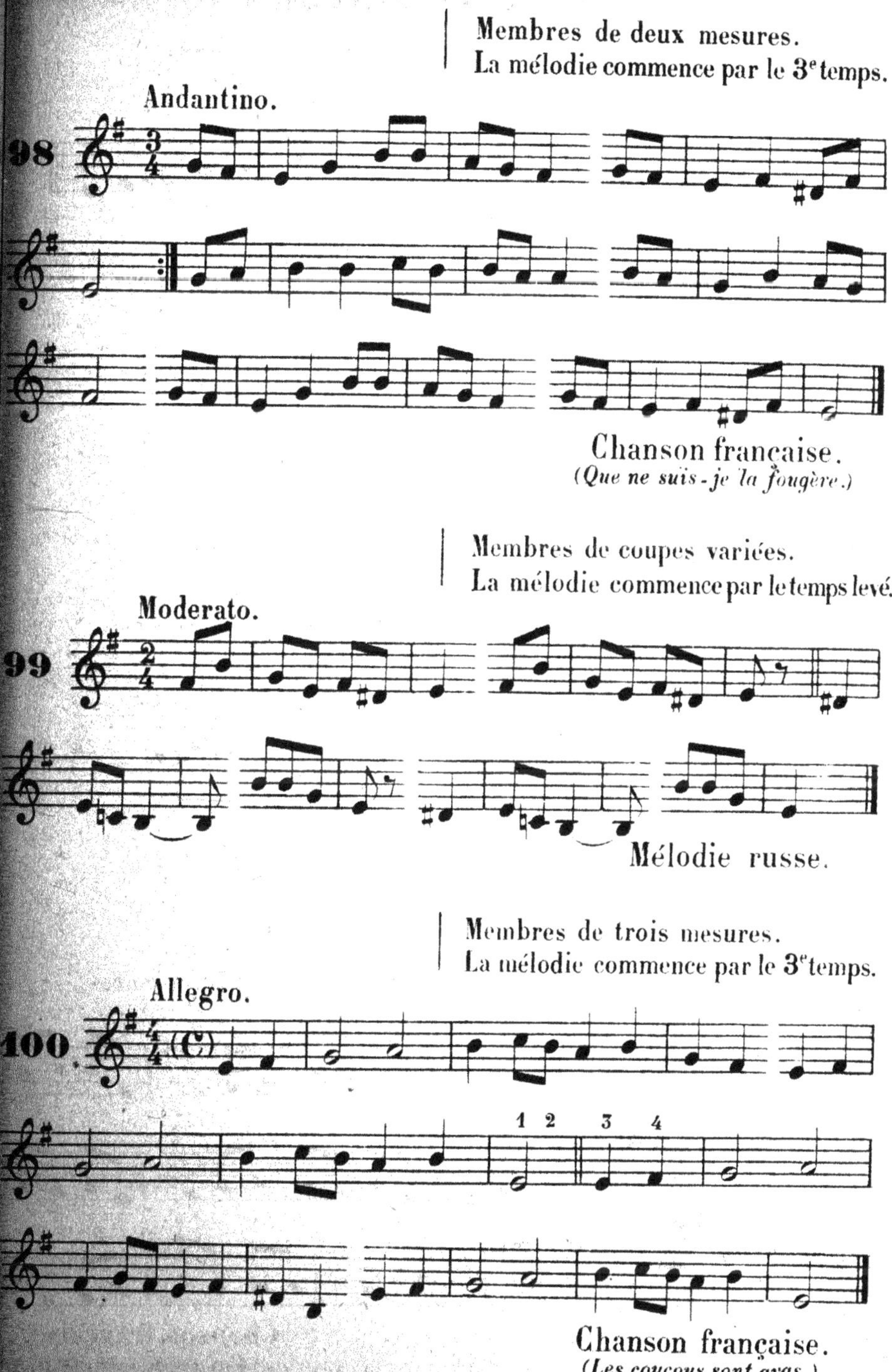
Membres de deux mesures.
La mélodie commence par le 3e temps.
Andantino.
98
Chanson française.
(Que ne suis-je la fougère.)
Membres de coupes variées.
La mélodie commence par le temps levé.
Moderato.
99
Mélodie russe.
Membres de trois mesures.
La mélodie commence par le 3e temps.
Allegro.
100
1 2 3 4
Chanson française.
(Les coucous sont gras.)

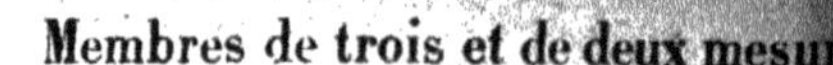
Membres de trois et de deux mesures

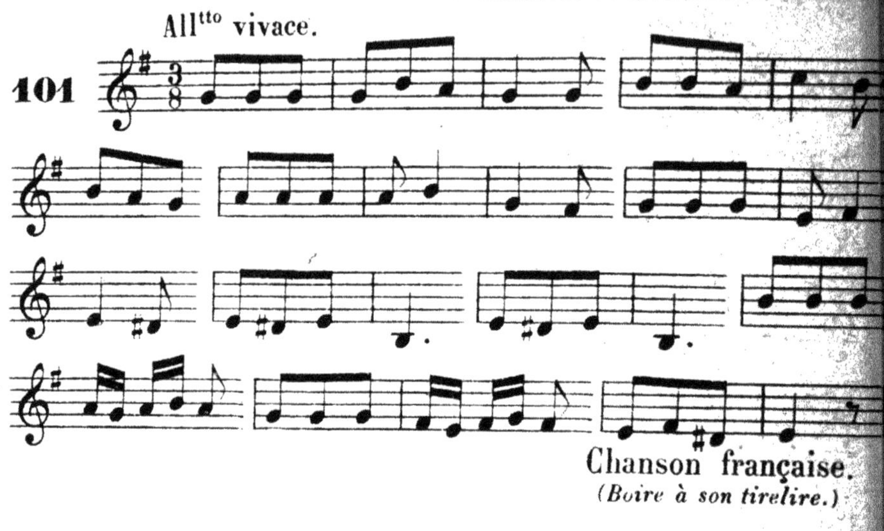

Chanson française.
(Boire à son tirelire.)

Membres de coupes variées.
La mélodie commence par le 3ᵉ temps.

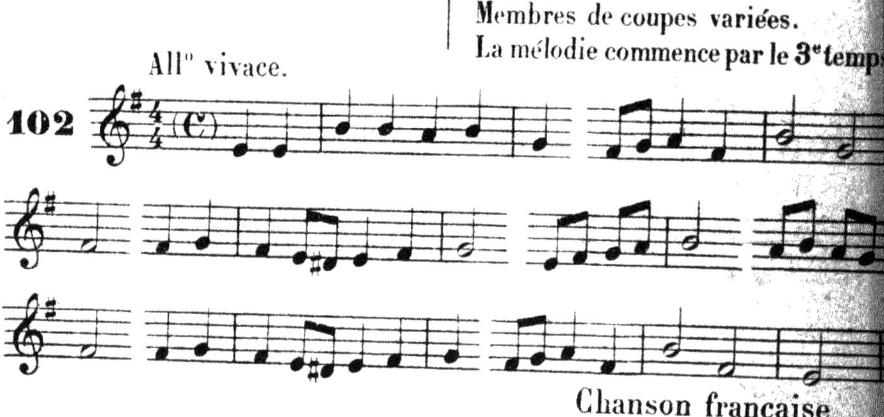

Chanson française.
(Souvenez-vous en.)

Membres de quatre mesures.
La mélodie commence par le 3ᵉ temps.

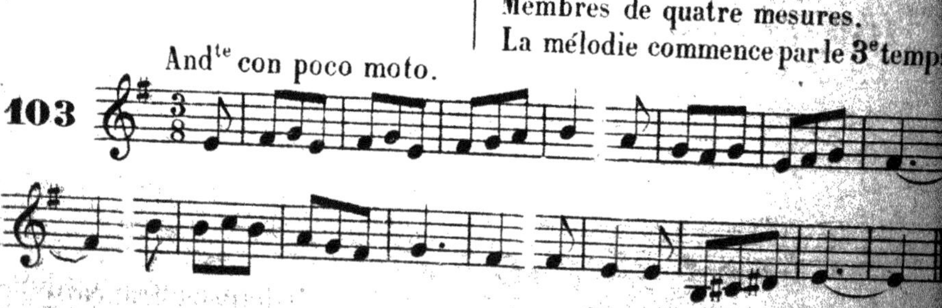

Chanson de Suède.
(De vorotvå ädla Konunyabarn.)

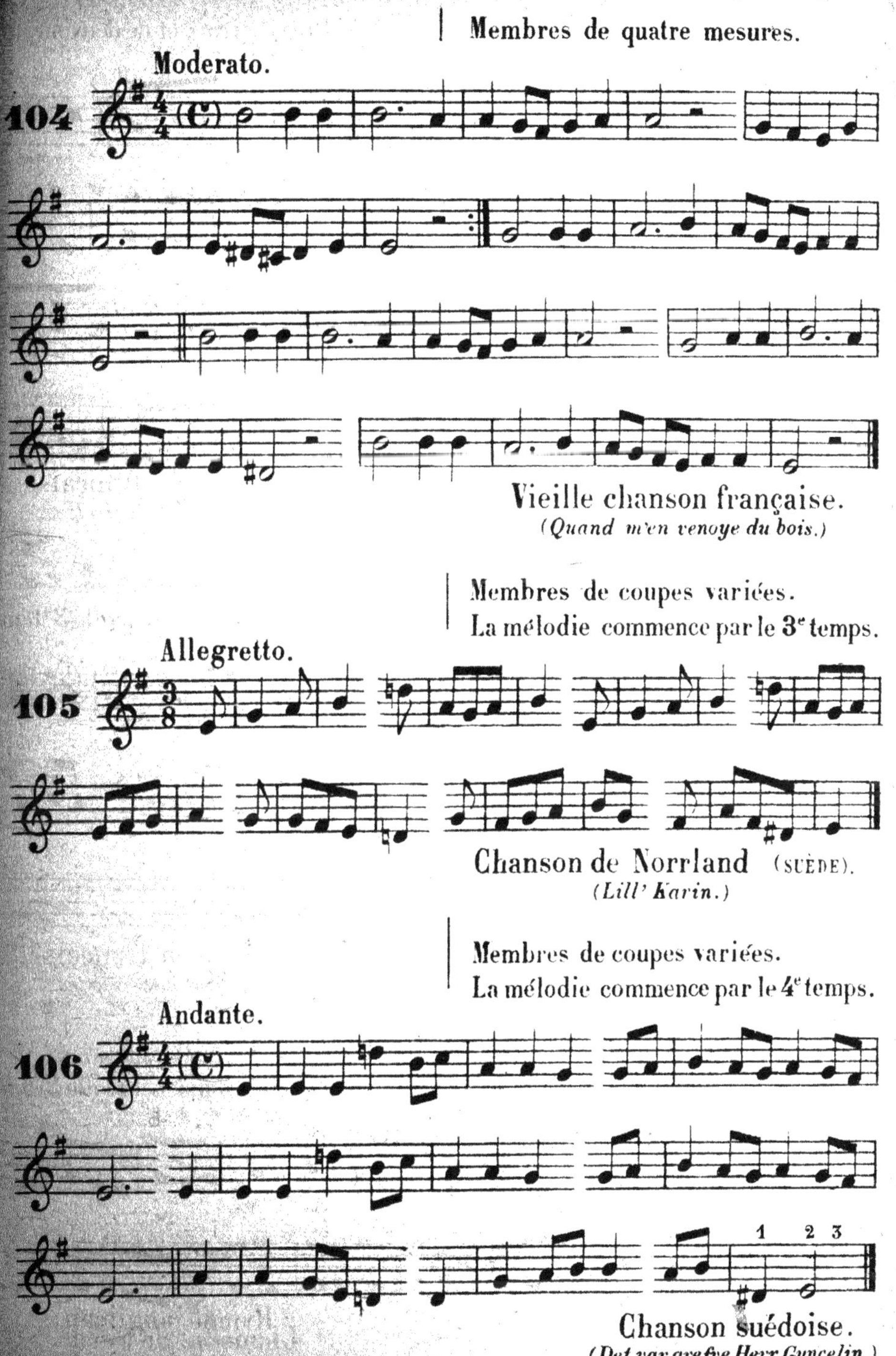
Membres de quatre mesures.
Moderato.
104
Vieille chanson française.
(Quand m'en venoye du bois.)
Membres de coupes variées.
La mélodie commence par le 3e temps.
Allegretto.
105
Chanson de Norrland (SUÈDE).
(Lill' Karin.)
Membres de coupes variées.
La mélodie commence par le 4e temps.
Andante.
106
1 2 3
Chanson suédoise.
(Det var grefve Herr Guncelin.)

Membres de deux mesures.
La mélodie commence par le 3e temps.

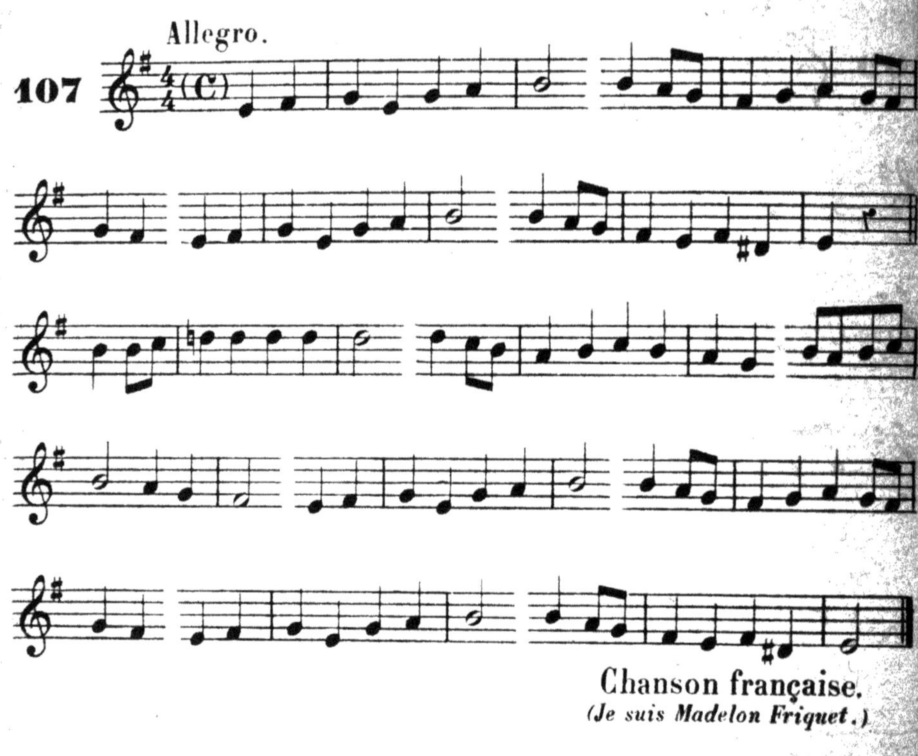

Chanson française.
(Je suis Madelon Friquet.)

Membres de deux et de quatre mesures.
La mélodie commence par le 4e temps.

Andante.

108 4/4 (C)

Hymne anglican.

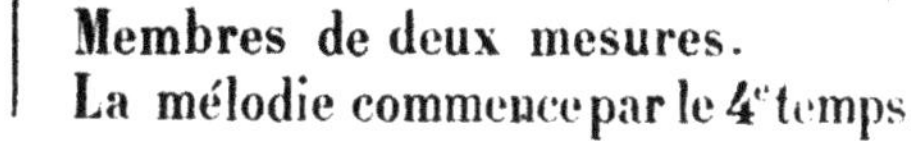
Membres de deux mesures.
La mélodie commence par le 4e temps.

Assai moderato.

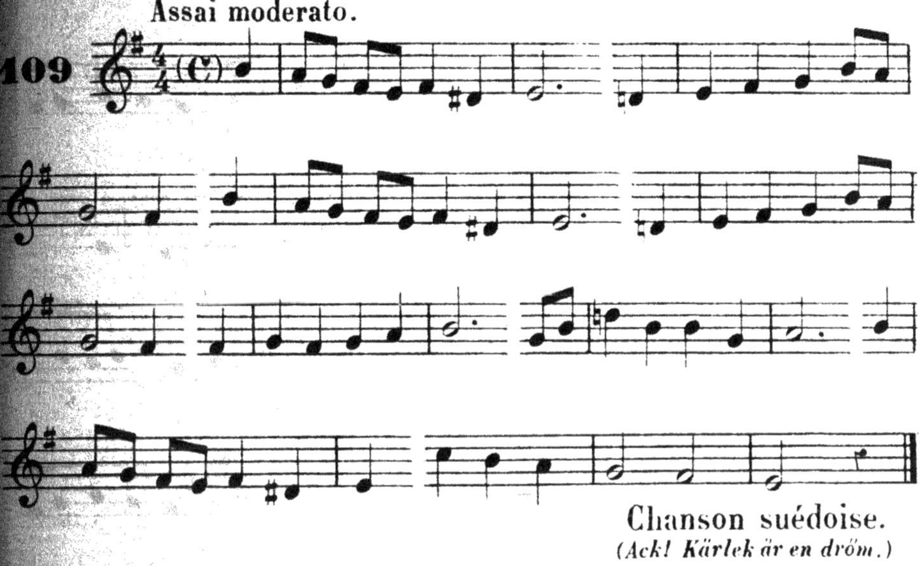

Chanson suédoise.
(Ack! Kärlek är en dröm.)

Membres de trois mesures.
La mélodie commence par le 3e temps.

Larghetto.

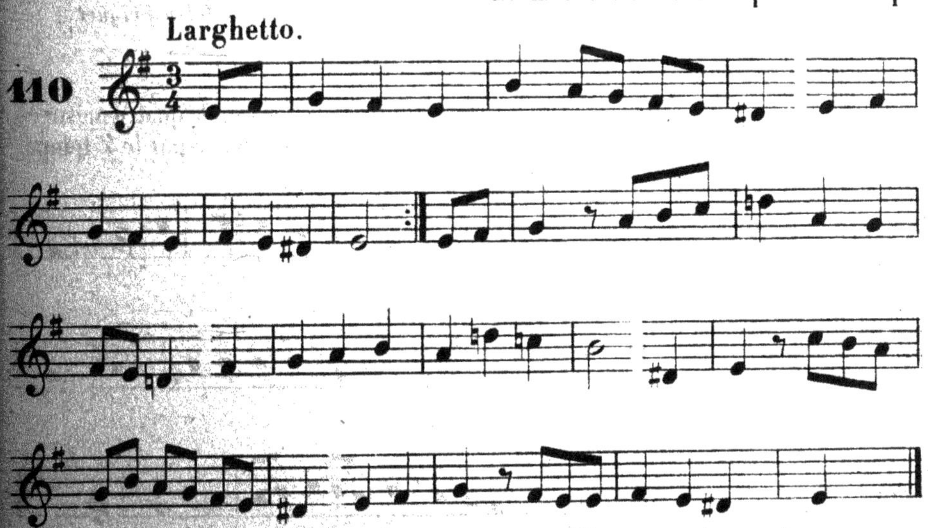

Chanson écossaise.
(O love, thou delights imman's ruin.)

TON DE FA MAJEUR

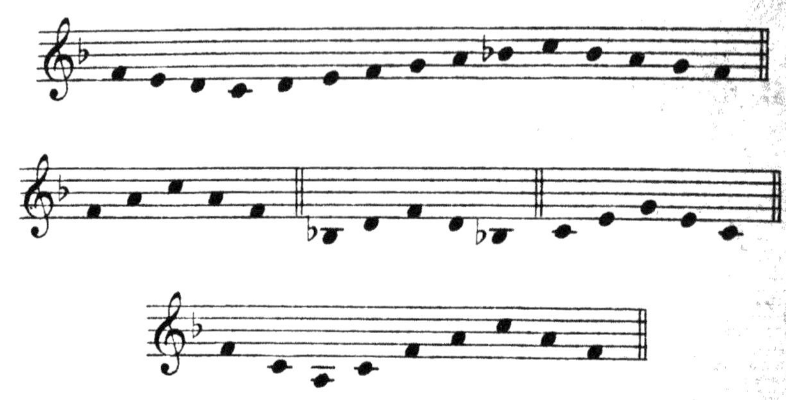

Membres de coupes variées.

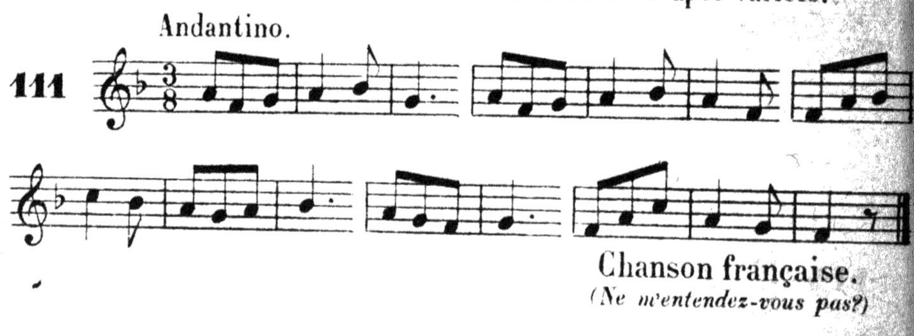

Chanson française.
(Ne m'entendez-vous pas?)

Membres de quatre et de deux mesures.

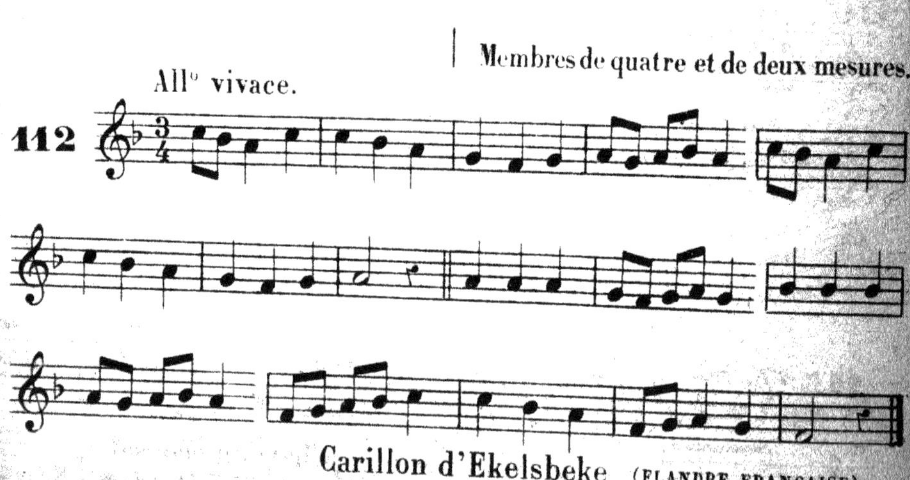

Carillon d'Ekelsbeke (FLANDRE FRANÇAISE).
(Adieu, Ekelsbeke, adieu, gij schoone carillon.)

Membres de coupes variées.
(mesure composée de deux mesures à $\frac{2}{4}$).
La mélodie commence par le 4e temps.

All° vivace.

113 $\frac{4}{4}$ (C)

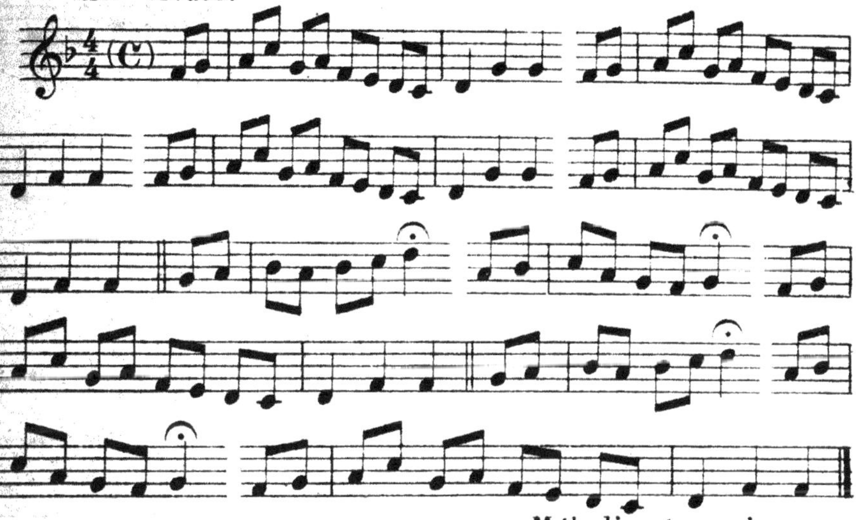

Mélodie écossaise.
(Kelvin grove.)

Membres de deux mesures.
La mélodie commence par le temps levé.

Allto vivace.

114 $\frac{2}{4}$

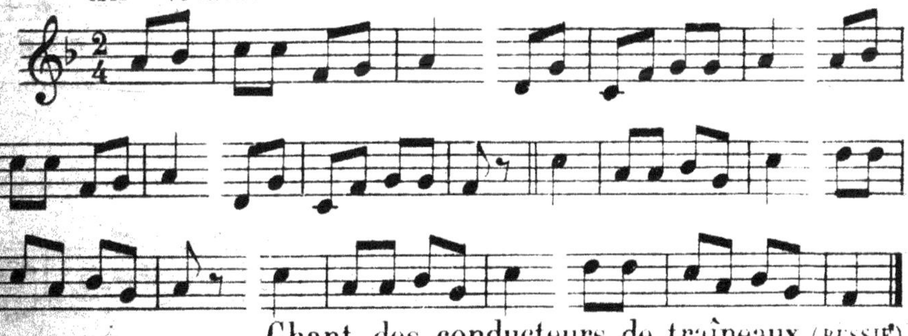

Chant des conducteurs de traîneaux (RUSSIE).
(V'sele malom Vanka gil.)

Membres de quatre mesures.

Allegro.

115 $\frac{2}{4}$

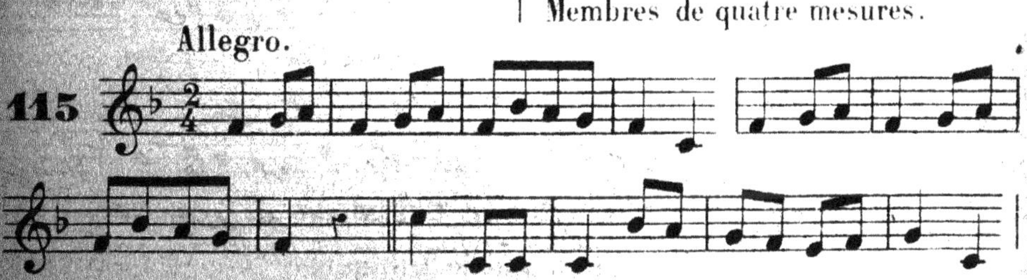

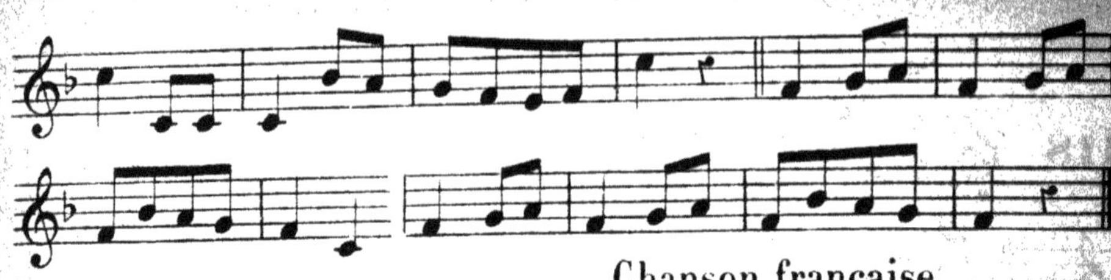

Chanson française.
(Quand nous portons au patron de not' village.)

Membres de deux mesures.
La mélodie commence par le 4e temps.

And^te tranquillo.

116

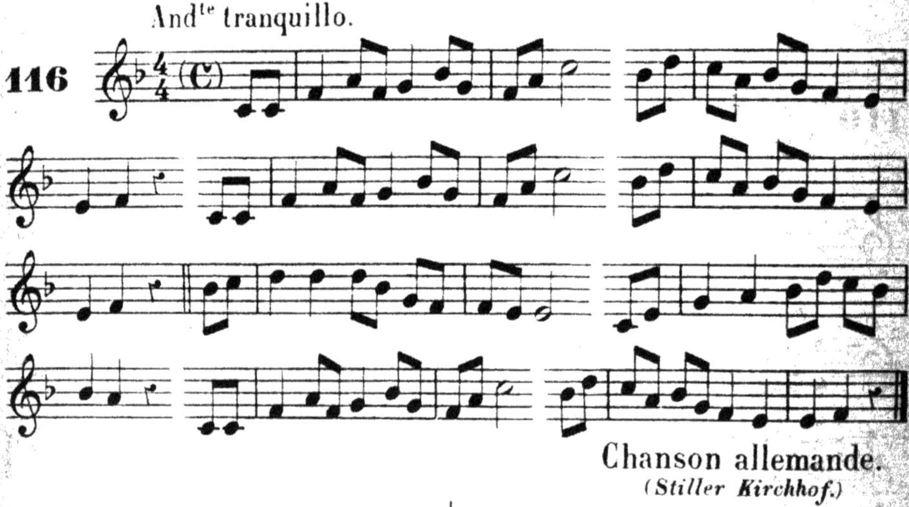

Chanson allemande.
(Stiller Kirchhof.)

Membres de trois mesures.

Andantino.

117

Chanson de Dunkerke (FLANDRE FRANÇAISE).
(O Heer, wilt mijn stem.)

Membres de deux et de trois mesures.
La mélodie commence par le 3e temps.

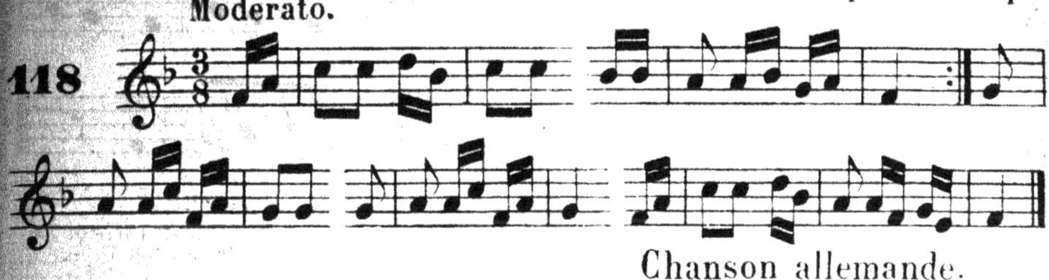

Chanson allemande.
(Guten Morgen, liebes Lieserl.)

Membres de quatre et de deux mesures.
La mélodie commence par le 4e temps.

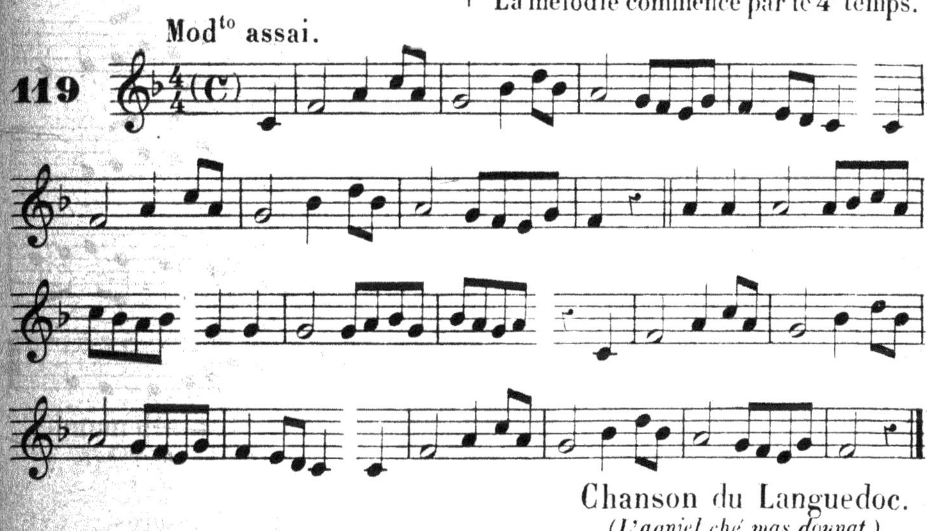

Chanson du Languedoc.
(L'agniel ché mas dounat.)

Membres de coupes variées.
La mélodie commence par le 4e temps.

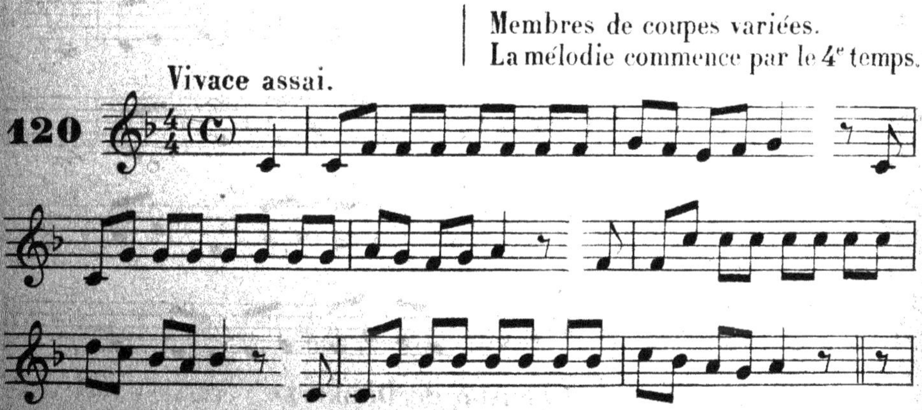

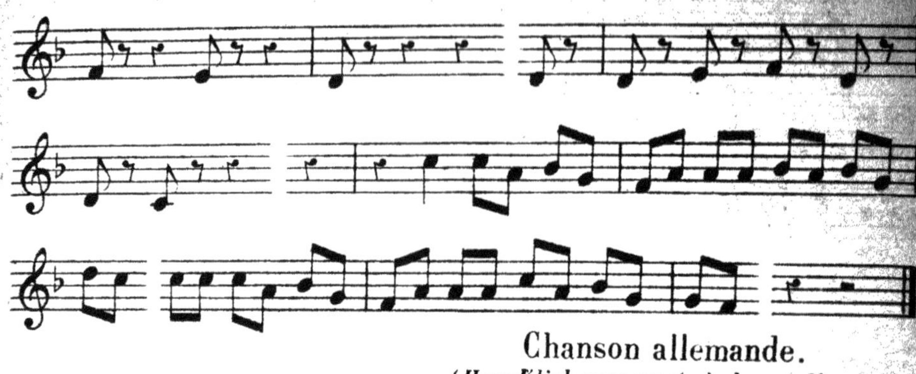

Chanson allemande.

(Herr Klink war sonst ein braver Mann.)

Membres de deux et de quatre mesures.

Andte con moto.

121

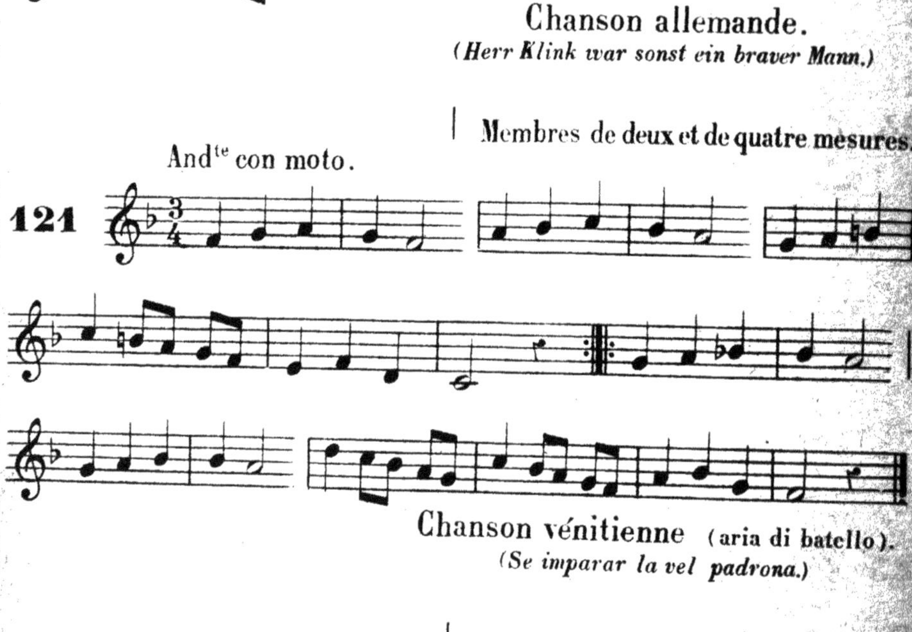

Chanson vénitienne (aria di batello).

(Se imparar la vel padrona.)

Membres de quatre et de deux mesures.

Modto e grazioso.

122

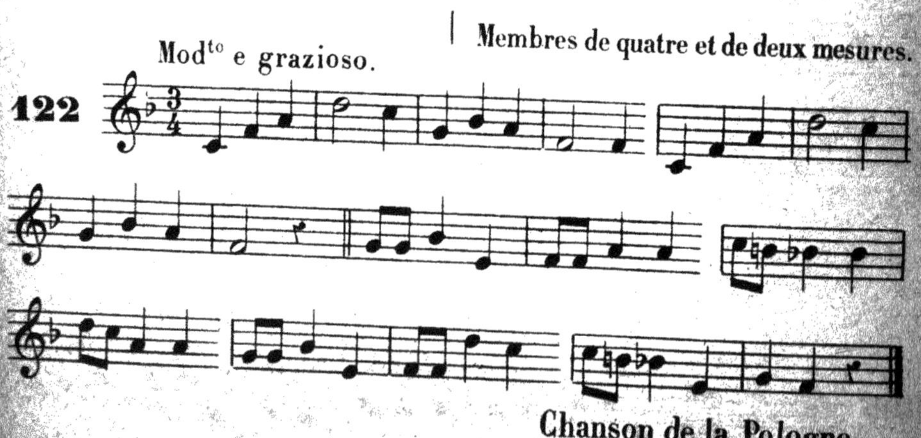

Chanson de la Pologne.

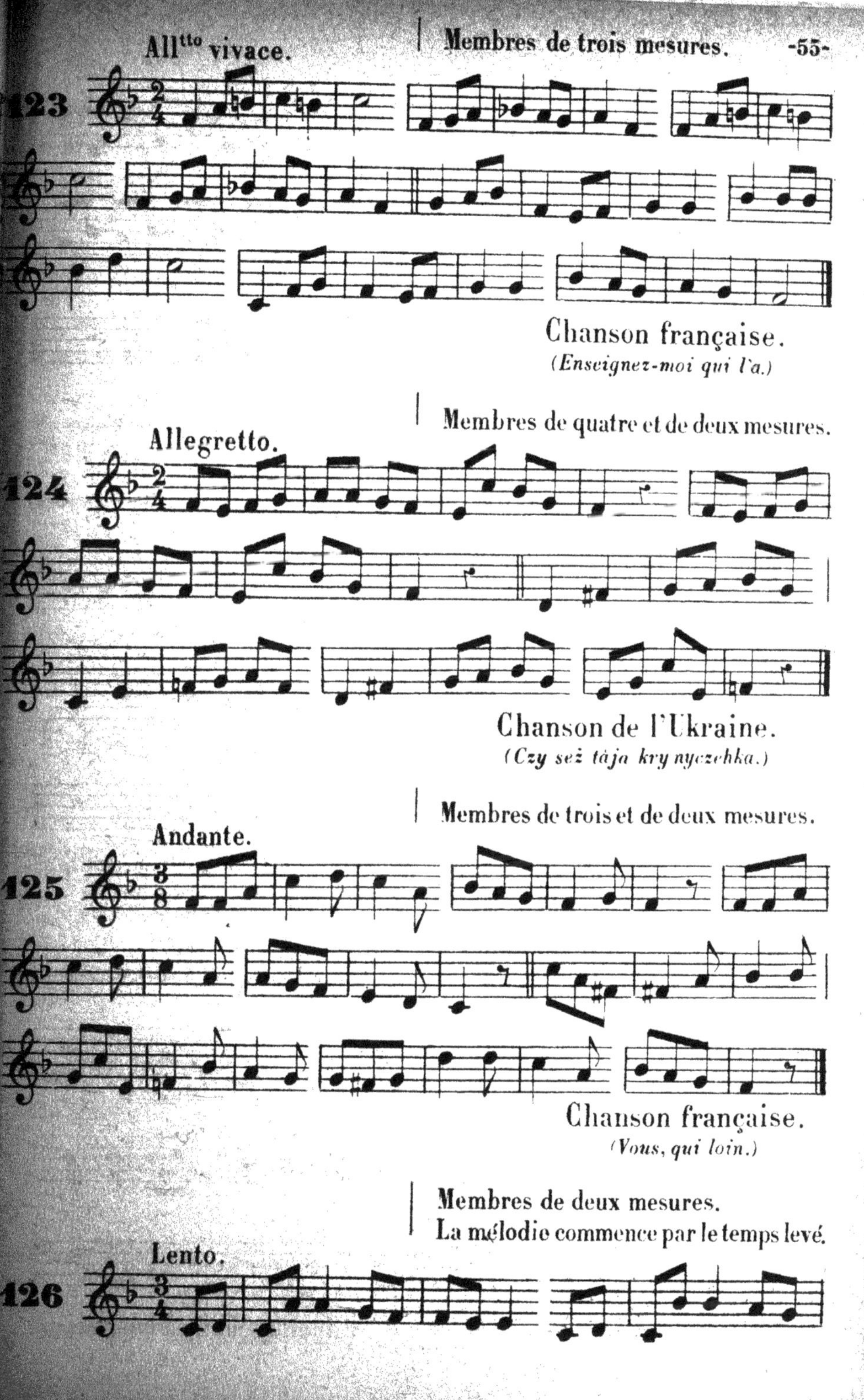

Membres de trois mesures.
-55-
All^tto vivace.
123
Chanson française.
(Enseignez-moi qui l'a.)
Membres de quatre et de deux mesures.
Allegretto.
124
Chanson de l'Ukraine.
(Czy seż tája kry nyczehka.)
Membres de trois et de deux mesures.
Andante.
125
Chanson française.
(Vous, qui loin.)
Membres de deux mesures.
La mélodie commence par le temps levé.
Lento.
126

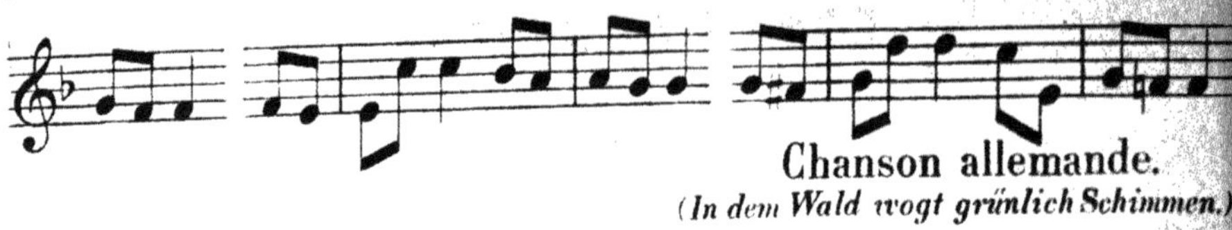

Chanson allemande.

(In dem Wald wogt grünlich Schimmen.)

Membres de deux et de quatre mesures.

All° vivace e giocoso.

127

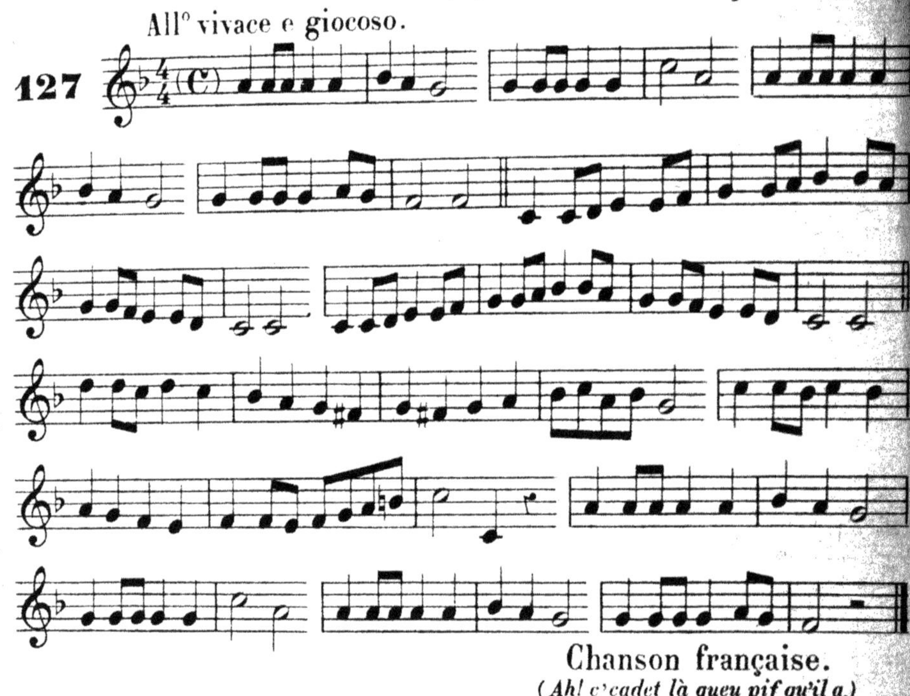

Chanson française.

(Ah! c'cadet là queu pif qu'il a.)

Membres de quatre et de deux mesures.
La mélodie commence par le 4e temps.

Andte con moto.

128

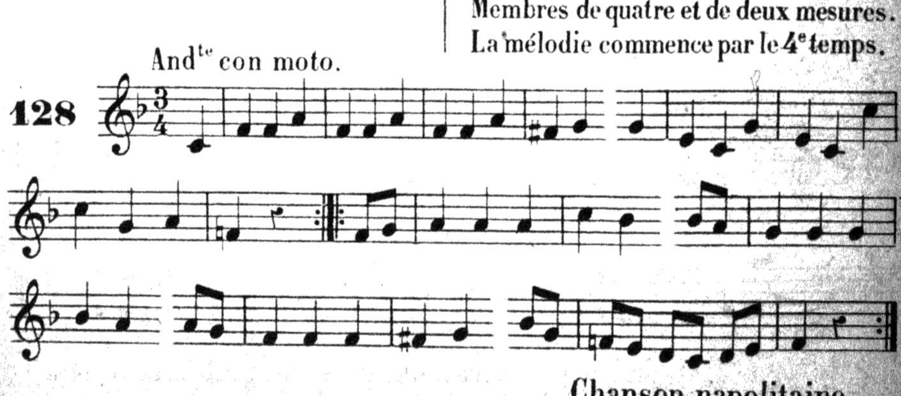

Chanson napolitaine.

(Bellezza, mia cara.)

TON DE FA MINEUR

Gamme mineure du premier type

(MINEUR USUEL)

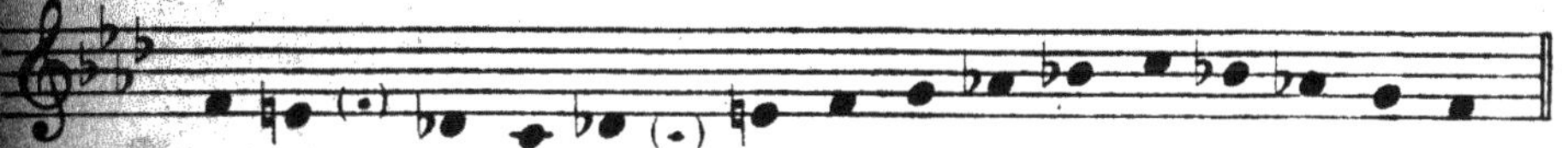

Gamme mineure du deuxième type

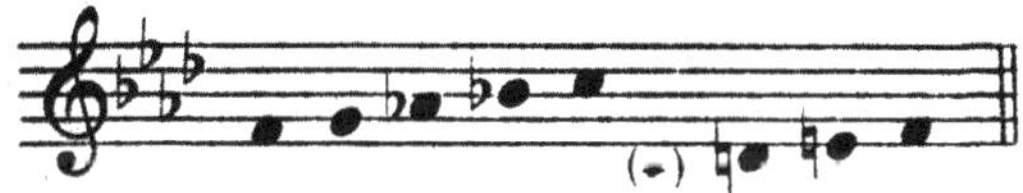

Gamme mineure du troisième type

(MINEUR ANTIQUE)

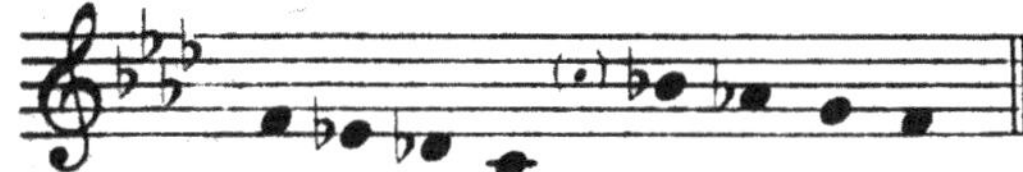

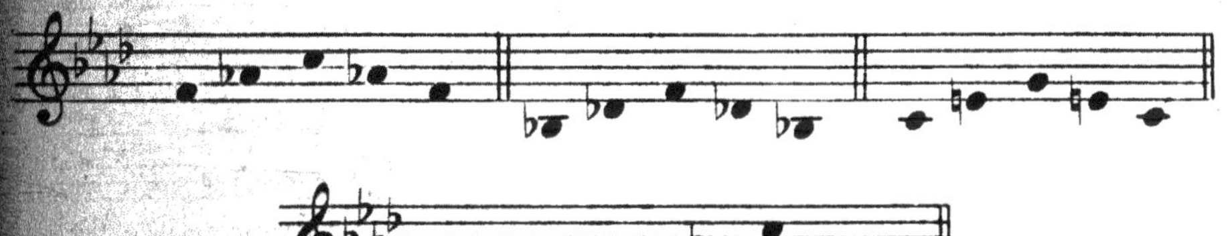

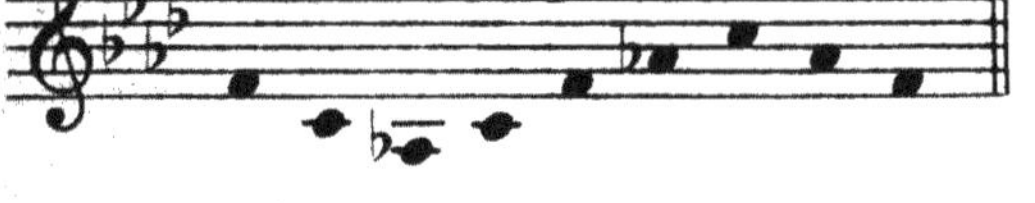

Membres de deux et de trois mesures.

Andantino.

129

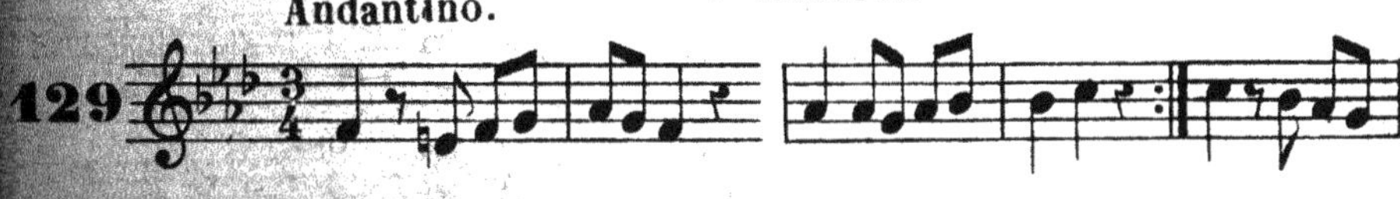

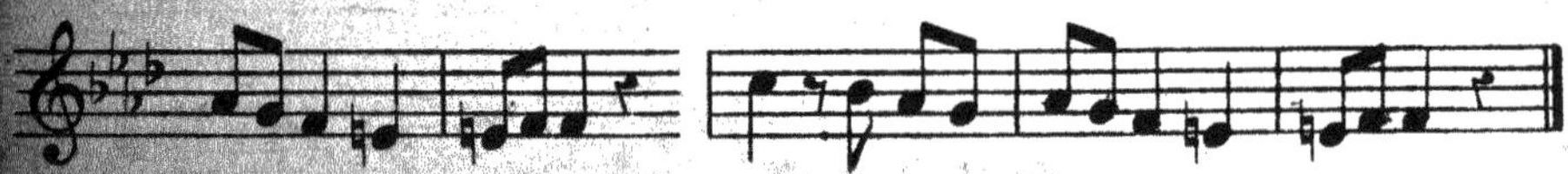

Chanson d'Oestergöthland (SUÈDE).

(*Var jag mig en liten dräng.*)

Membres de deux mesures.
La mélodie commence par le 3e temps.

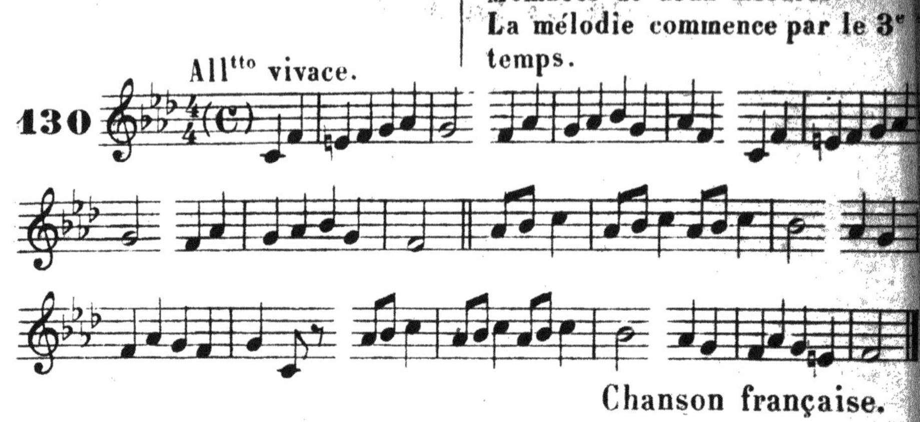

Chanson française.
(*Contre les défauts d'autrui.*)

Membres de trois mesures.

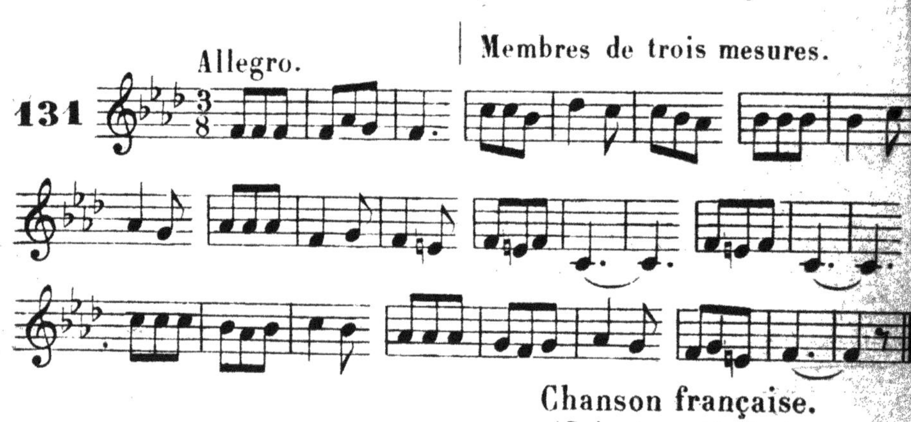

Chanson française.
(*Boire à son tirelire.*)
(Autre version: voir N° 101, page 46.)

Membres de coupes variées.
(mesure composée de deux mesures à $\frac{2}{4}$.)
La mélodie commence par le 3e temps.

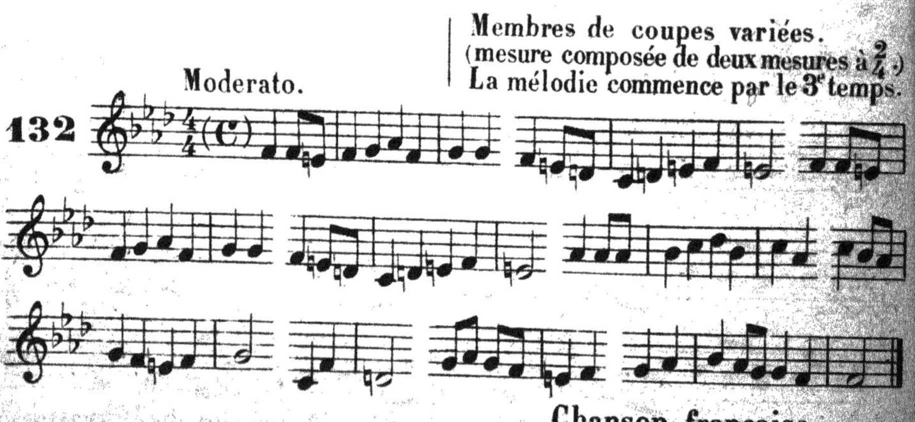

Chanson française.
(*Un jour, dans une grotte obscure.*)

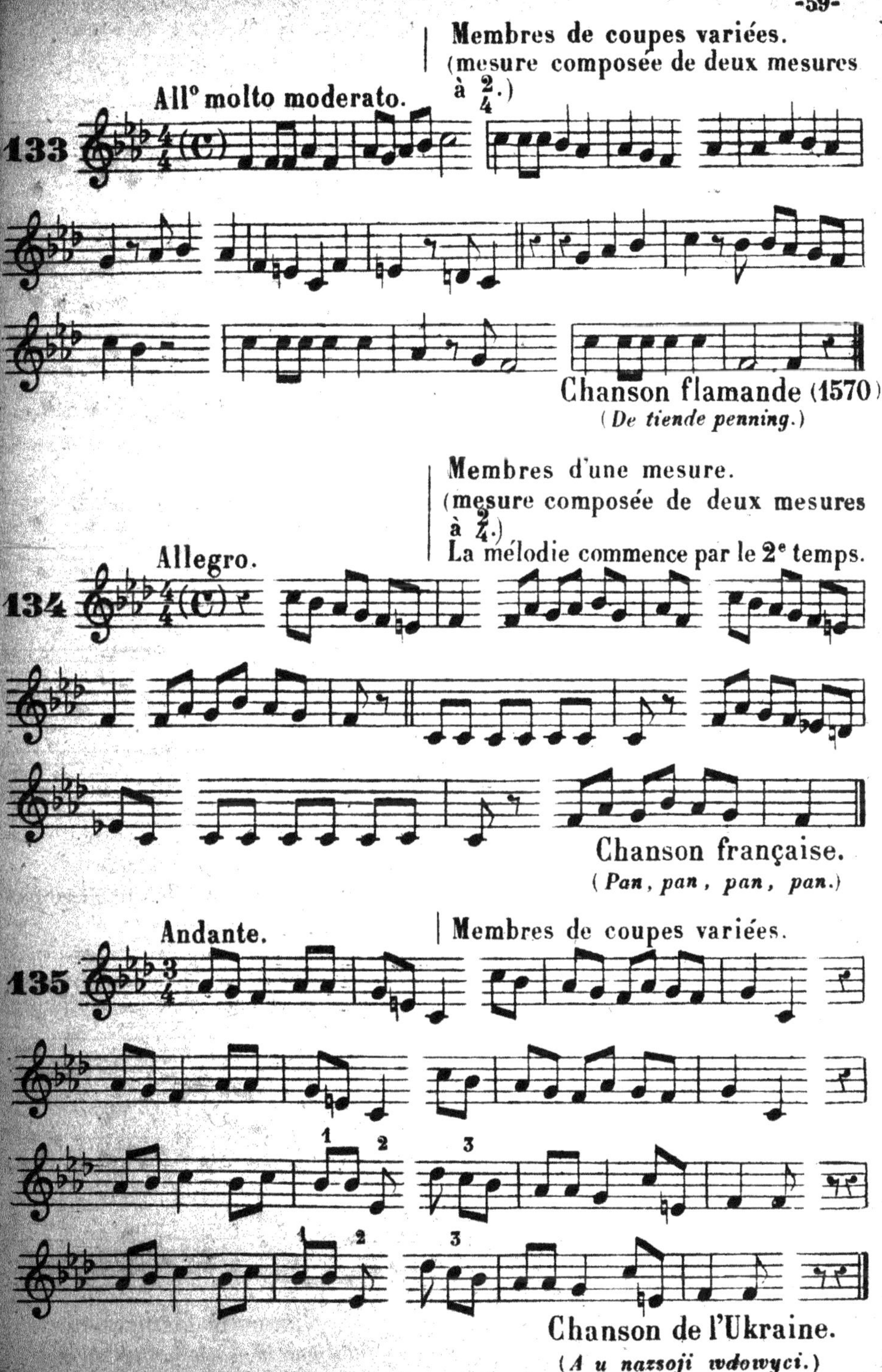
Membres de coupes variées.
(mesure composée de deux mesures à 2/4.)
All° molto moderato.
133
Chanson flamande (1570).
(De tiende penning.)
Membres d'une mesure.
(mesure composée de deux mesures à 2/4.)
La mélodie commence par le 2e temps.
Allegro.
134
Chanson française.
(Pan, pan, pan, pan.)
Andante.
Membres de coupes variées.
135
1
2
3
1
2
3
Chanson de l'Ukraine.
(A u nazsoji wdowyci.)

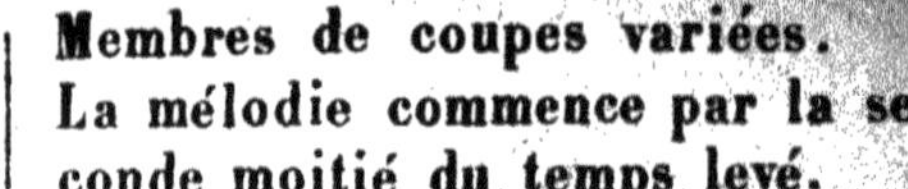
Membres de coupes variées.
La mélodie commence par la seconde moitié du temps levé.

Moderato assai.

136

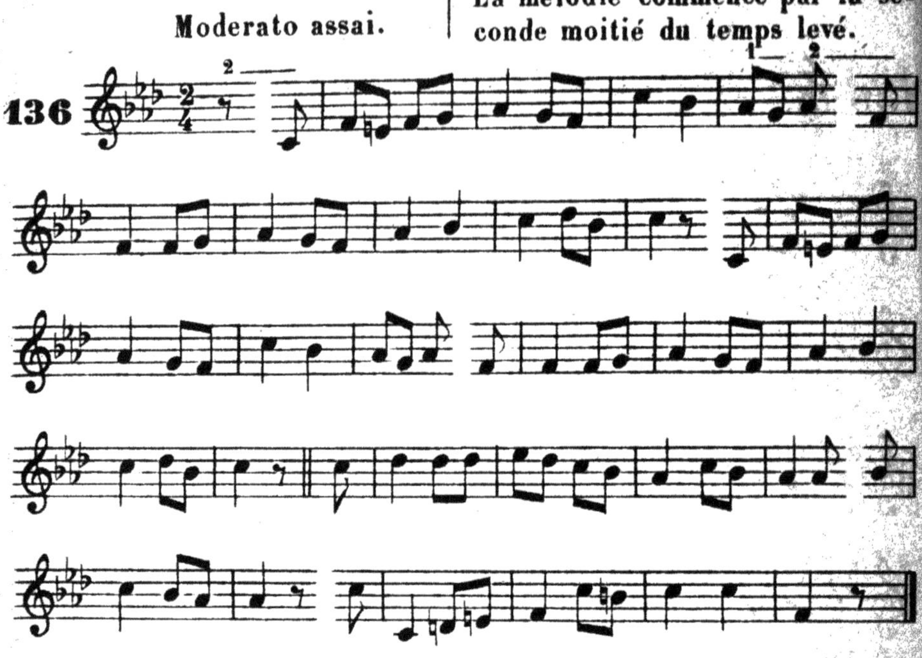

Chanson basque.
(*Edan ezac goicean churi tic.*)

Membres de deux mesures.
La mélodie commence par le temps levé.

Molto moderato.

137

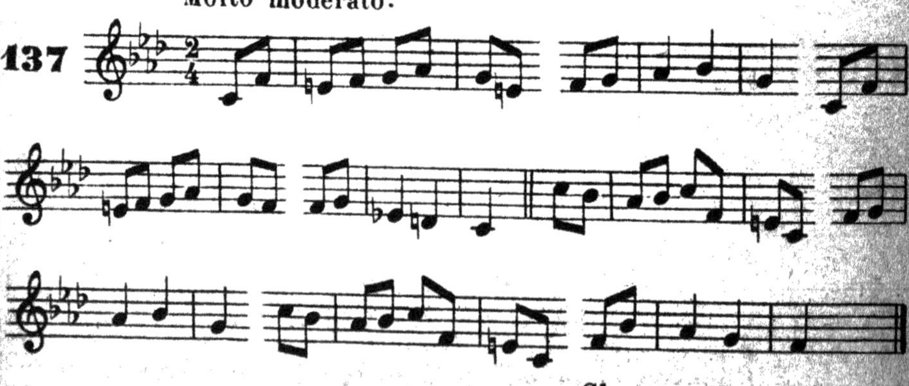

Chanson française.
(*J'arrive à pied de province.*)

Membres de deux mesures.
La mélodie commence par le 3e temps.

Moderato.

138

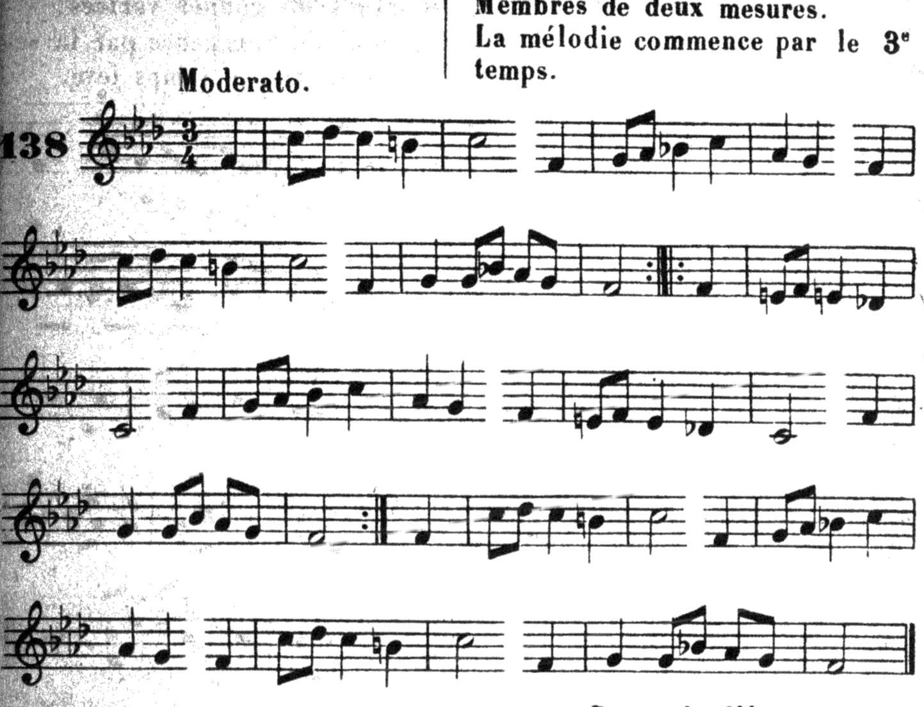

Bourrée d'Auvergne.

Membres de coupes et de mesures variées.
La mélodie commence par la seconde moitié du 1er temps.

Andantino.

139

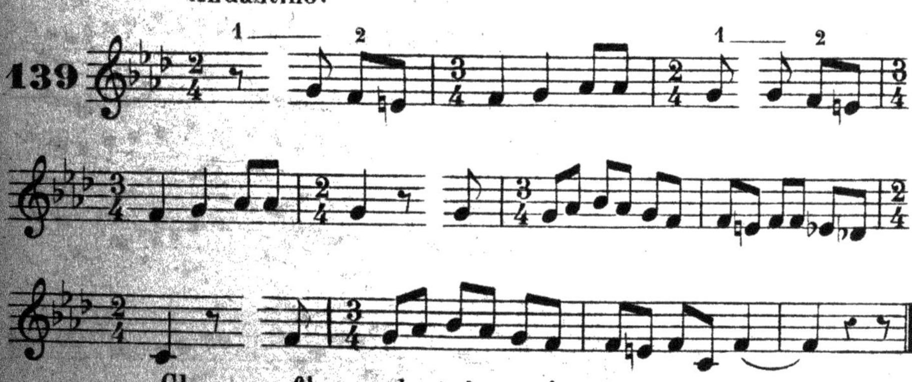

Chanson flamande très ancienne (FLANDRE MARITIME).

(Daer was een sneuwwit.)

TON DE FA MAJEUR

Mesure à $\frac{4}{4}$ (C): une noire pointée ♩. pour un temps et demi.

Membres de coupes variées.

Vivace assai.

140

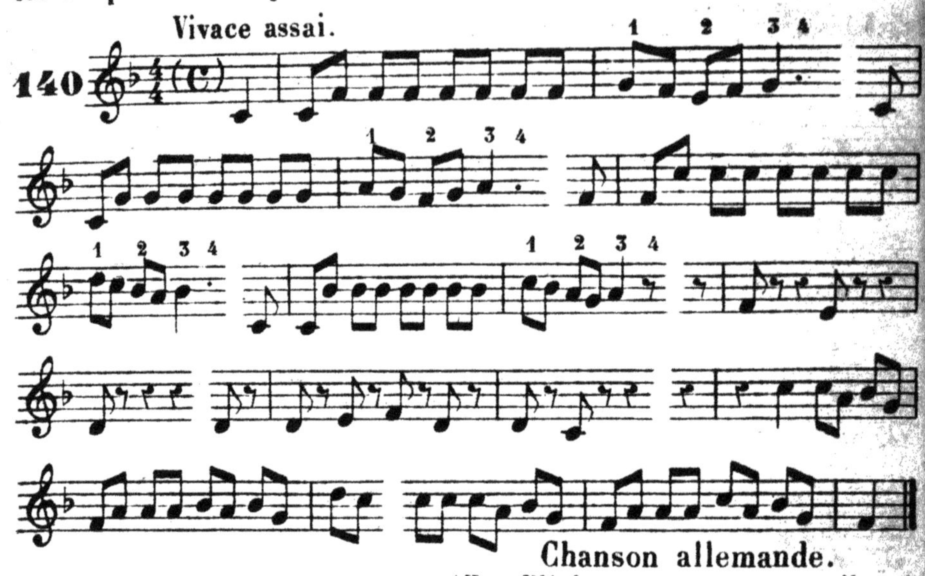

Chanson allemande.

(*Herr Klink war sonst ein braver Mann.*)

(Voir N° 120, page 53.)

Membres de deux et d'une mesures. (mesure composée de deux mesures à $\frac{2}{4}$.)

La mélodie commence par la seconde moitié du 2e temps.

Moderato.

141

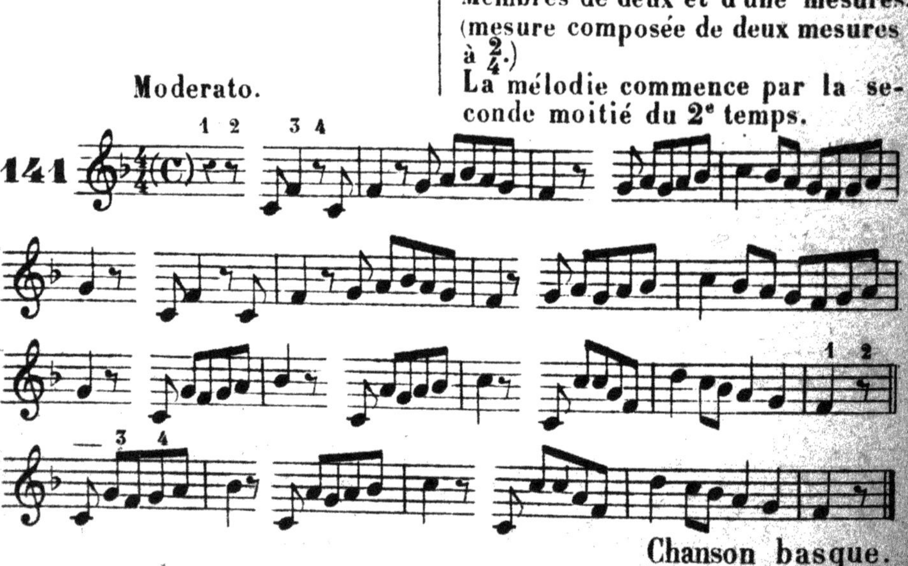

Chanson basque.

(*Goacen, goacen.*)

Une noire pointée ♩. pour un temps et demi.

Moderato.

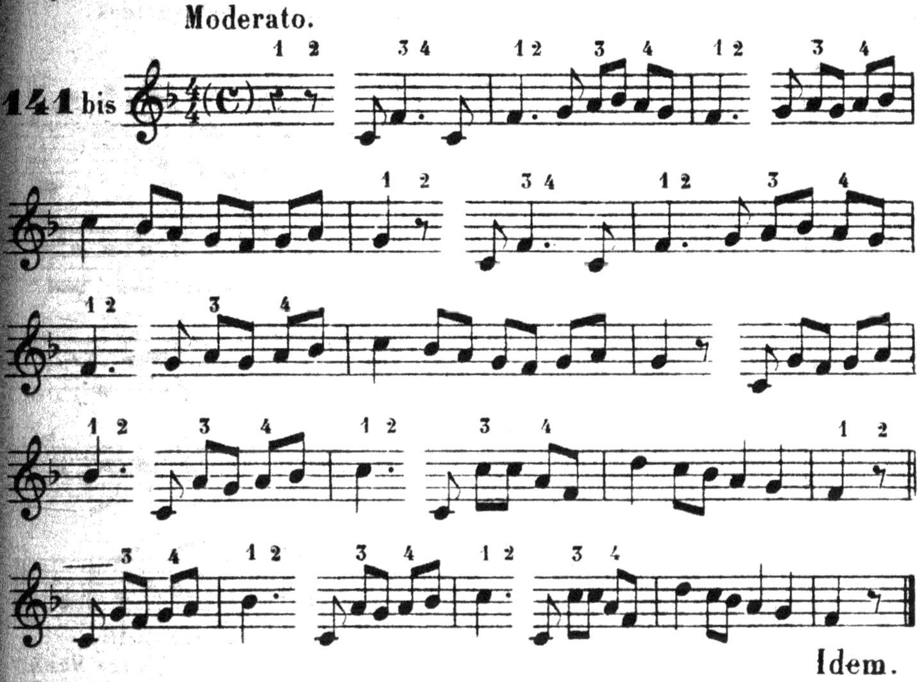

Idem.

Mesure à $\frac{3}{4}$: une noire pointée pour un temps et demi.

Membres de deux mesures.
La mélodie commence par le 3e temps.

Lento espressivo.

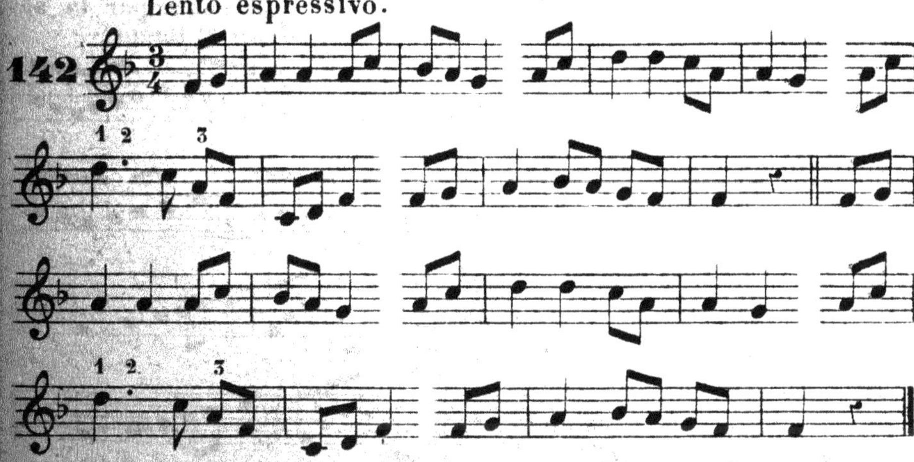

Chanson écossaise.
(*O where hae ye been.*)

Mesure à $\frac{3}{8}$: une **croche pointée** ♪. pour un temps et demi.

Lento espressivo.

142 bis

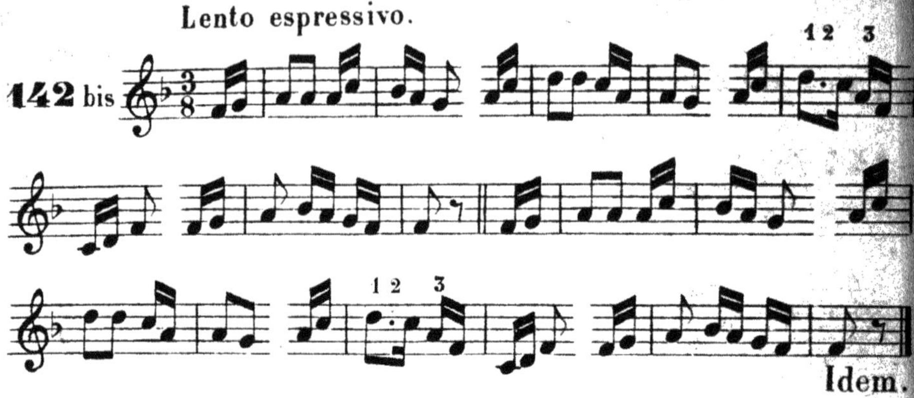

Idem.

Mesure à $\frac{2}{4}$: une **noire pointée** pour un temps et demi.

Membres de quatre et de deux mesures.
La mélodie commence par le temps levé.

Allegro.

143

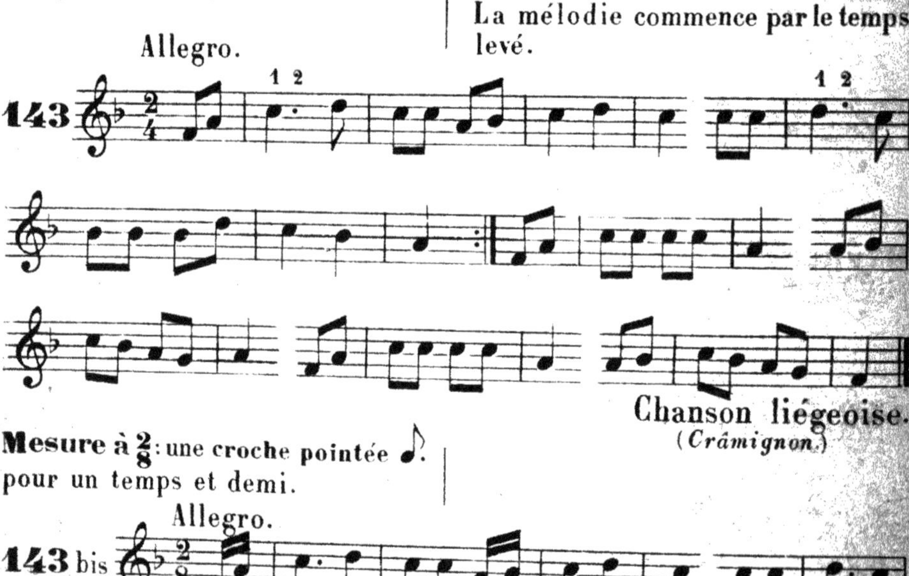

Chanson liégeoise.
(*Crâmignon.*)

Mesure à $\frac{2}{8}$: une **croche pointée** ♪. pour un temps et demi.

Allegro.

143 bis

Idem.

Une noire pointée pour un temps et demi.

Membres de quatre et de trois mesures.
La mélodie commence par la seconde moitié du temps levé.

Larghetto con moto.

144

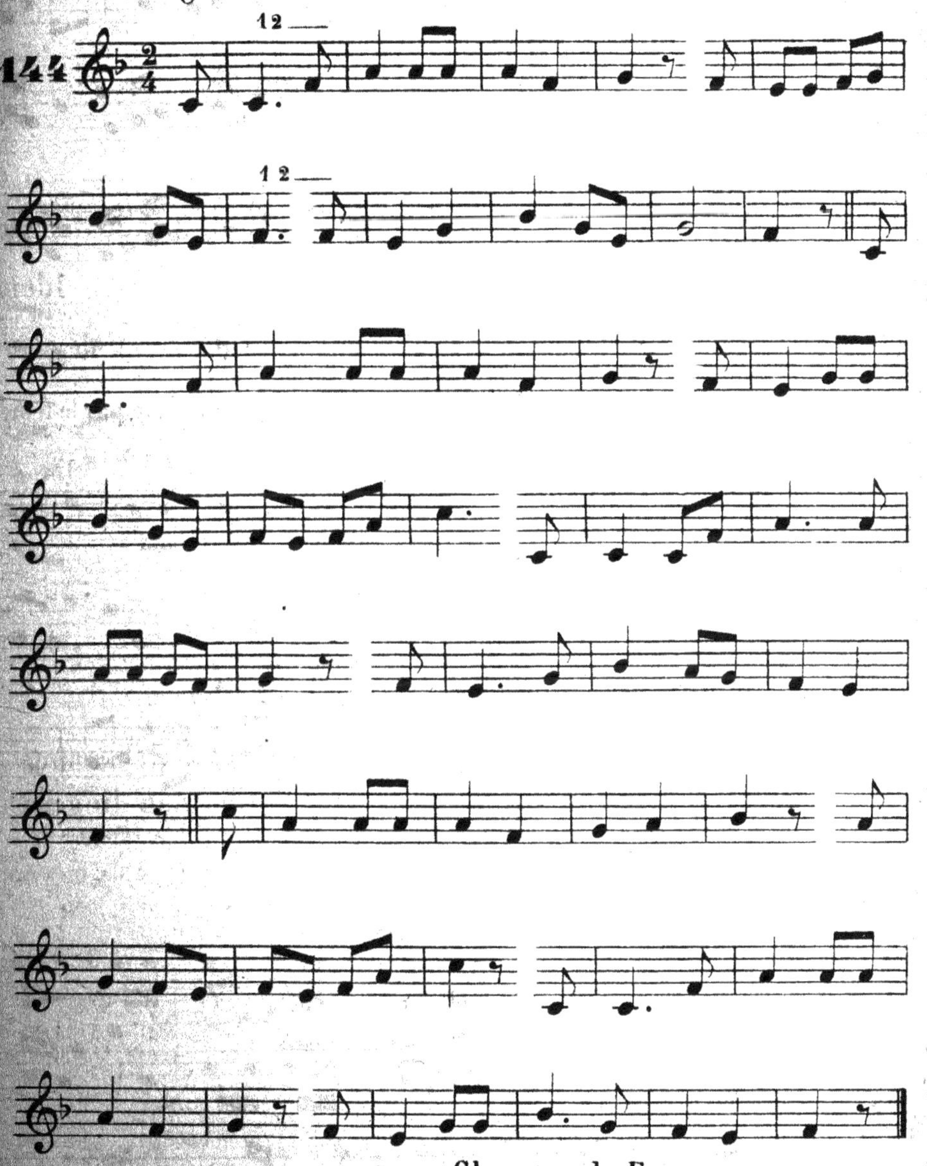

Chanson de Furnes (BELGIQUE).
(*Een koning die hadde twee tochtenkens.*)

Une noire pointée pour un temps et demi.

Membres de quatre et de deux mesures.
La mélodie commence par le 4e temps.

Vivace assai, quasi presto.

145

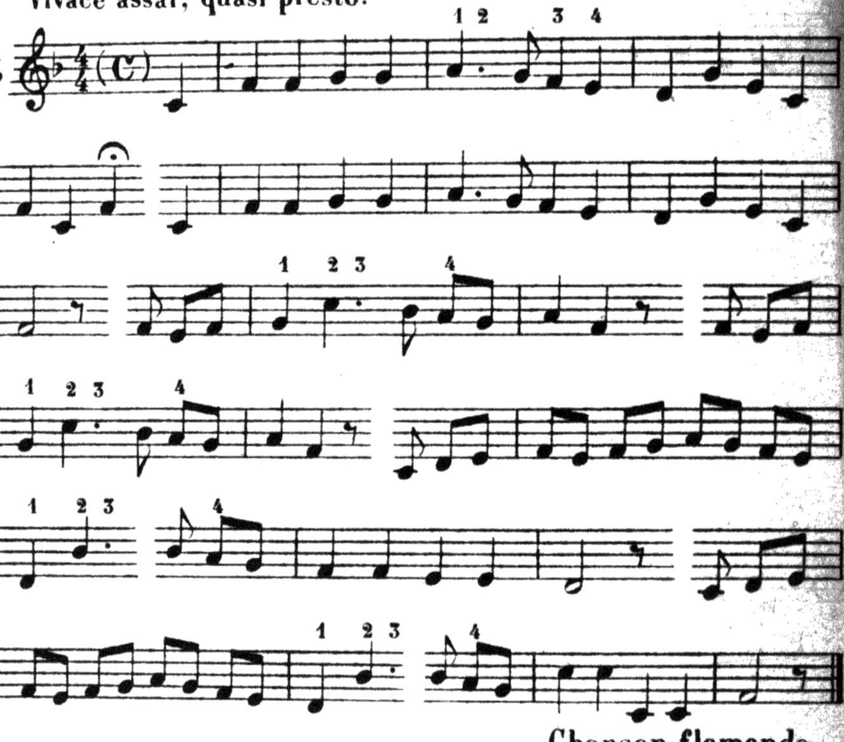

Chanson flamande.
(*Het looze visschertje.*)

Une noire pointée pour un temps et demi.

Membres de coupes et de mesures variées.

Allegro comodo.

146

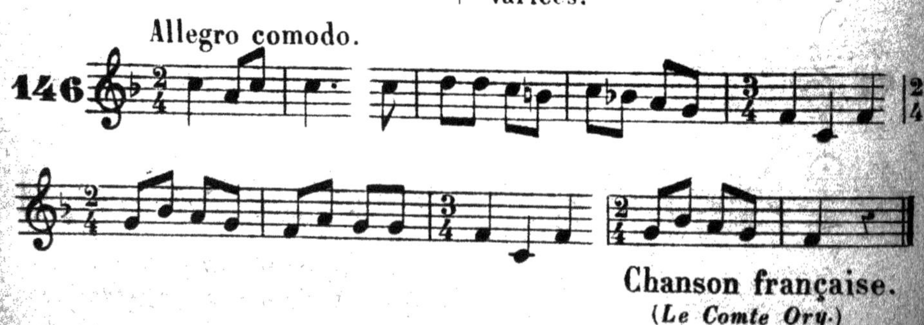

Chanson française.
(*Le Comte Ory.*)

TON DE RÉ MINEUR

Gamme mineure du premier type
(MINEUR USUEL)

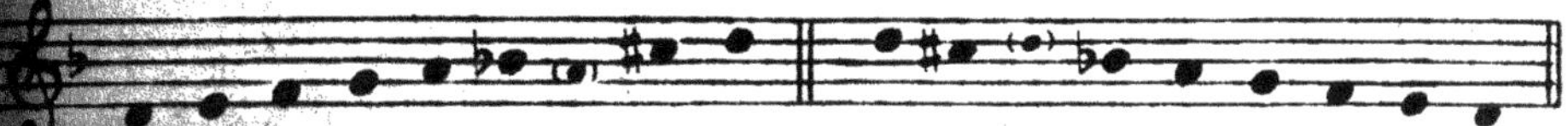

Gamme mineure du deuxième type

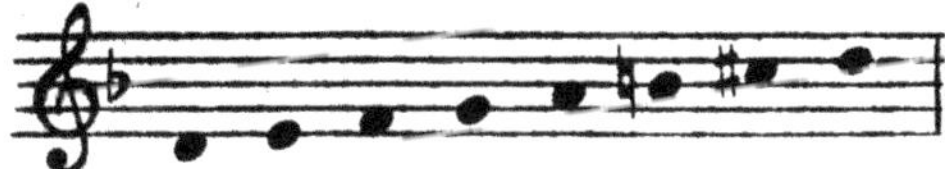

Gamme mineure du troisième type
(MINEUR ANTIQUE)

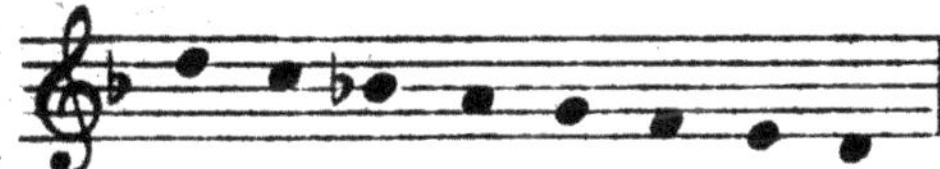

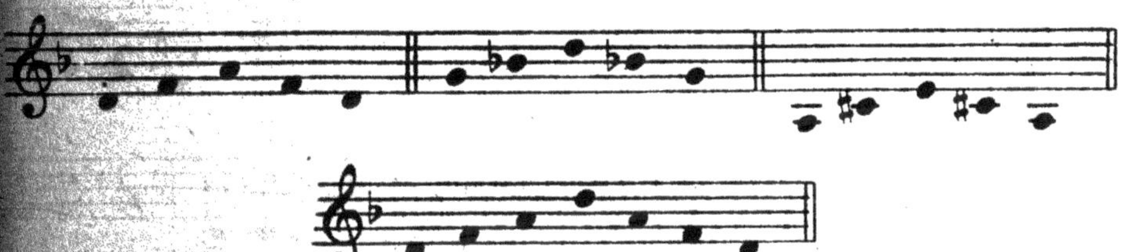

Membres de quatre mesures.
La mélodie commence par le 3e temps.

Andantino.

147

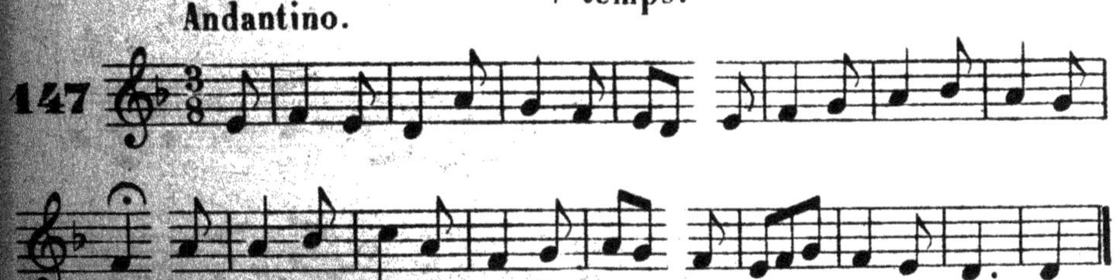

Chanson flamande.
(*Klagt van eenen veroordeelde.*)

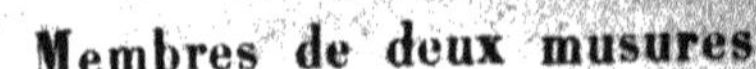
Membres de deux musures.

Andante.

148

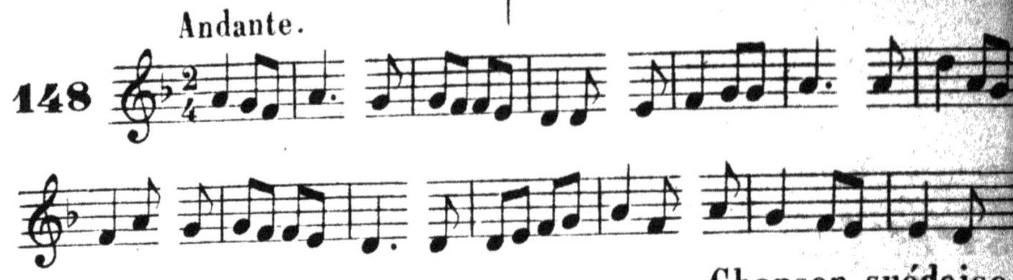

Chanson suédoise.
(*Brädt gick ett bud.*)

Membres de deux et de quatre mesures.

All vivace.

149

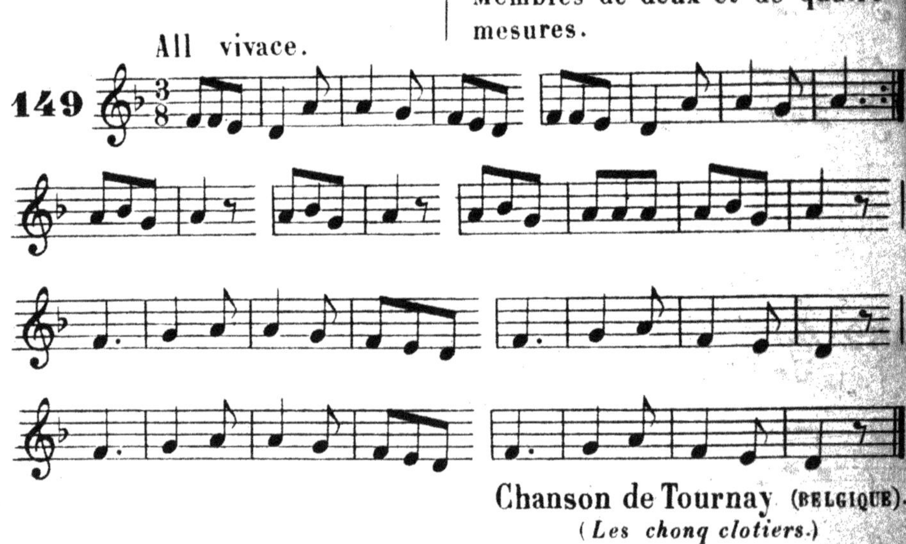

Chanson de Tournay (BELGIQUE).
(*Les chonq clotiers.*)

Membres de deux mesures.

Andante.

150

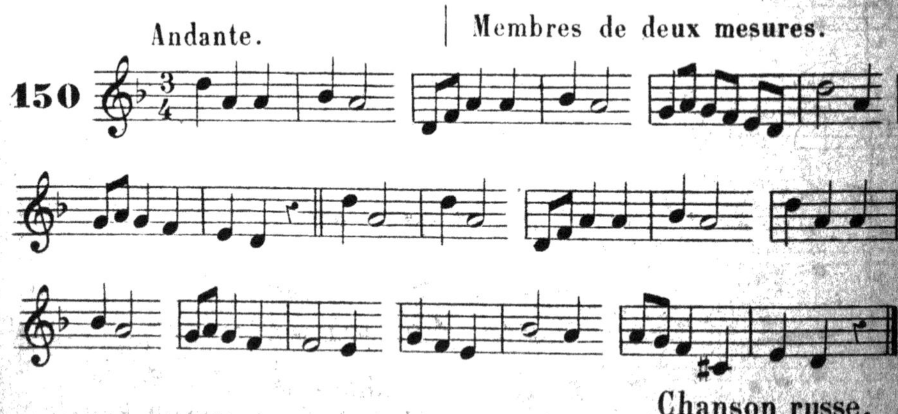

Chanson russe.
(*Oj! bida, bida.*)

Membres de deux et de trois mesures.
La mélodie commence par la seconde moitié du temps levé.

Moderato.

151

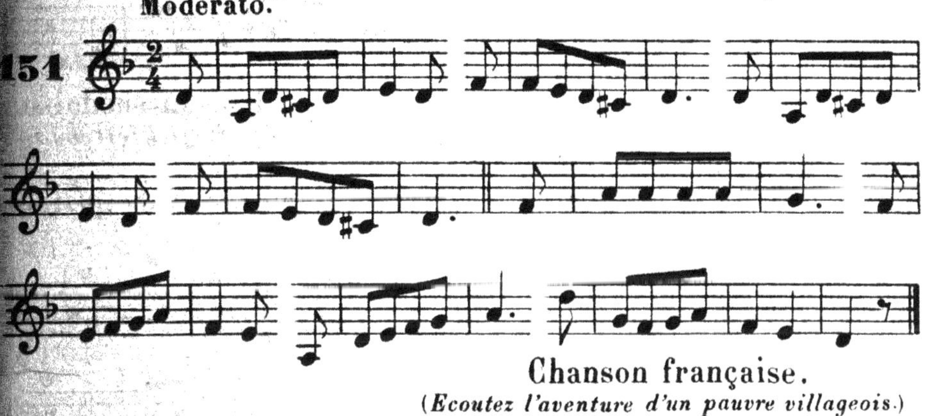

Chanson française.
(*Ecoutez l'aventure d'un pauvre villageois.*)

Membres de quatre mesures.

All° moderato assai.

152

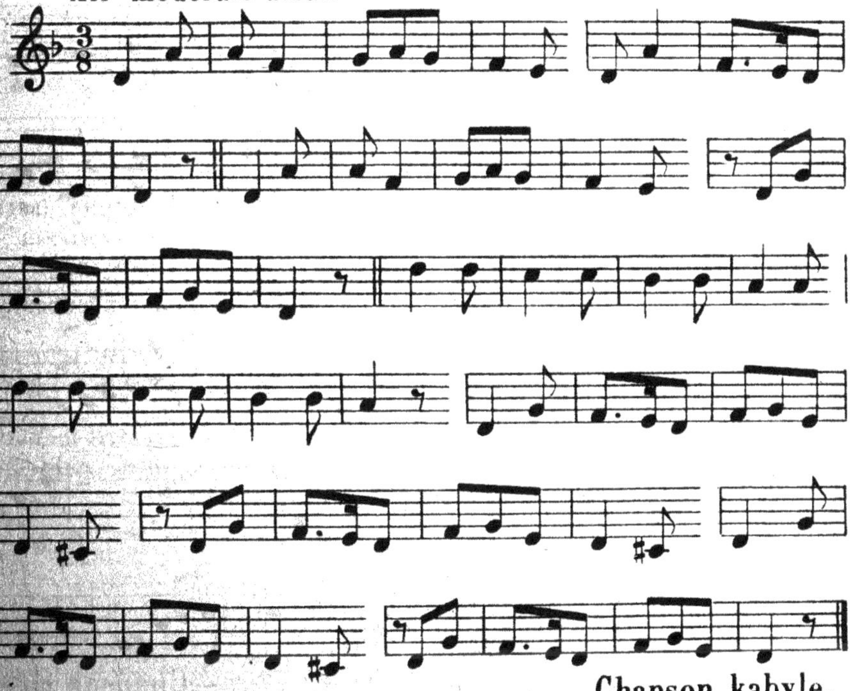

Chanson kabyle.
(*Lohra.*)

Membres de quatre mesures.
La mélodie commence par le 3e temps.

Vivace assai.

153

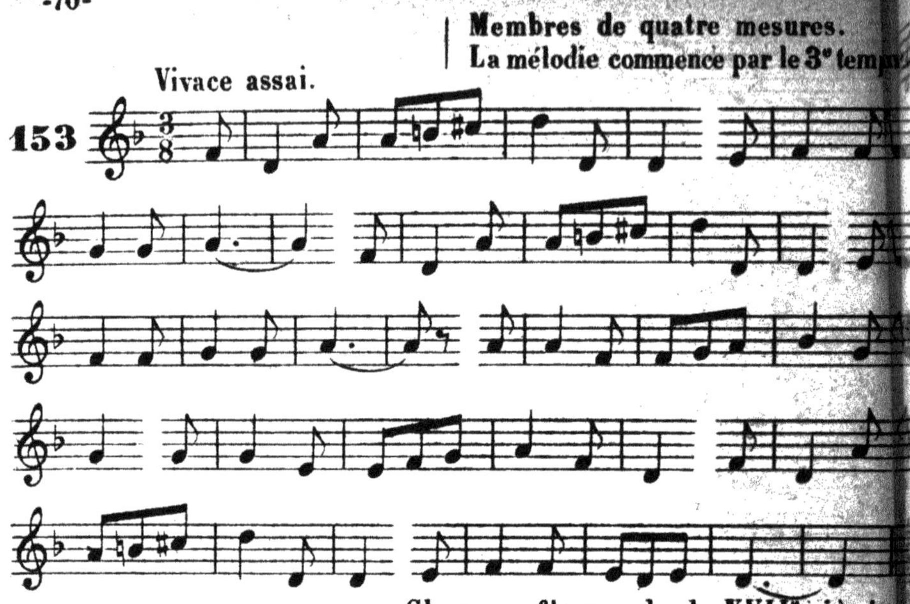

Chanson flamande du XVIIe siècle.
(*Ik sang van Pierlala, sa, sa.*)

Membres de deux mesures.

Andante.

154

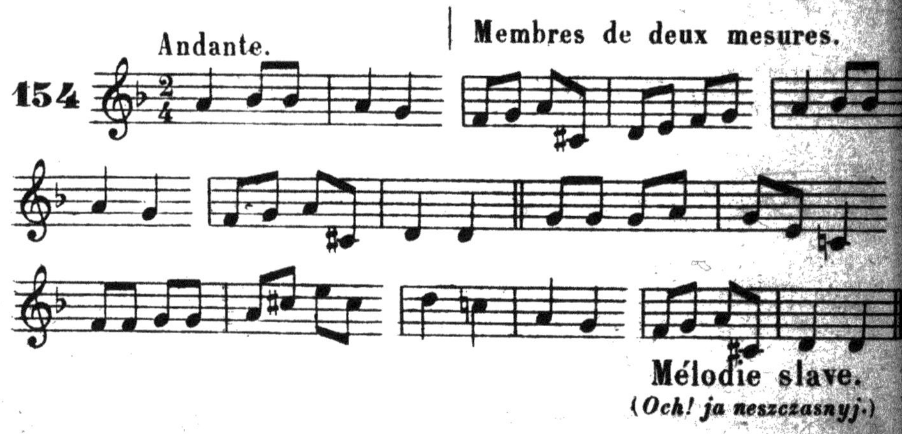

Mélodie slave.
(*Och! ja neszczasnyj.*)

Membres de quatre mesures.
La mélodie commence par le 3e temps.

Allegro.

155

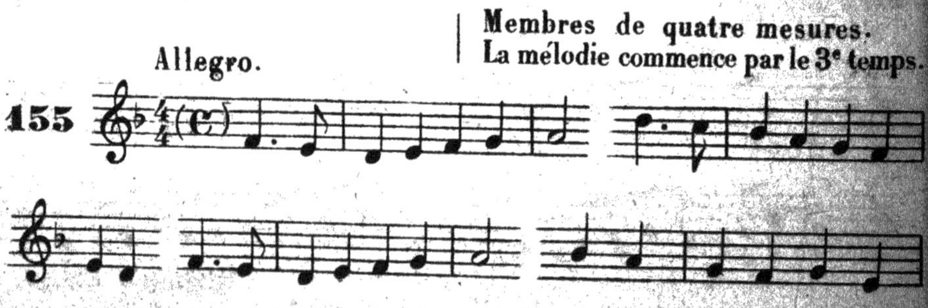

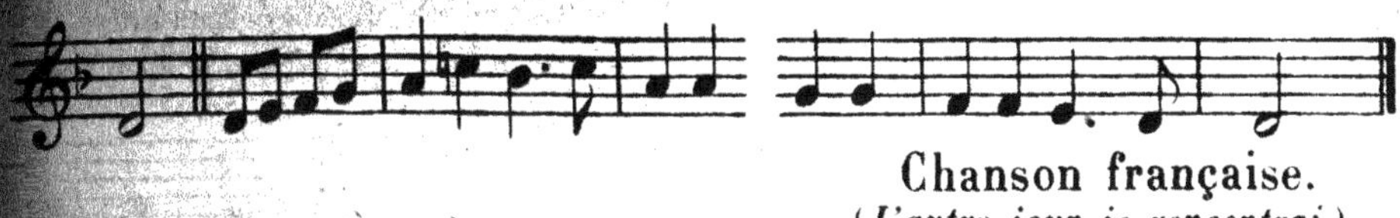

Chanson française.
(*L'autre jour je rencontrai.*)

Membres de quatre et de deux mesures.

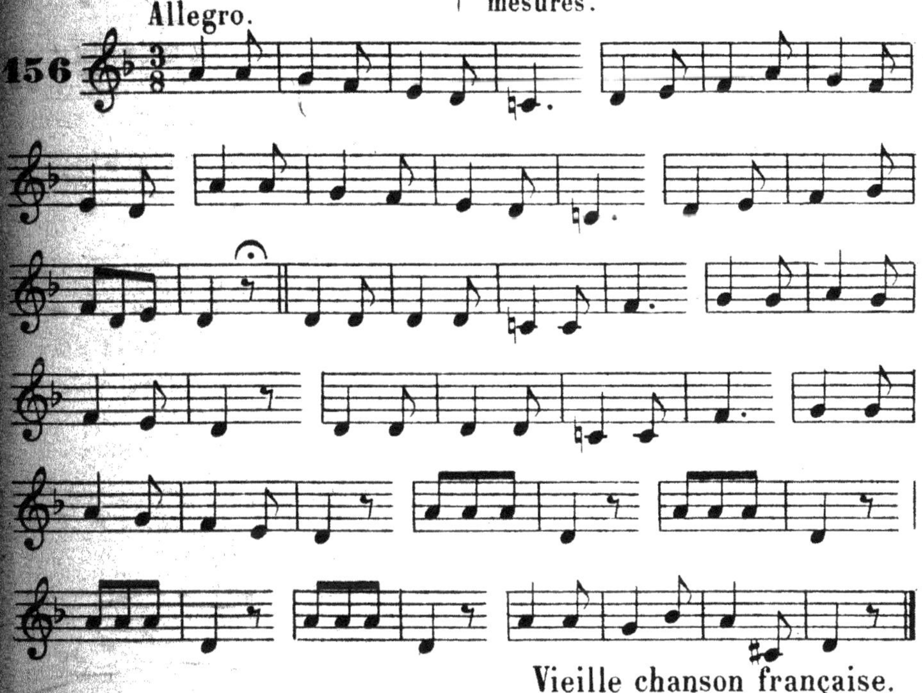

Vieille chanson française.
(*Dellà la rivière sont.*)

Membres de trois mesures.

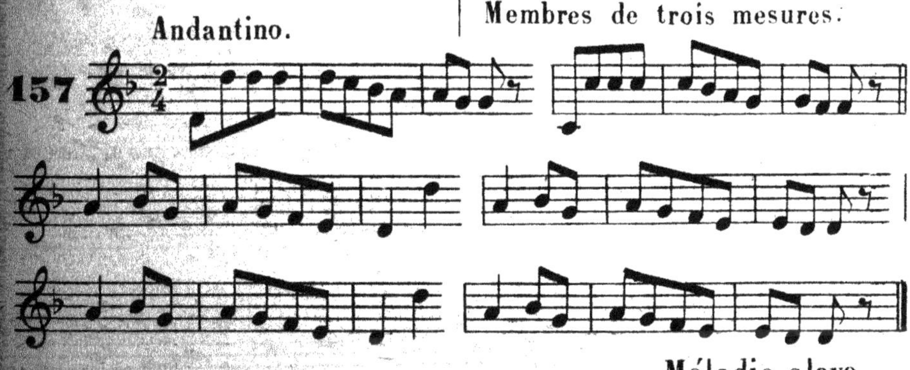

Mélodie slave.
(*Oj, wżeż czumak.*)

Membres de deux mesures commencant par le 4e et par le 3e temps.

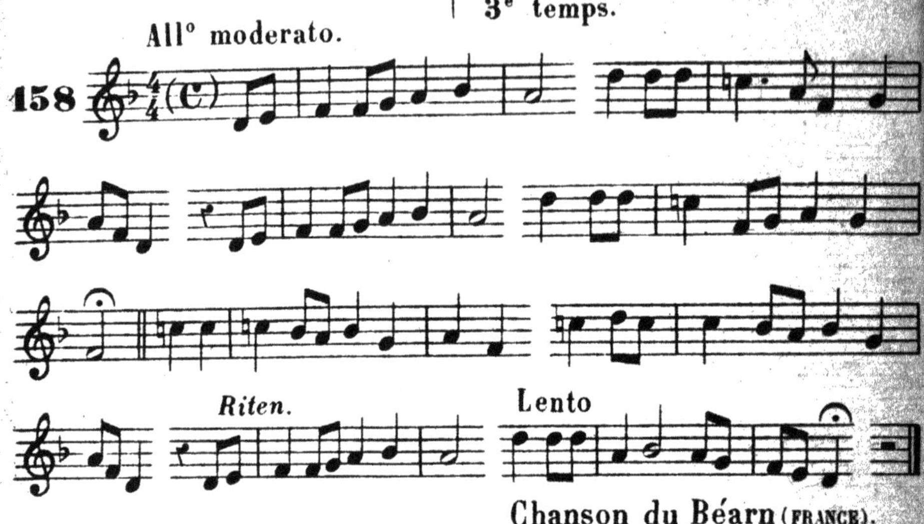

Chanson du Béarn (FRANCE).
Cantique de Jeanne d'Albret.
(*Nous te Dame deu cap deu pount.*)

Membres de quatre et de deux mesures.

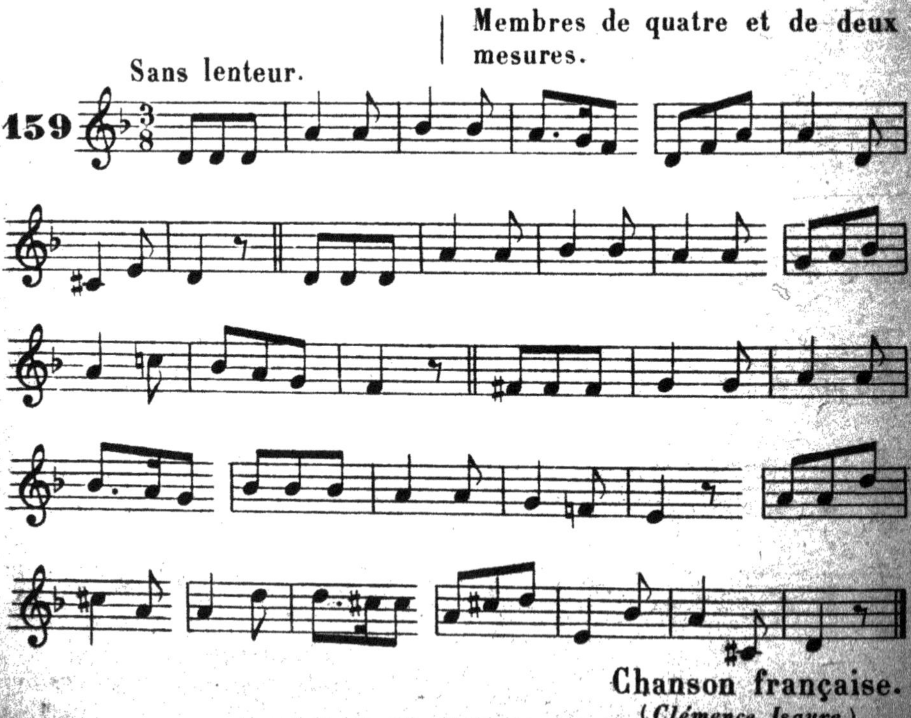

Chanson française.
(*Clémence Isaure.*)

Membres de deux mesures commencant par le 3e et par le 4e temps.

Modto espressivo.

160

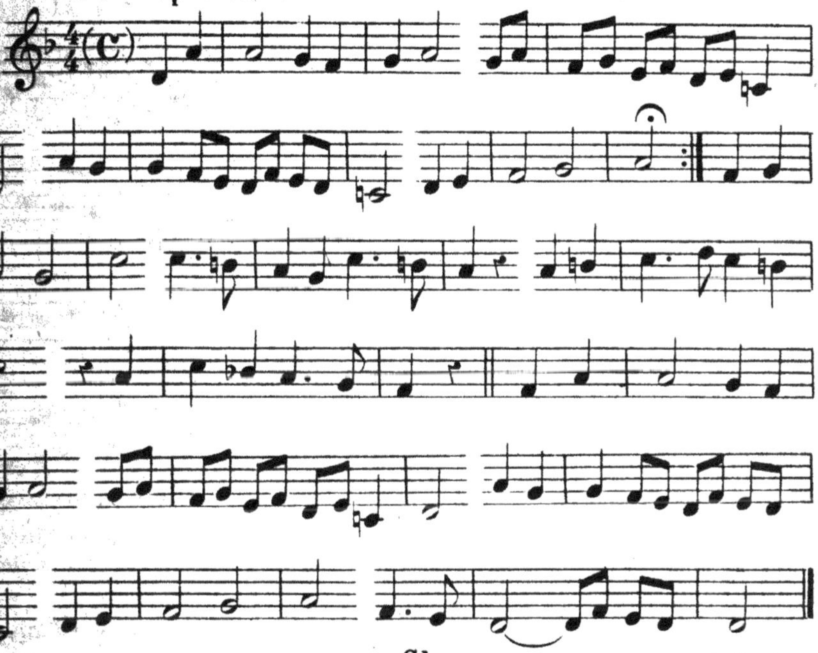

Chanson mauresque (de Tunis.)
(*Le ramier.*)

Membres de quatre et de deux mesures.

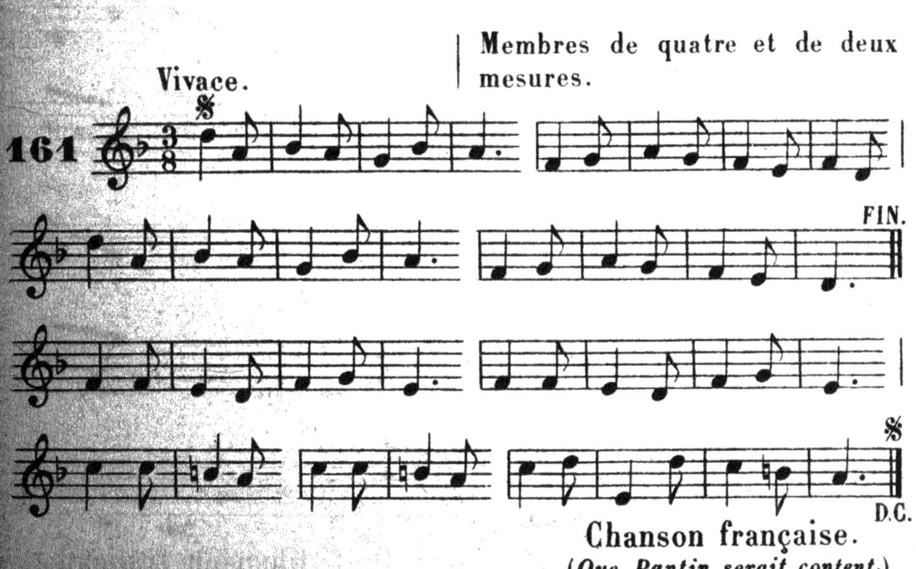

Chanson française.
(*Que Pantin serait content.*)

Membres de deux et de quatre mesures.
La mélodie commence par la seconde moitié du 2e temps.

Andantino.

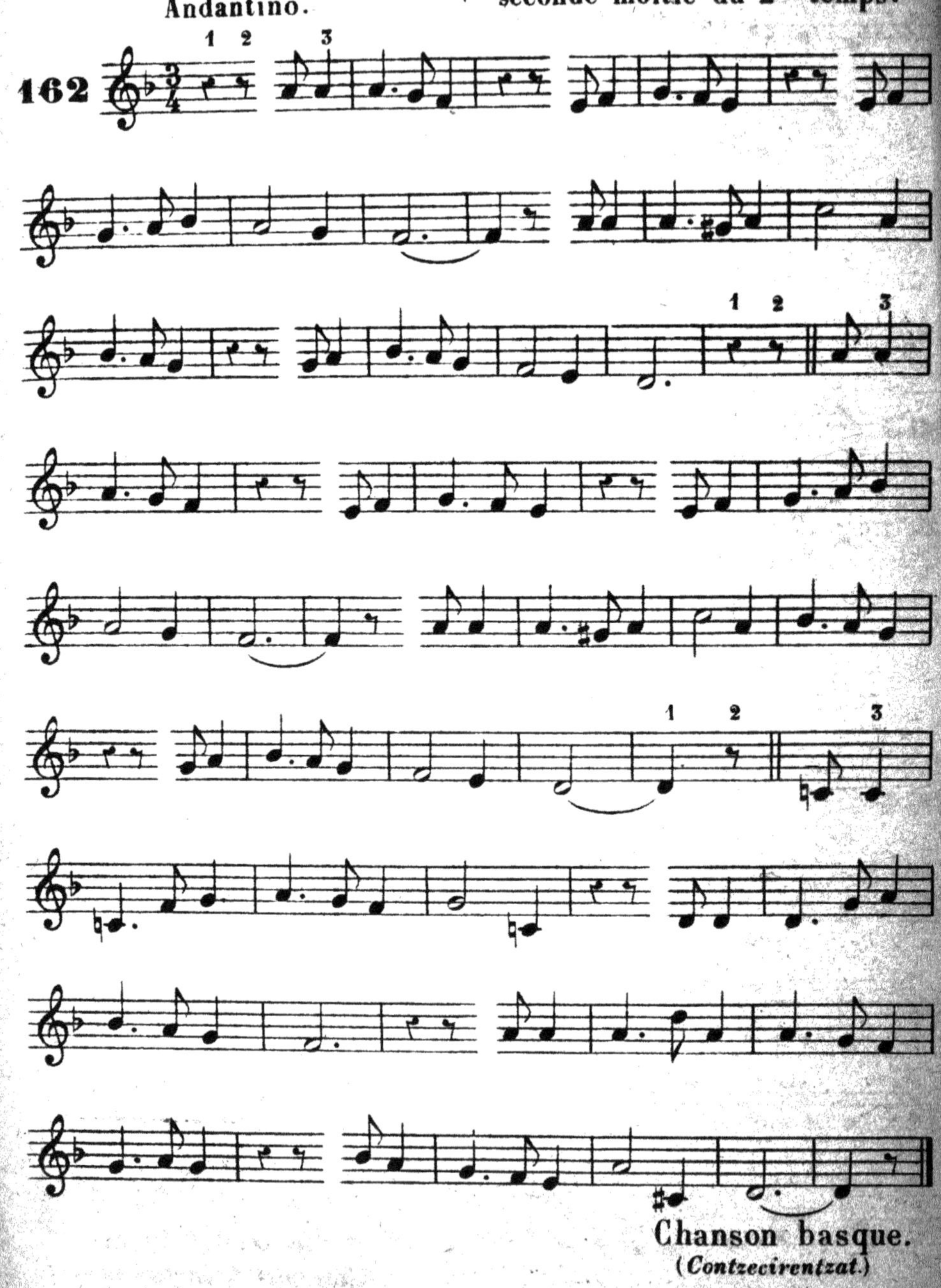

Chanson basque.
(*Contzecirentzat.*)

TON DE RÉ MAJEUR

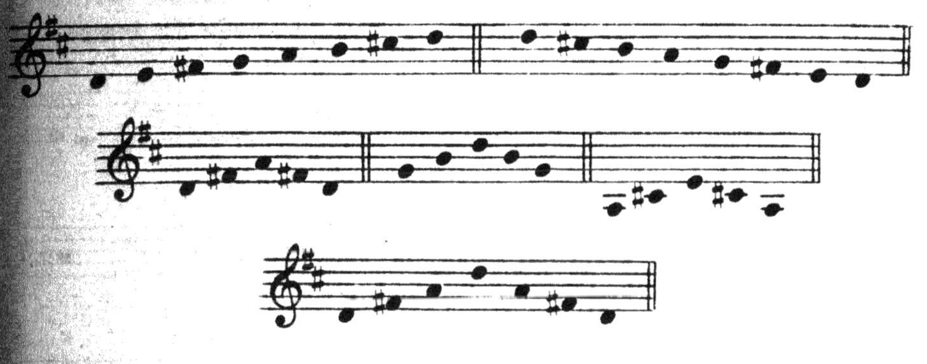

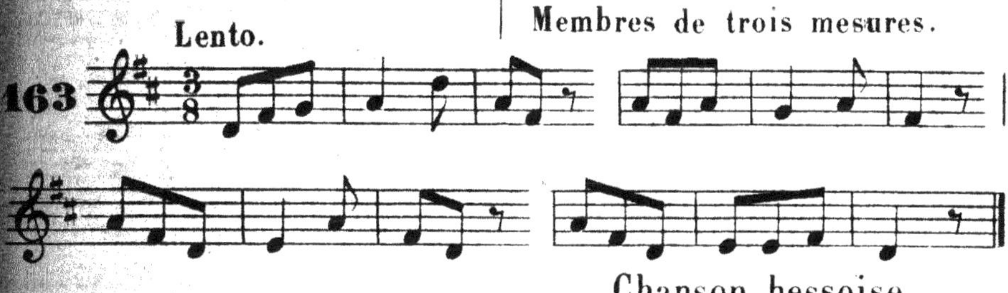

Chanson hessoise.
(*Schönster Schatz, mein Engel.*)

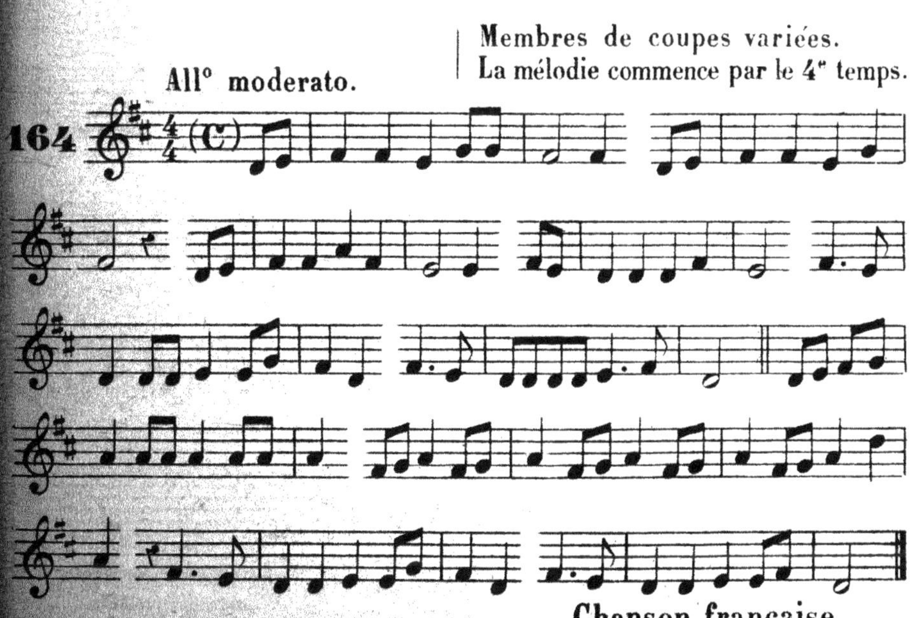

Chanson française.
(*Boira qui voudra, larirette.*)

Membres de coupes variées.

Vivace.

165

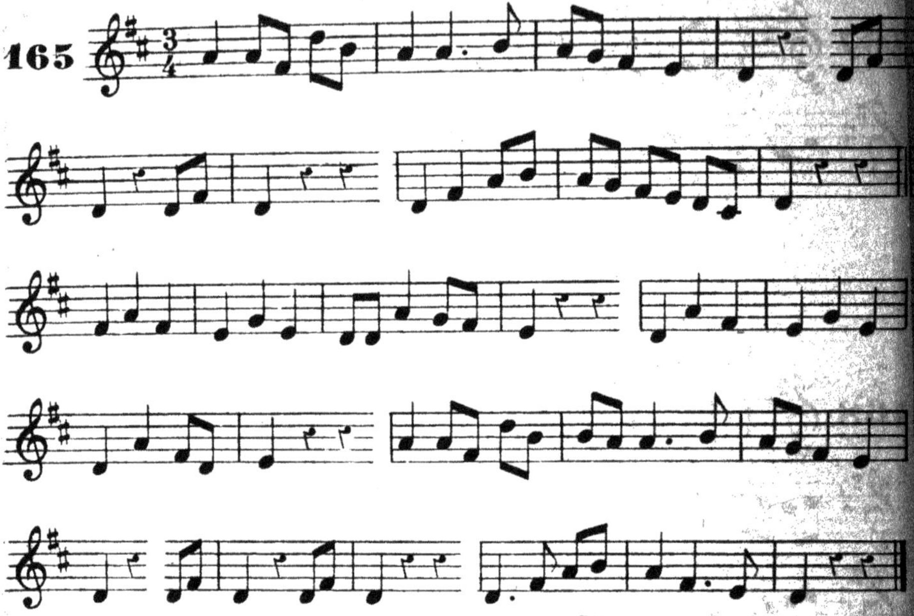

Chanson de franconie.
(*Hőret wie die Wachtel.*)

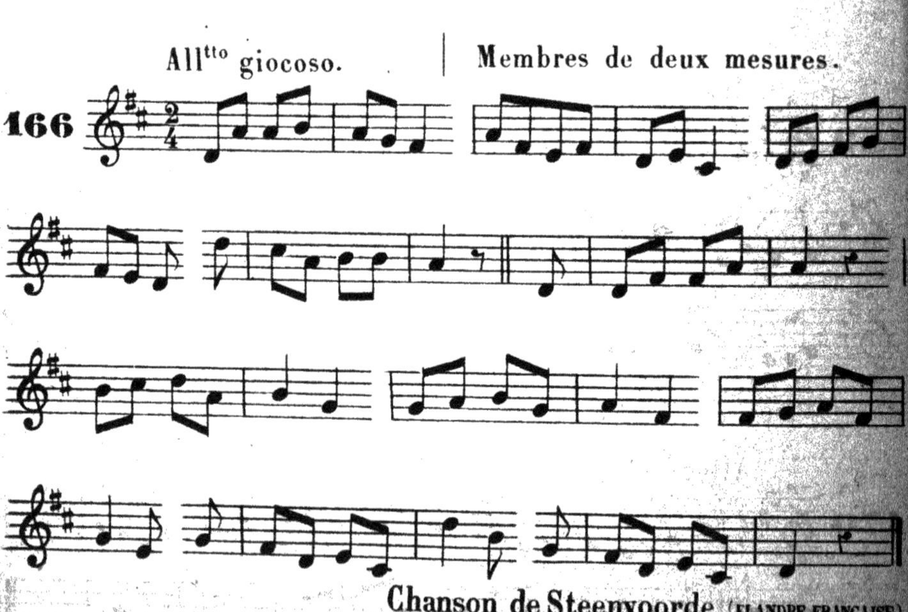

Chanson de Steenvoorde. (FLANDRE FRANÇAISE).
(*Laet ons met een blyden geest.*)

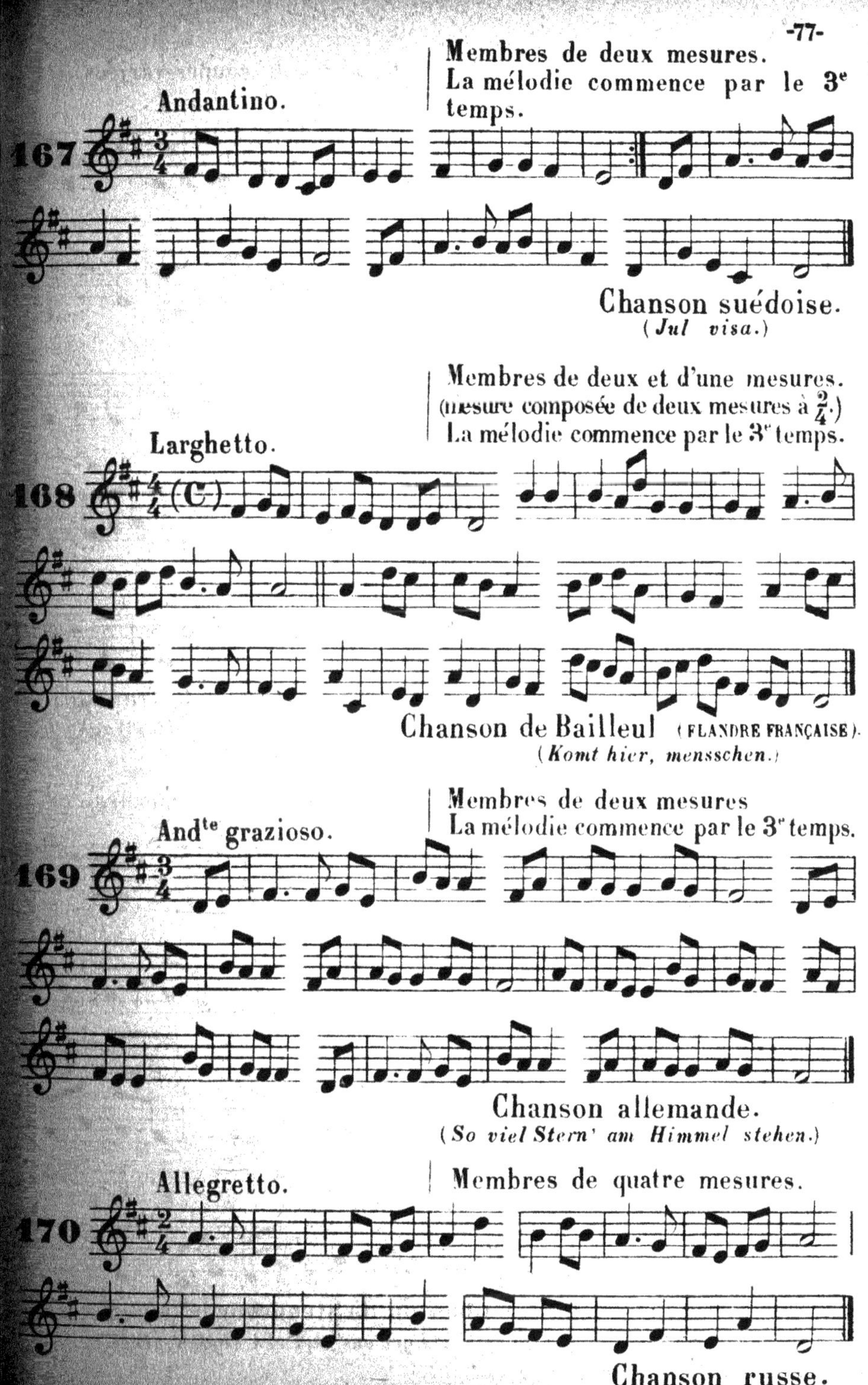
Membres de deux mesures.
La mélodie commence par le 3e temps.
Andantino.
167
Chanson suédoise.
(Jul visa.)
Membres de deux et d'une mesures.
(mesure composée de deux mesures à 2/4.)
La mélodie commence par le 3e temps.
Larghetto.
168
Chanson de Bailleul (FLANDRE FRANÇAISE).
(Komt hier, mensschen.)
Membres de deux mesures
La mélodie commence par le 3e temps.
Andte grazioso.
169
Chanson allemande.
(So viel Stern' am Himmel stehen.)
Allegretto.
Membres de quatre mesures.
170
Chanson russe.

Membres de deux mesures.
La mélodie commence par le 4e temps.

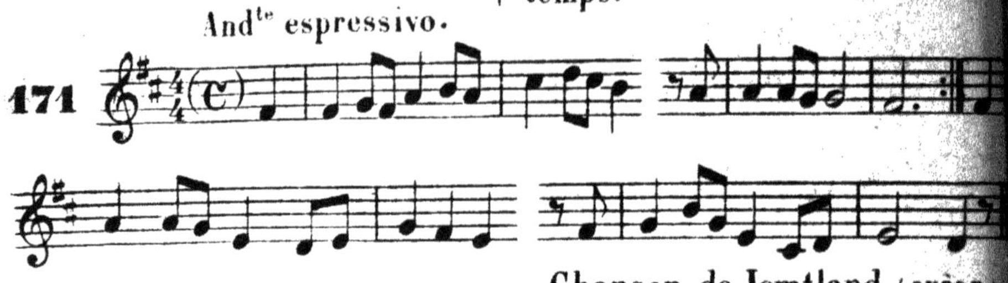

Chanson de Jemtland. (SUÈDE).
(Det sitter en Dufva.)

Membres de deux et de quatre mesures.

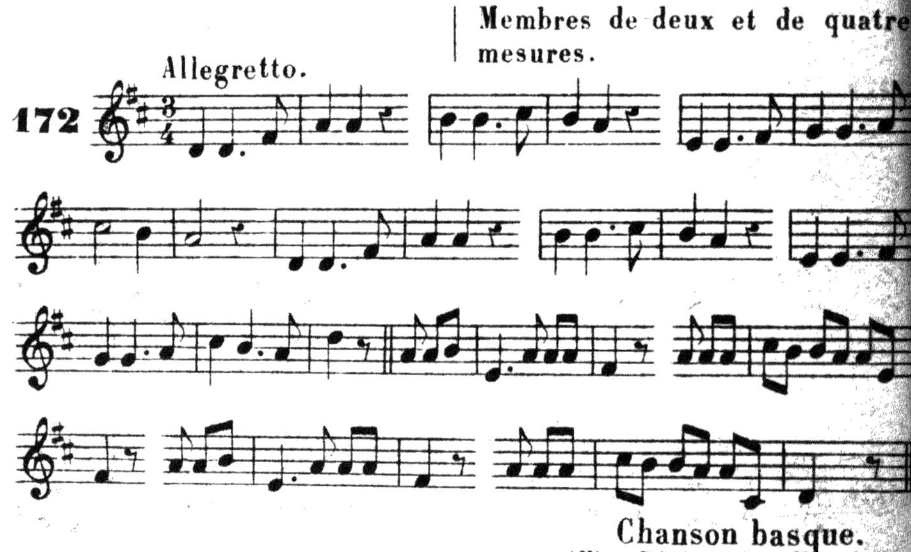

Chanson basque.
(Viva Rioja, viva Naparra)

Membres de quatre mesures.

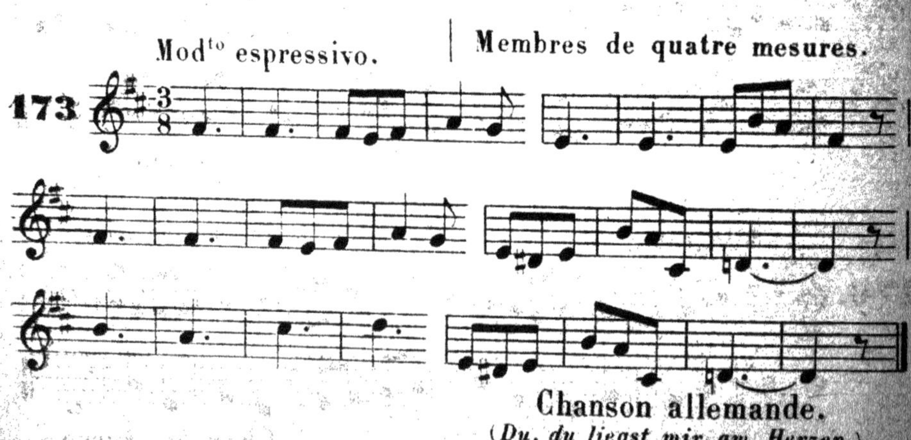

Chanson allemande.
(Du, du liegst mir am Herzen.)

LEÇONS

À TEMPS DIVISÉS PAR TROIS

(TEMPS TERNAIRES)

Mesure à $\frac{6}{8}$ (à deux temps) (mesure composée de deux mesures à $\frac{3}{8}$). Trois **croches** par temps ♪♪♪ ou une **noire** et une **croche** ♩ ♪ ou une **noire pointée** ♩. ou l'équivalent en silences.

Membres de coupes variées.

(**Battre la mesure en divisant chaque temps par trois.**)

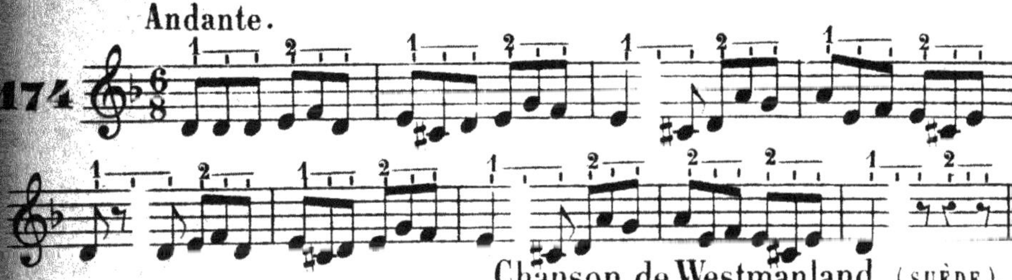

Chanson de Westmanland (SUÈDE).
(*Och träden de löfvas.*)
(Voir N° 27, page 15.)

Trois **croches** par temps; ou une **noire** et une **croche**; ou une **noire pointée**; ou l'équivalent en silences.

Membres de coupes variées.

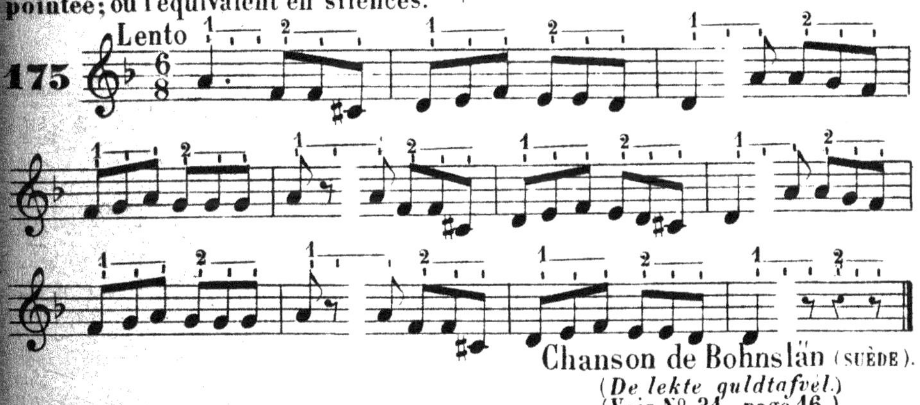

Chanson de Bohnslän (SUÈDE).
(*De lekte guldtafvel.*)
(Voir N° 31, page 16.)

Trois **croches** par temps; ou une **noire** et une **croche**; ou une **noire pointée**; ou l'équivalent en silences.

Membres de deux (doubles) mesures. La mélodie commence par le temps levé.

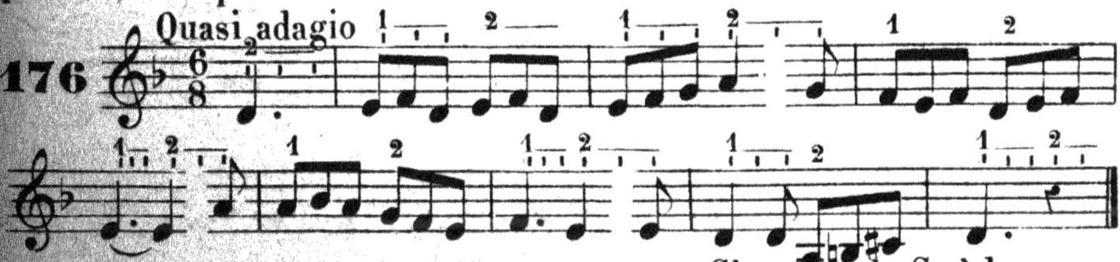

Chanson de Suède.
(*De vorotvå ädla Konunyabarn.*)
(Voir N° 103, page 46.)

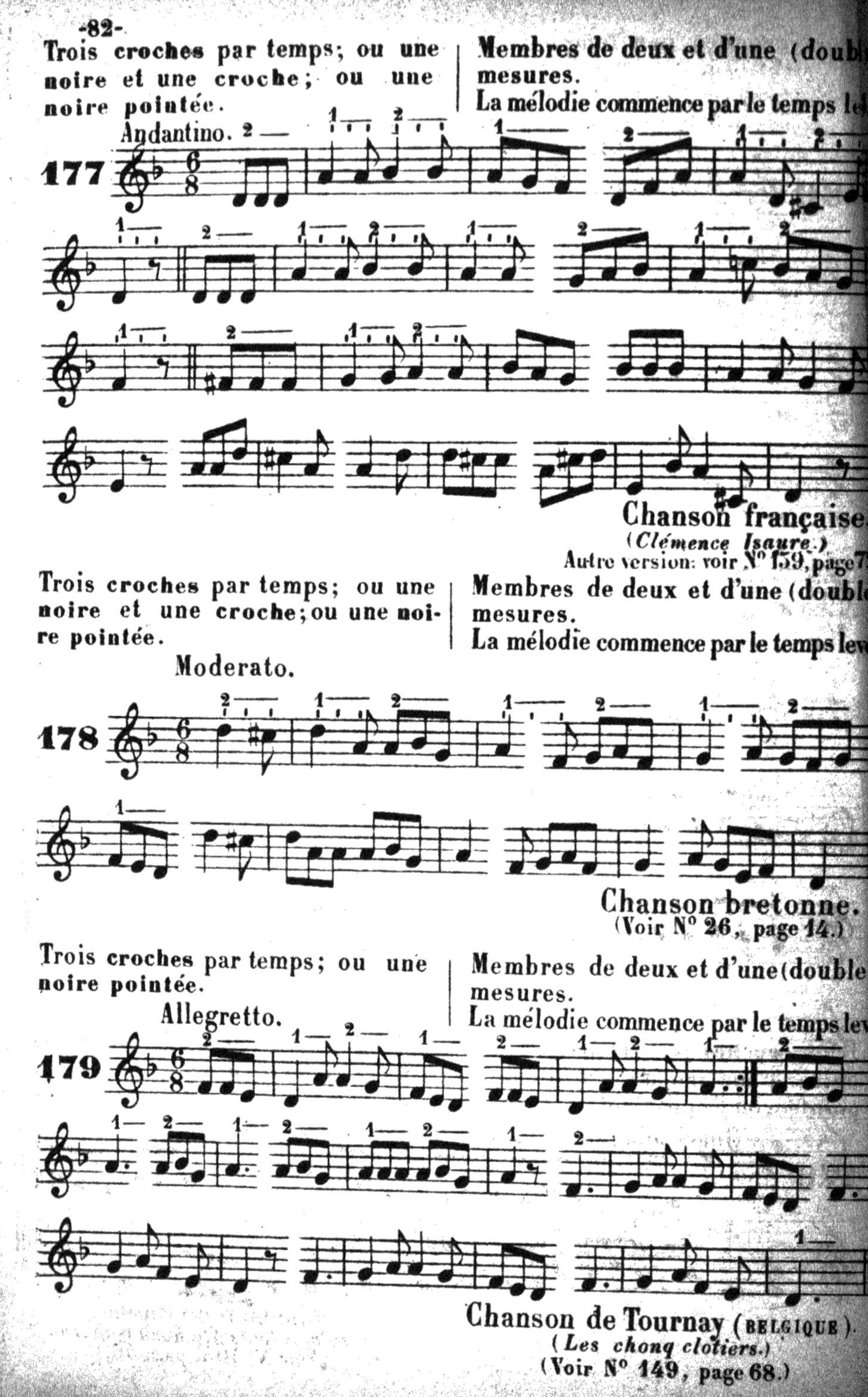
Trois croches par temps; ou une noire et une croche; ou une noire pointée.
Membres de deux et d'une (double) mesures.
La mélodie commence par le temps levé.
Andantino.
177
Chanson française.
(Clémence Isaure.)
Autre version: voir N° 159, page 78.
Trois croches par temps; ou une noire et une croche; ou une noire pointée.
Membres de deux et d'une (double) mesures.
La mélodie commence par le temps levé.
Moderato.
178
Chanson bretonne.
(Voir N° 26, page 14.)
Trois croches par temps; ou une noire pointée.
Membres de deux et d'une (double) mesures.
Allegretto.
La mélodie commence par le temps levé.
179
Chanson de Tournay (BELGIQUE).
(Les chonq clotiers.)
(Voir N° 149, page 68.)

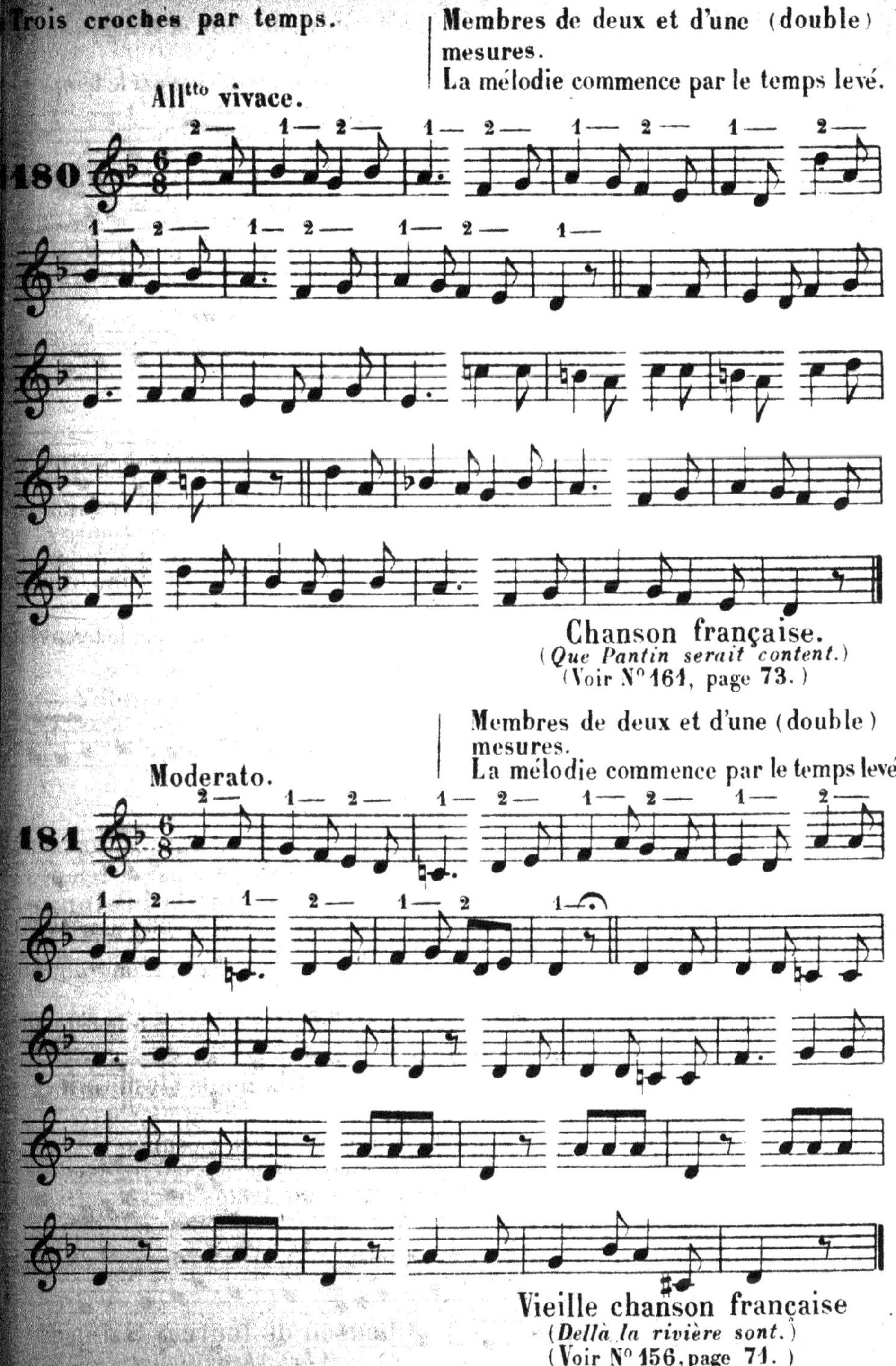
Trois croches par temps.
Membres de deux et d'une (double) mesures.
La mélodie commence par le temps levé.
All^tto vivace.
180
Chanson française.
(Que Pantin serait content.)
(Voir N° 161, page 73.)
Membres de deux et d'une (double) mesures.
La mélodie commence par le temps levé
Moderato.
181
Vieille chanson française
(Della la rivière sont.)
(Voir N° 156, page 71.)

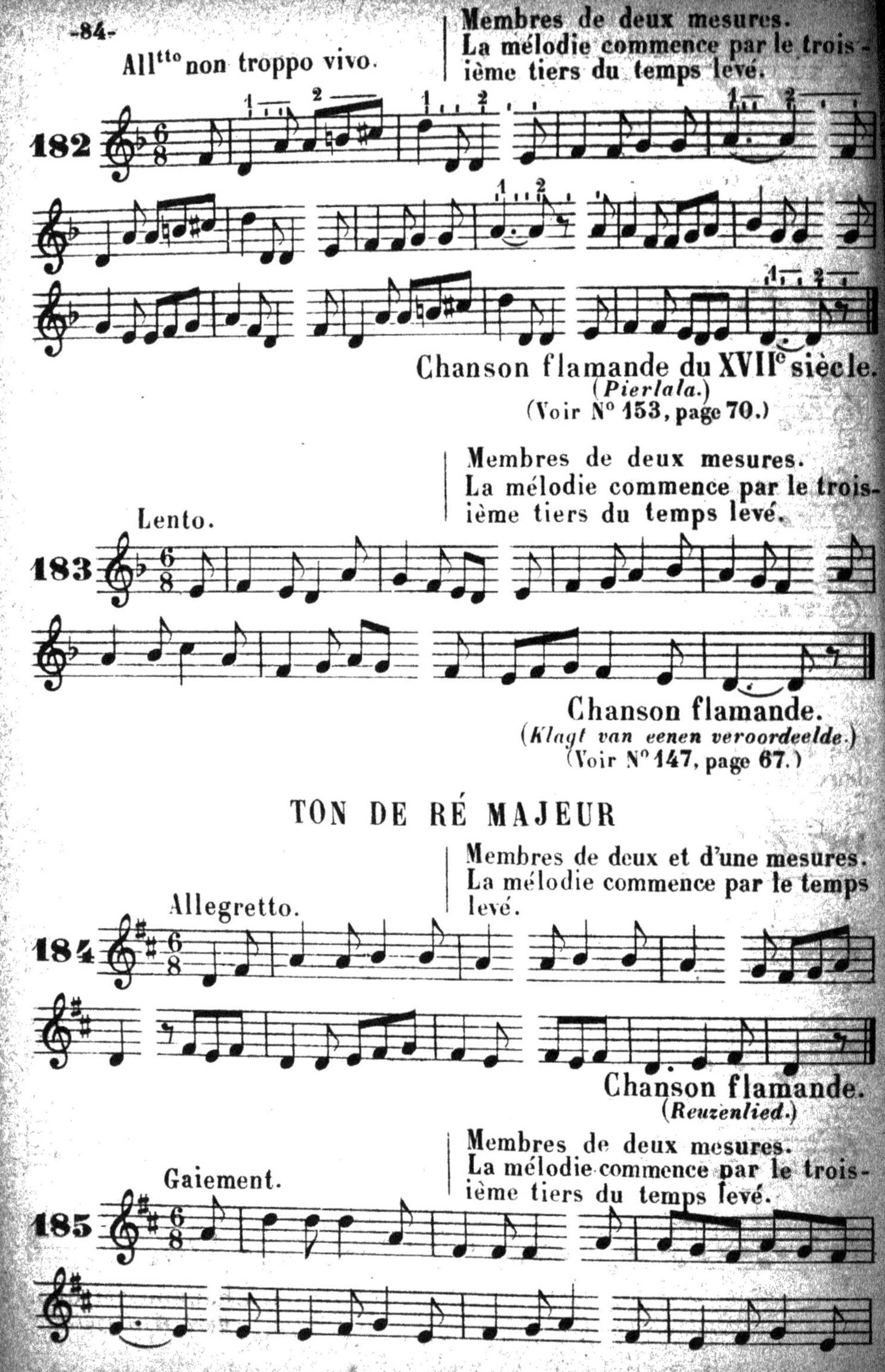
Membres de deux mesures.
La mélodie commence par le trois-ième tiers du temps levé.
Allᵗᵗᵒ non troppo vivo.
182
Chanson flamande du XVIIᵉ siècle.
(Pierlala.)
(Voir N° 153, page 70.)
Membres de deux mesures.
La mélodie commence par le trois-ième tiers du temps levé.
Lento.
183
Chanson flamande.
(Klagt van eenen veroordeelde.)
(Voir N° 147, page 67.)
TON DE RÉ MAJEUR
Membres de deux et d'une mesures.
La mélodie commence par le temps levé.
Allegretto.
184
Chanson flamande.
(Reuzenlied.)
Membres de deux mesures.
La mélodie commence par le trois-ième tiers du temps levé.
Gaiement.
185

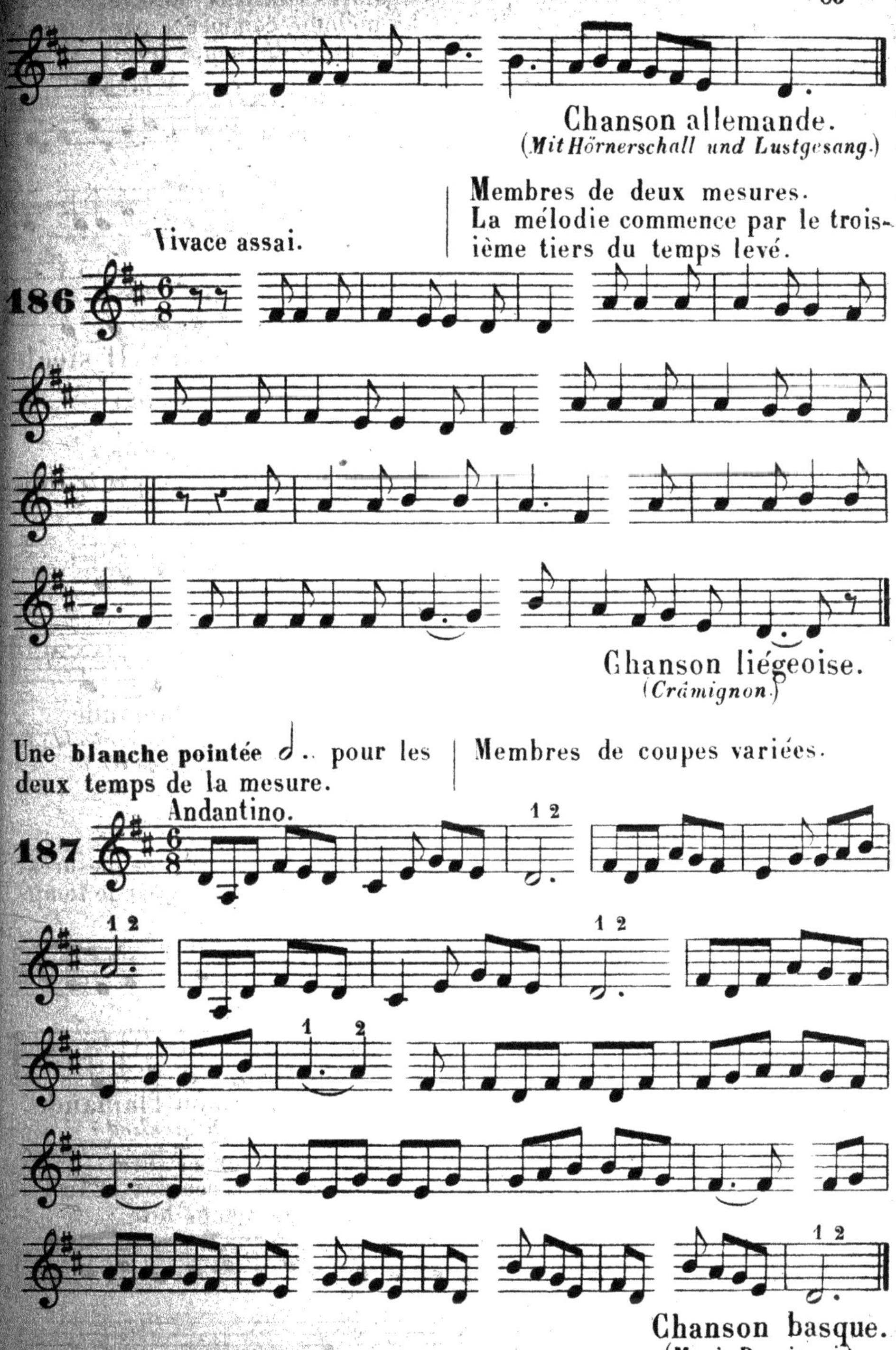
Chanson allemande.
(Mit Hörnerschall und Lustgesang.)
Membres de deux mesures.
La mélodie commence par le troisième tiers du temps levé.
Vivace assai.
186
Chanson liégeoise.
(Crâmignon.)
Une blanche pointée pour les deux temps de la mesure.
Membres de coupes variées.
Andantino.
187
Chanson basque.
(Mari Domingui.)

Une **blanche pointée** pour les deux temps de la mesure.

Membres de trois et de deux mesures.

Andante.

188

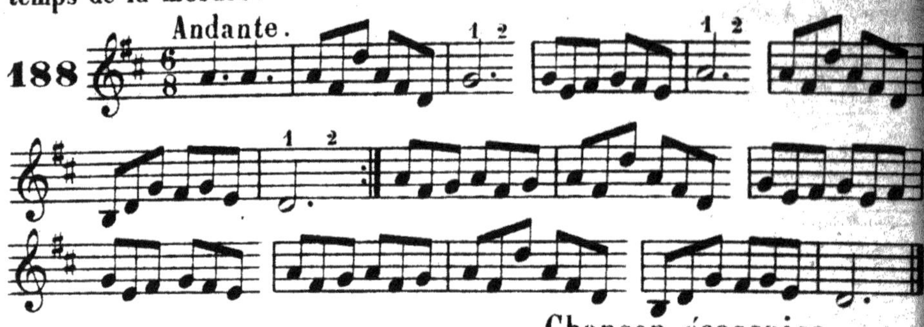

Chanson écossaise.
(O dear what can the matter be.)

Une **blanche pointée** pour les deux temps de la mesure.

Membres de deux mesures.
La mélodie commence au **temps levé**.

All° moderato.

189

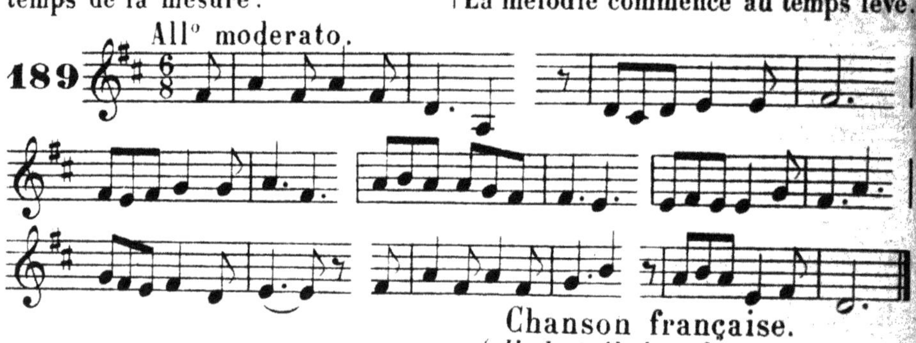

Chanson française.
(Il pleut, il pleut, bergère.)

Mesure à $\frac{9}{8}$: (à trois temps) (mesure composée de 3 mesures à $\frac{3}{8}$): Trois **croches** par temps; ou une **noire et une croche**; ou une **noire pointée**; ou l'équivalent en silences. Une **blanche pointée** pour deux temps.

Membres d'une (triple) **mesure**.

Lento.

190

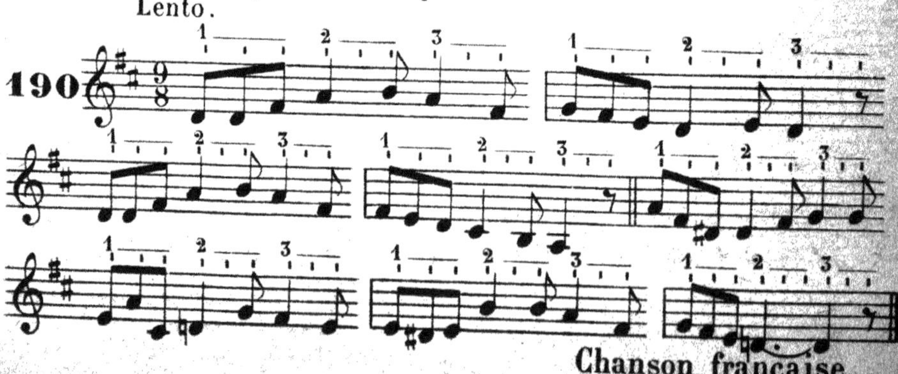

Chanson française.
(Vous, qui loin.)

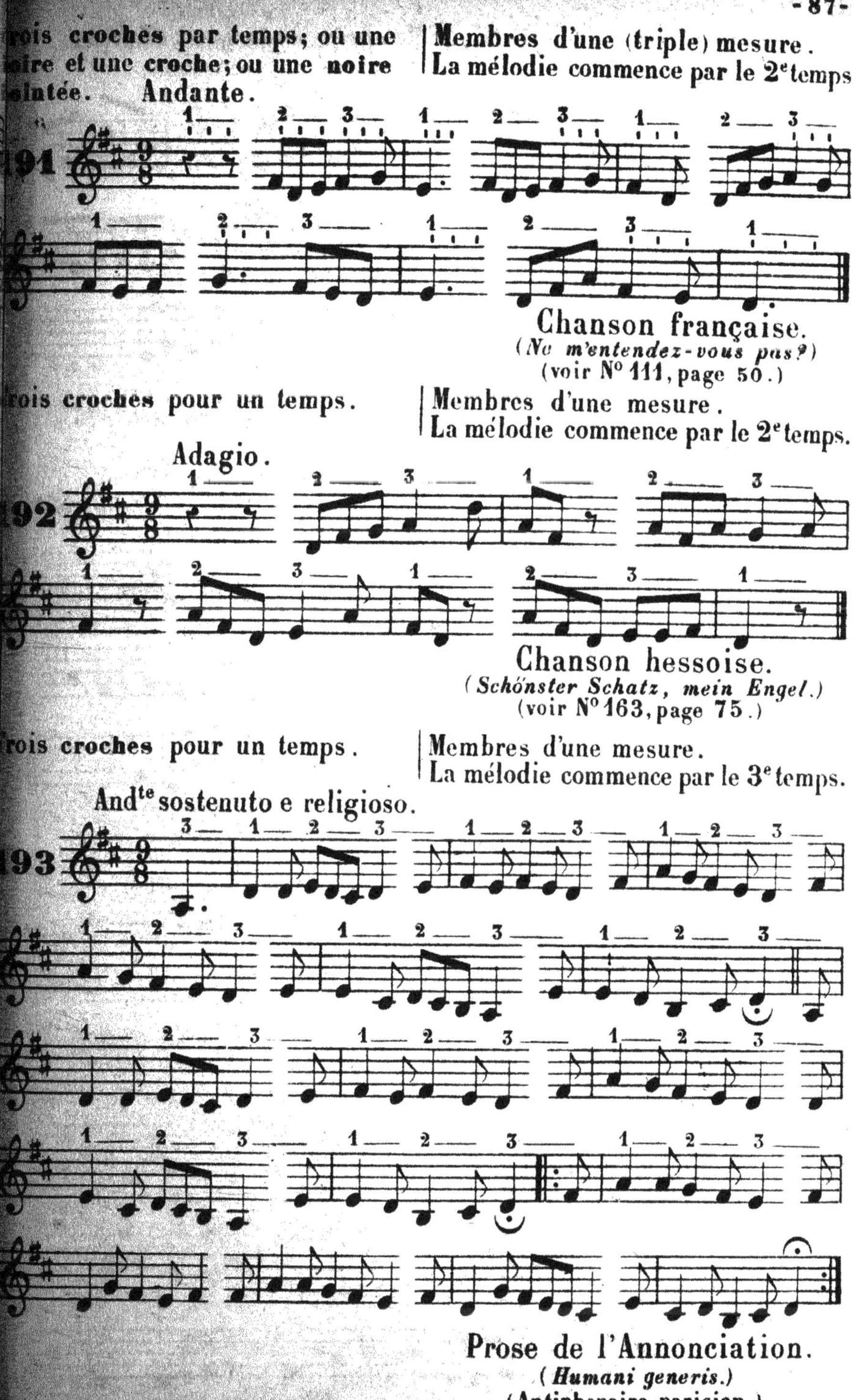
rois croches par temps; ou une
oire et une croche; ou une noire
ointée. Andante.
Membres d'une (triple) mesure.
La mélodie commence par le 2e temps.
191
Chanson française.
(Ne m'entendez-vous pas?)
(voir N° 111, page 50.)
rois croches pour un temps.
Membres d'une mesure.
La mélodie commence par le 2e temps.
Adagio.
192
Chanson hessoise.
(Schönster Schatz, mein Engel.)
(voir N° 163, page 75.)
rois croches pour un temps.
Membres d'une mesure.
La mélodie commence par le 3e temps.
Andte sostenuto e religioso.
193
Prose de l'Annonciation.
(Humani generis.)
(Antiphonaire parisien.)

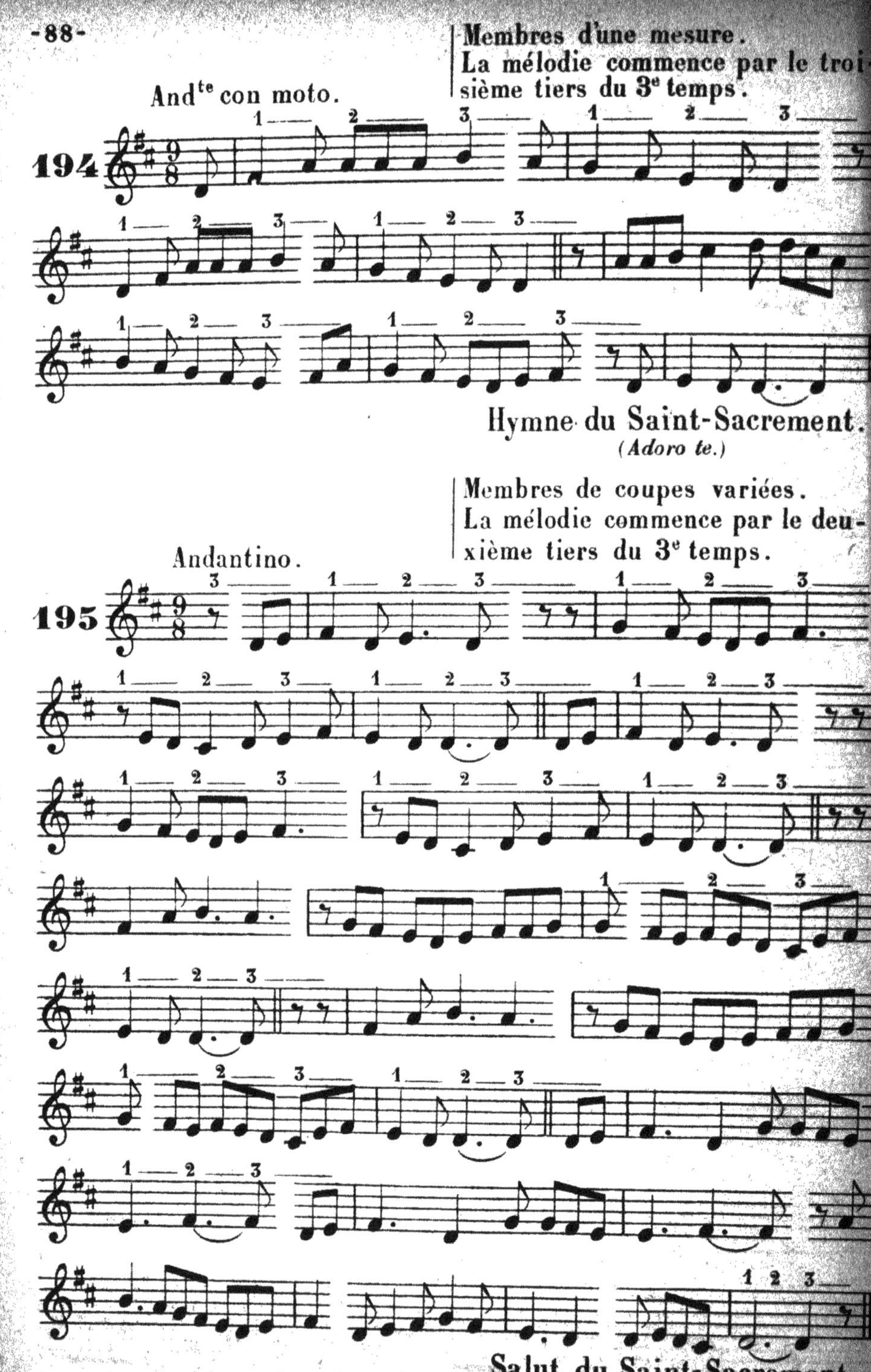
Membres d'une mesure.
La mélodie commence par le troisième tiers du 3e temps.
Andte con moto.
194
Hymne du Saint-Sacrement.
(Adoro te.)
Membres de coupes variées.
La mélodie commence par le deuxième tiers du 3e temps.
Andantino.
195
Salut du Saint-Sacrement.
(Ave verum.)

TON DE SI MINEUR

Gamme mineure du premier type
(MINEUR USUEL)

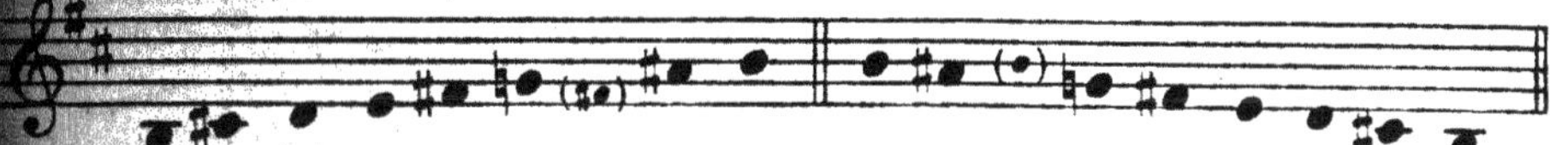

Gamme mineure du deuxième type

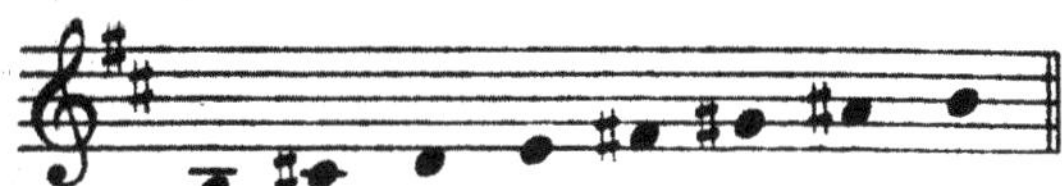

Gamme mineure du troisième type
(MINEUR ANTIQUE)

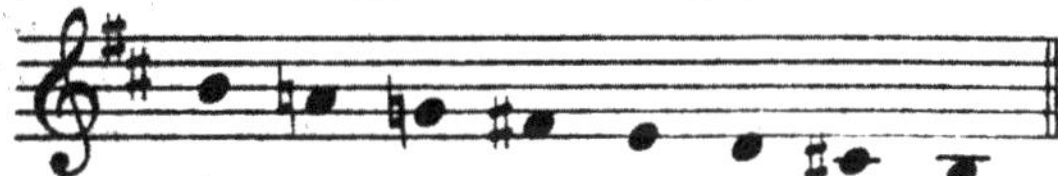

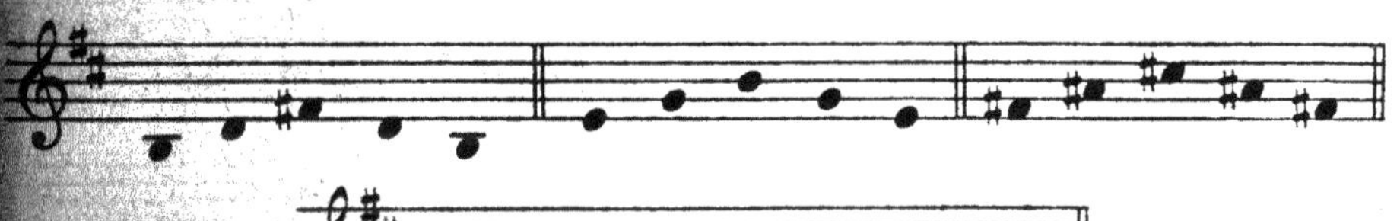

Membres de deux et d'une mesures.
(mesure composée de deux mesures à $\frac{2}{4}$.)
La mélodie commence par le 3e temps.

Vivace.

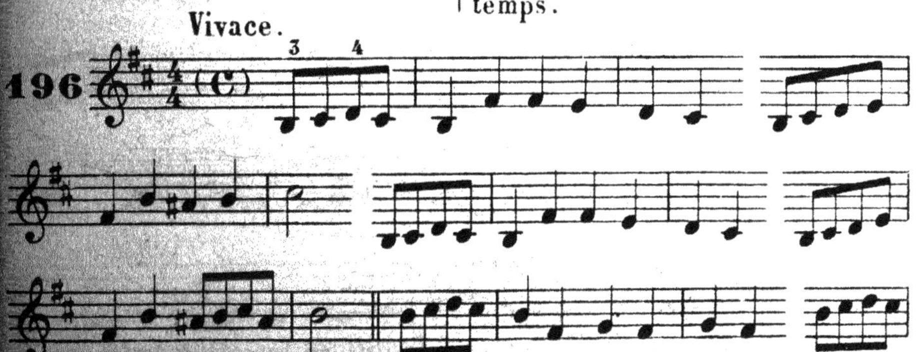

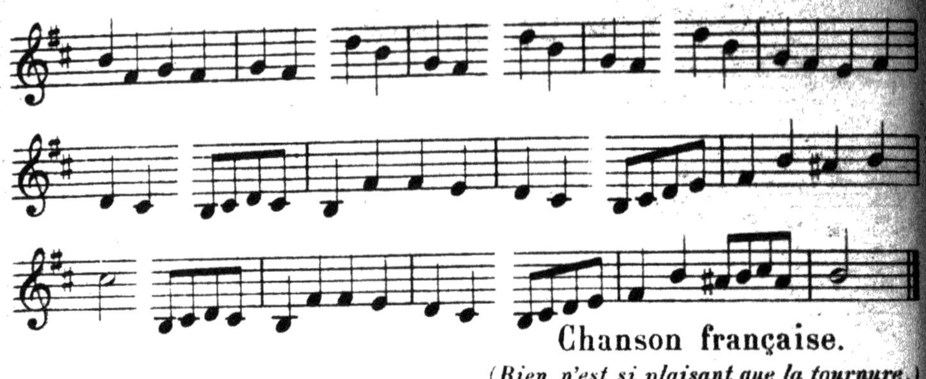

Chanson française.

(Rien n'est si plaisant que la tournure.)

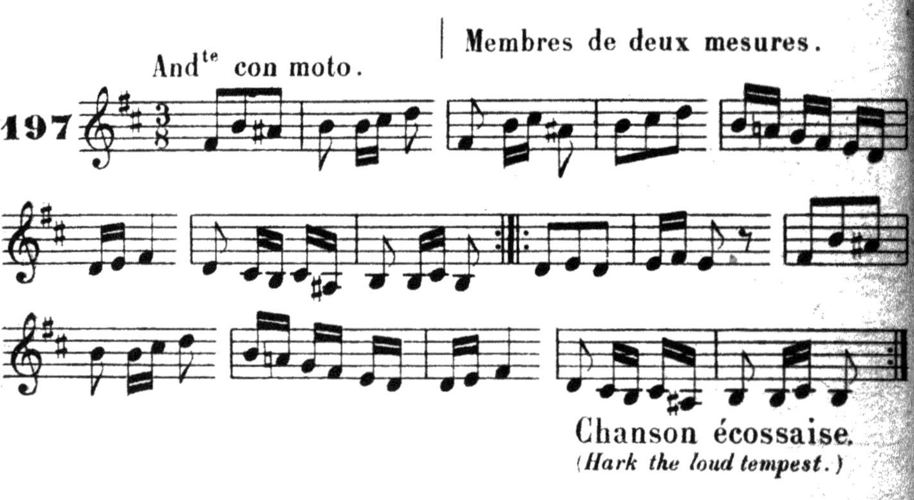

Chanson écossaise.

(Hark the loud tempest.)

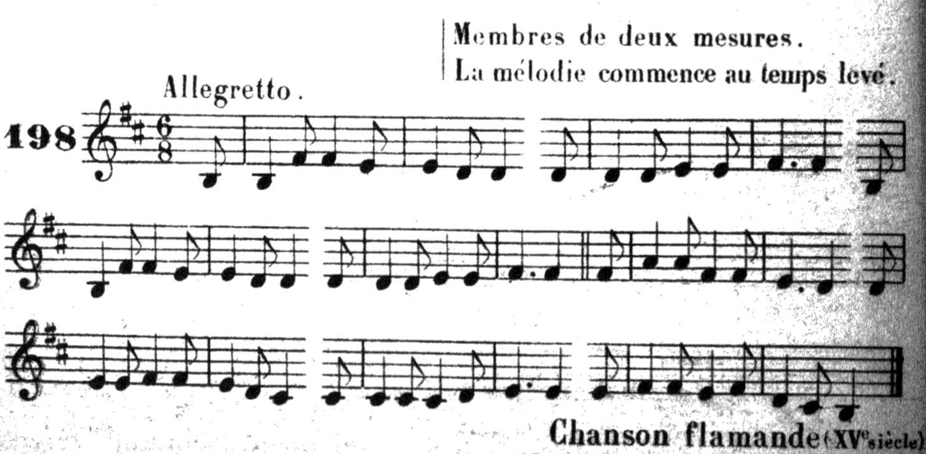

Chanson flamande (XVe siècle).

(Den Hertog van Brunswijck.)

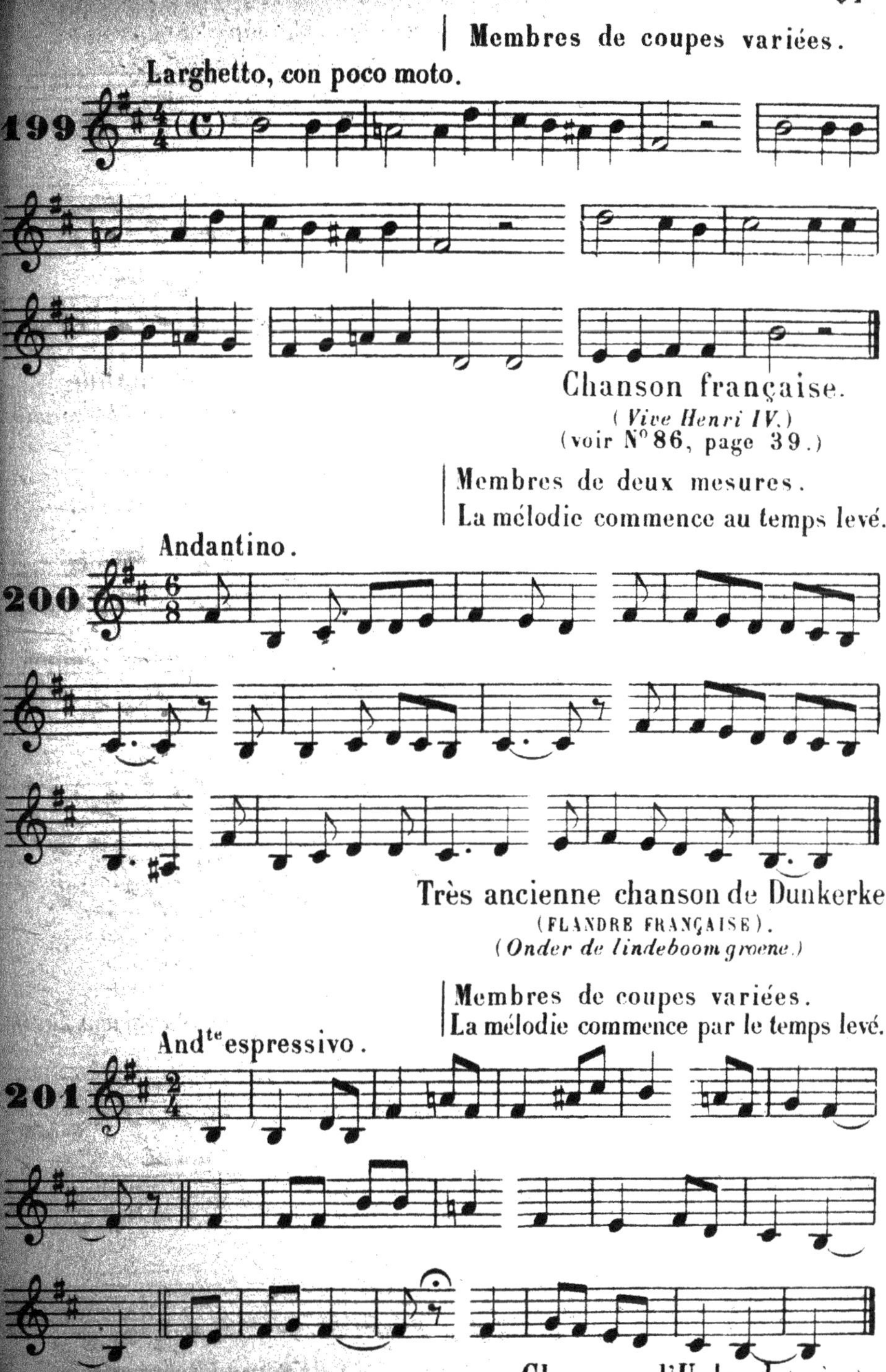
Membres de coupes variées.
Larghetto, con poco moto.
199
Chanson française.
(Vive Henri IV.)
(voir N° 86, page 39.)
Membres de deux mesures.
La mélodie commence au temps levé.
Andantino.
200
Très ancienne chanson de Dunkerke
(FLANDRE FRANÇAISE).
(Onder de lindeboom groene.)
Membres de coupes variées.
La mélodie commence par le temps levé.
Andte espressivo.
201
Chanson d'Upland (SUÈDE).
(Och! Konungen talte.)

Membres de deux mesures.
La mélodie commence au temps levé.

Moderato.

202

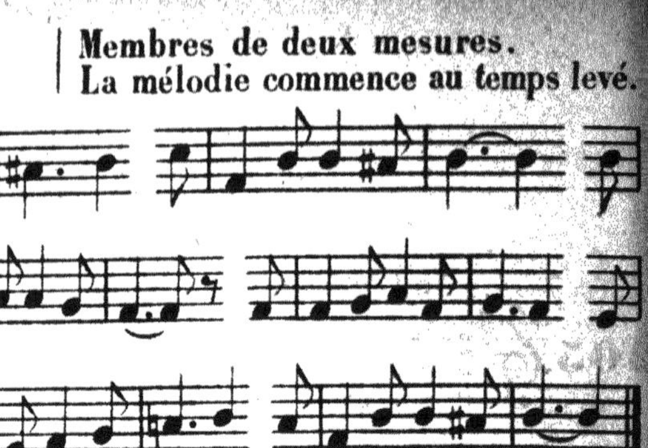

Chanson flamande.
(De veradene geliefden.)

Membres de deux mesures.

And^te^ doloroso.

203

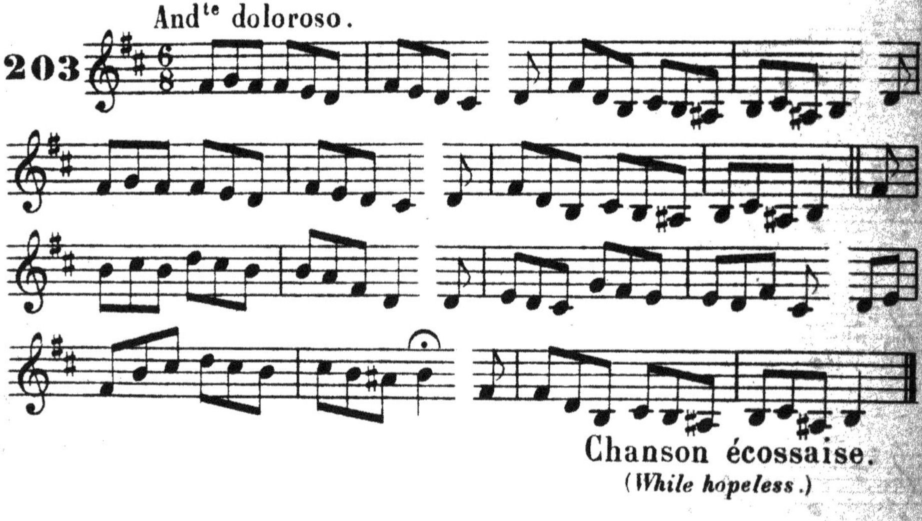

Chanson écossaise.
(While hopeless.)

Membres d'une (triple) mesure.

Larghetto.

204

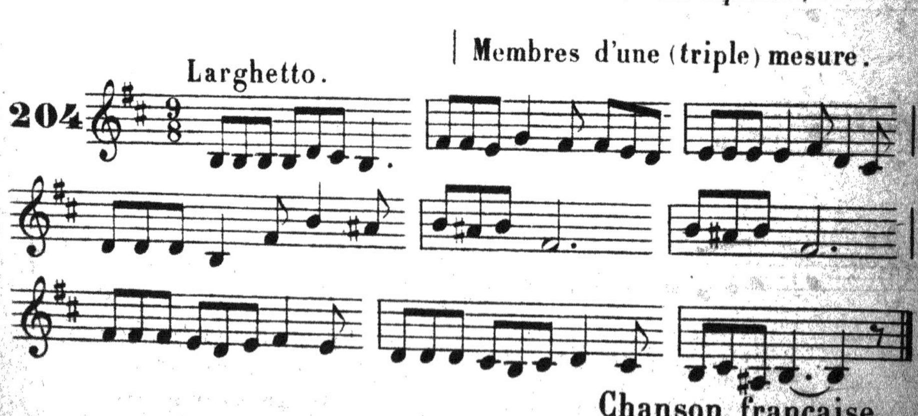

Chanson française.
(Boire à son tirelire.)
(voir N° 131, page 58.)

Membres de coupes variées. La mélodie commence par le 3e temps.

Andte un poco moto.

205

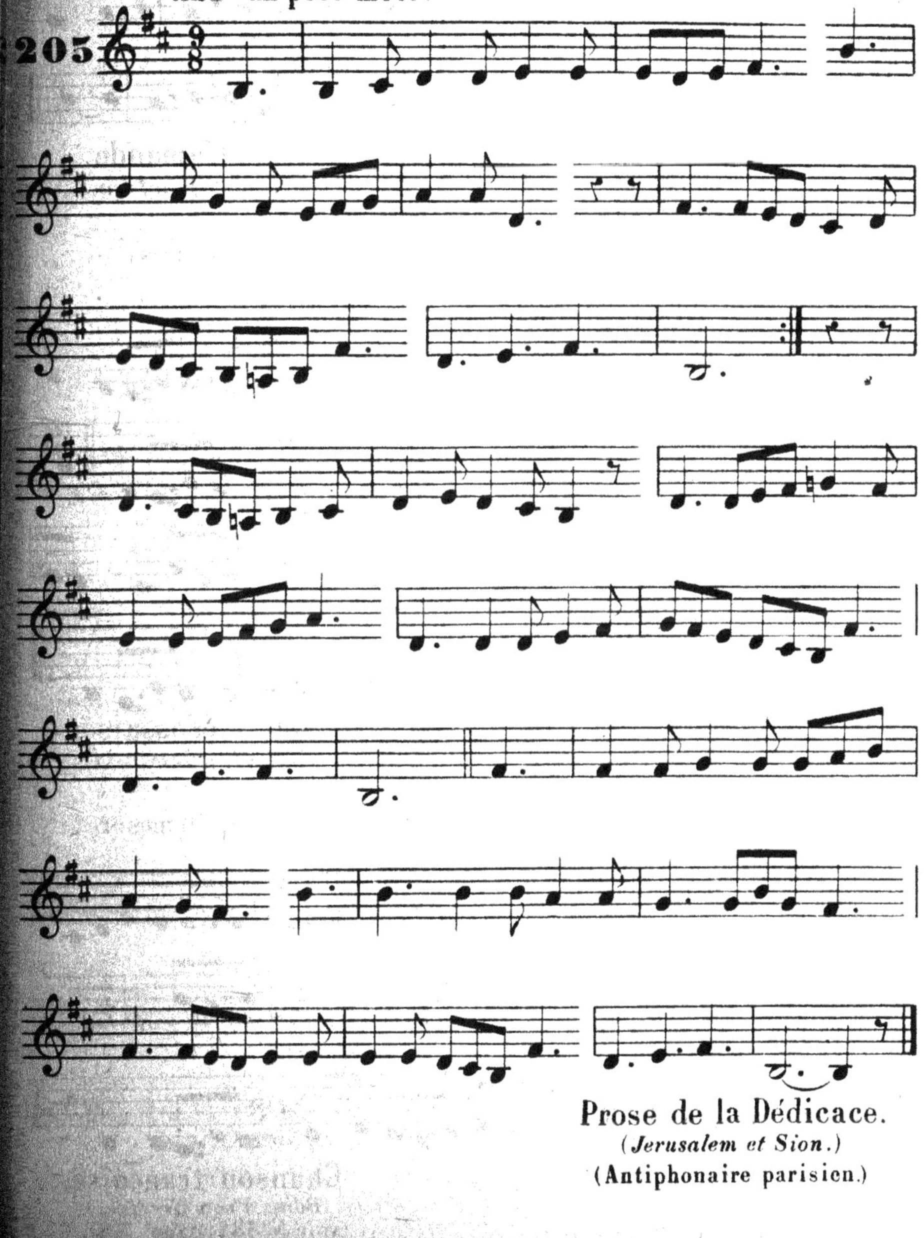

Prose de la Dédicace.
(*Jerusalem et Sion.*)
(Antiphonaire parisien.)

TON DE SI BÉMOL MAJEUR

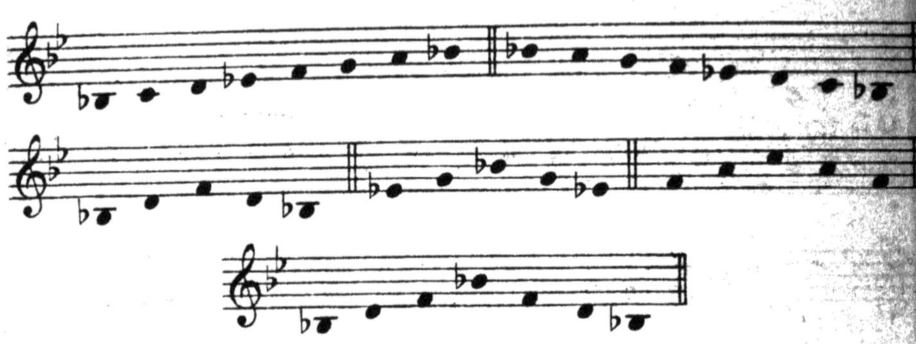

Membres de deux mesures. La mélodie commence par le temps levé.

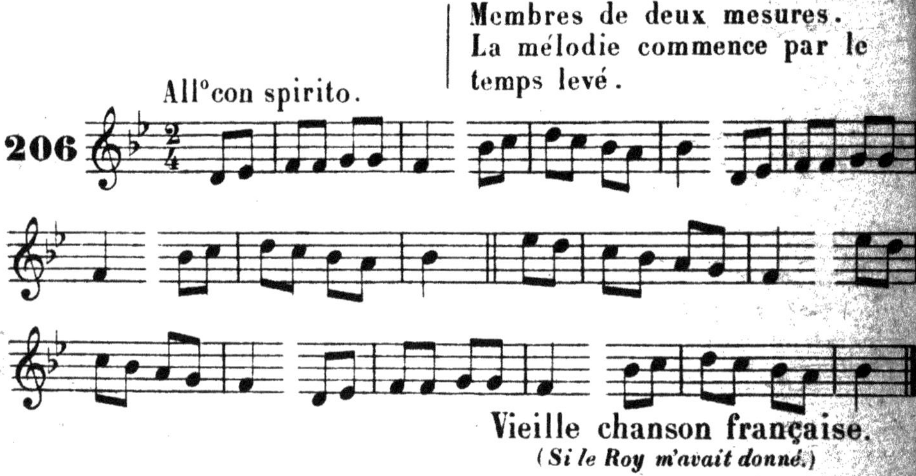

Vieille chanson française.
(Si le Roy m'avait donné.)

Membres de deux mesures. La mélodie commence par le temps levé.

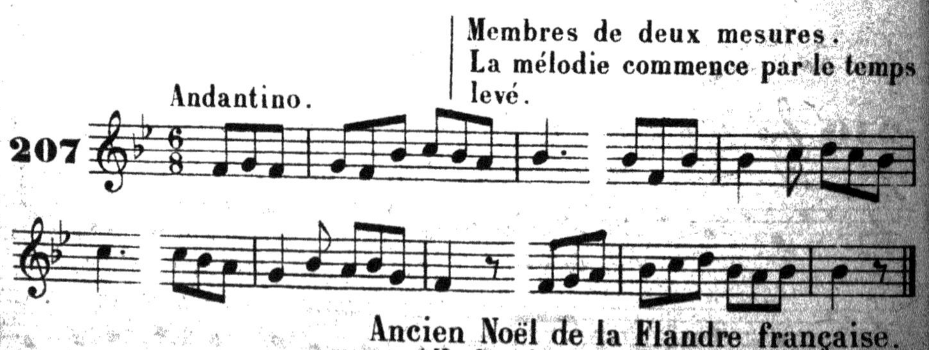

Ancien Noël de la Flandre française.
(Herders, brengt melk en zoetigheydt.)

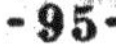

Membres de deux mesures.
La mélodie commence par le 4e temps.

Moderato.

208

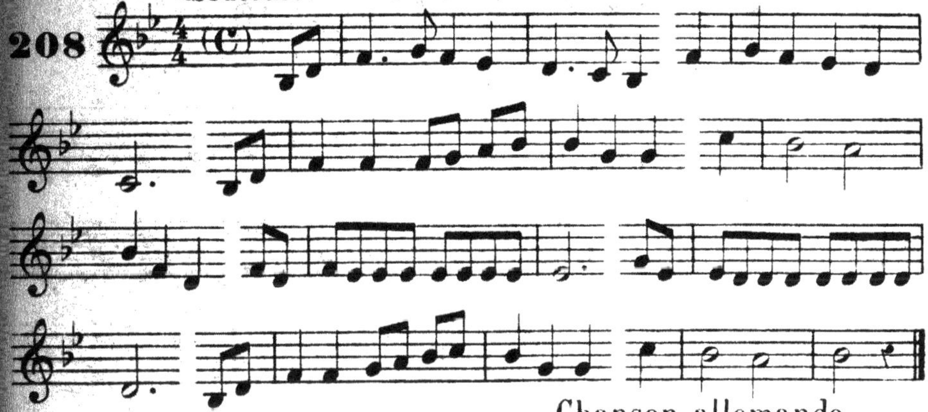

Chanson allemande.
(Drei Lilien, drei Lilien, die pflanzt ich.)

Membres de deux mesures.
La mélodie commence au temps levé.

Allegretto.

209

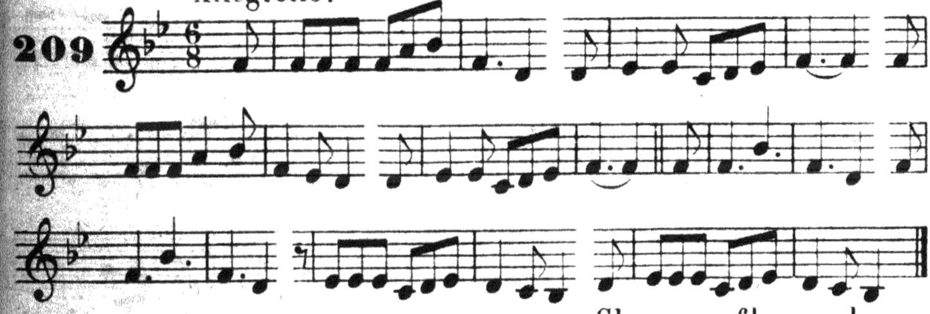

Chanson flamande.
(Het Kwezelken.)

Membres de deux et d'une mesures.
La mélodie commence au temps levé.

Allegro.

210

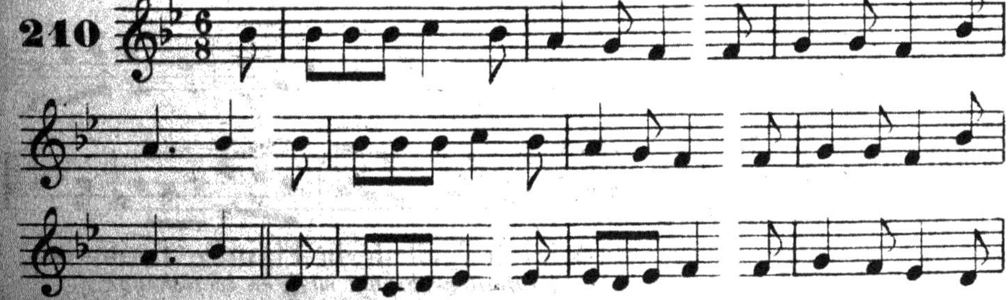

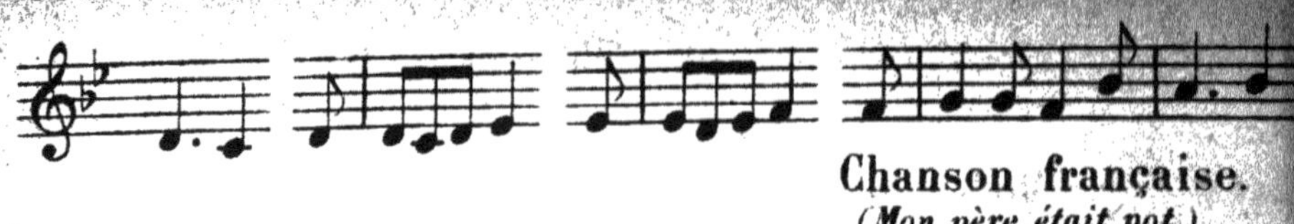

Chanson française.
(Mon père était pot.)

Membres de quatre et de deux mesures.

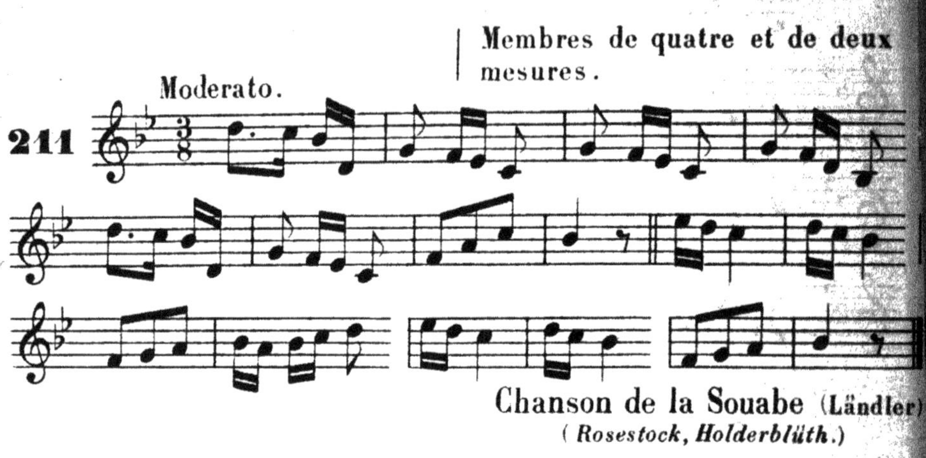

Chanson de la Souabe (Ländler)
(Rosestock, Holderblüth.)

Membres de deux mesures.
La mélodie commence au temps levé.

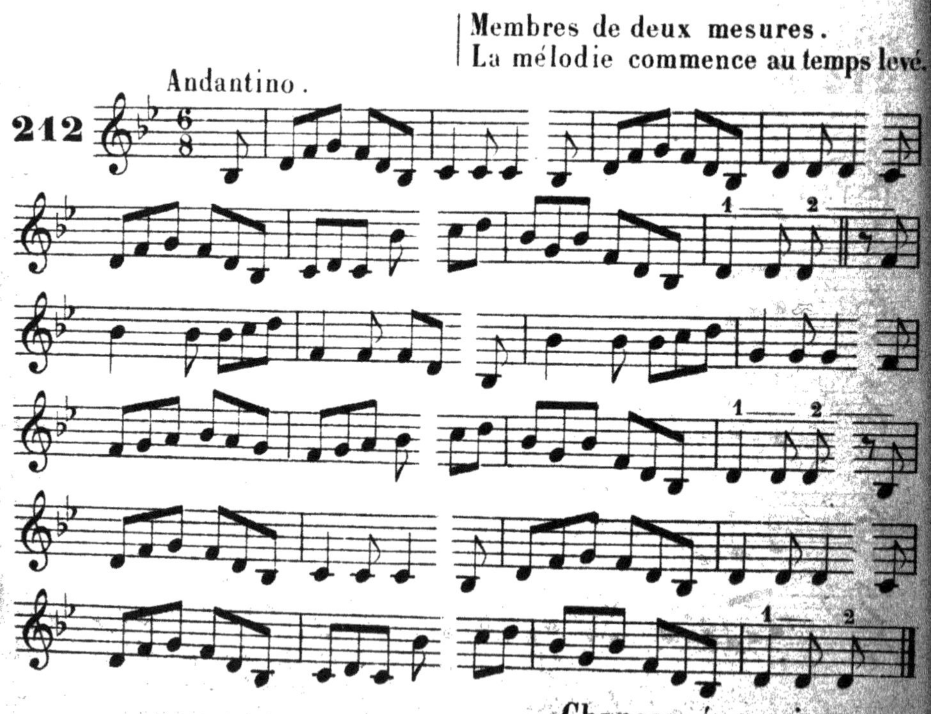

Chanson écossaise.
(The Campbell's are comin.)

Membres de deux mesures.
La mélodie commence par le troisième tiers du 1er temps.

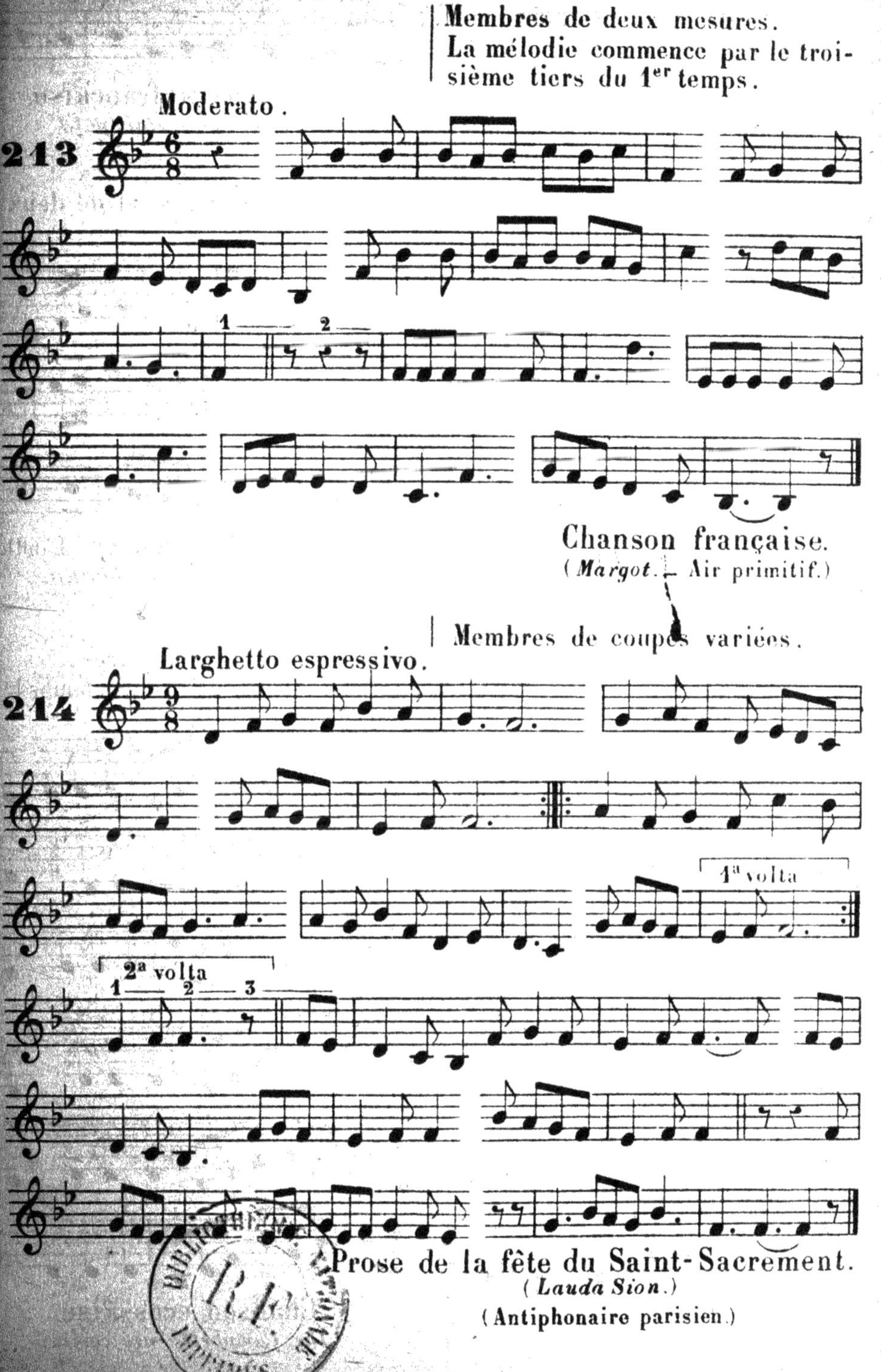

Prose de la fête du Saint-Sacrement.
(*Lauda Sion.*)
(Antiphonaire parisien.)

Membres de quatre mesures.
La mélodie commence par le 3e temps

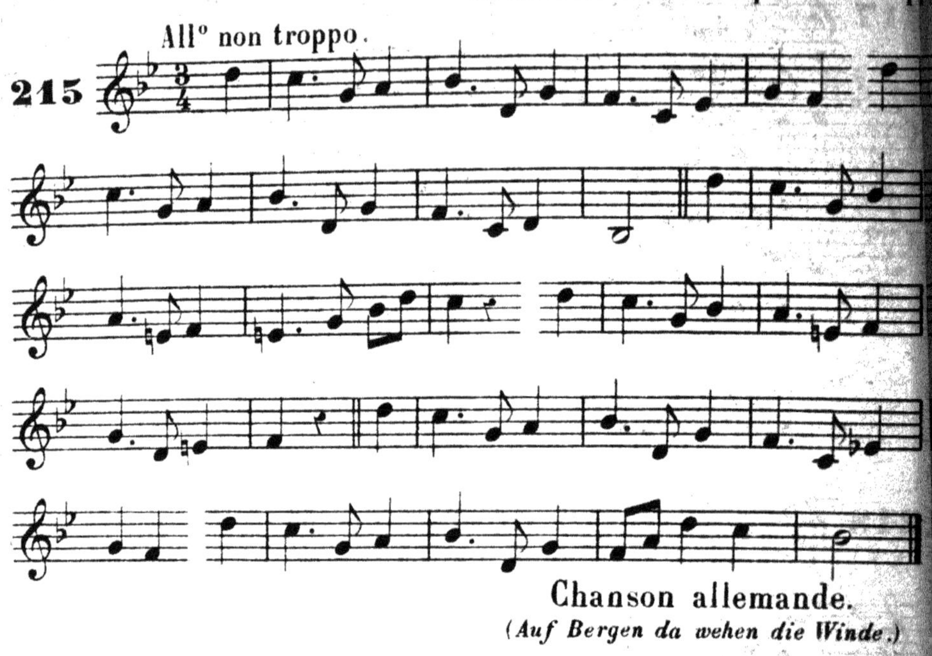

Chanson allemande.
(Auf Bergen da wehen die Winde.)

Membres de deux mesures.

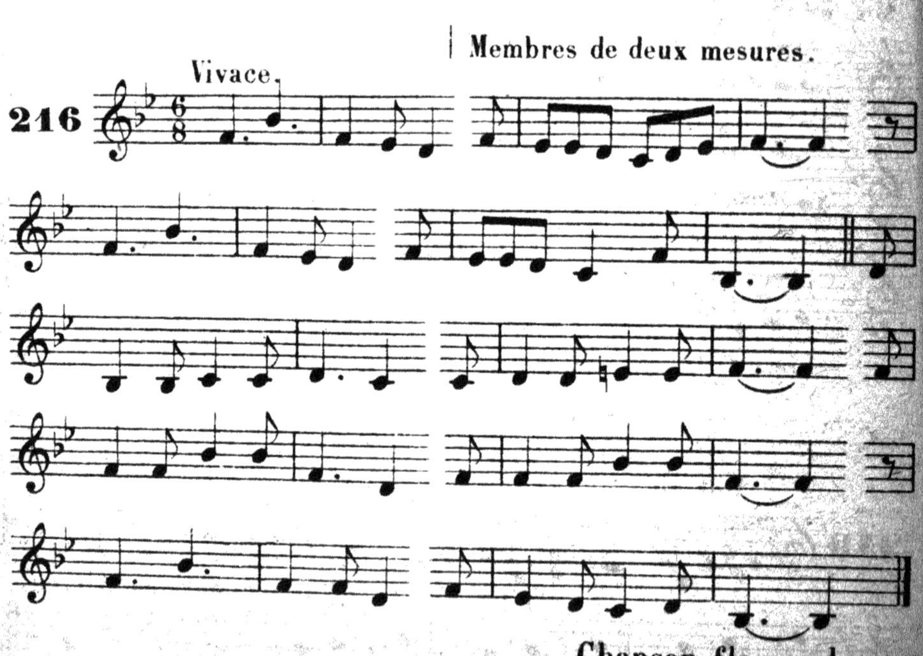

Chanson flamande.
(Klein, klein, Kleuterken.)

Membres de quatre et de deux mesures.
La mélodie commence par le 3e temps.

Comodo.

217

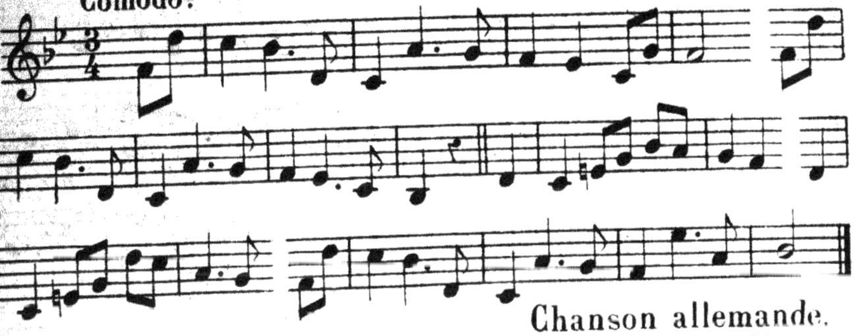

Chanson allemande.
(Mein Hochland.)

Membres de deux et de quatre mesures.
La mélodie commence par la seconde moitié du temps levé.

Andantino.

218

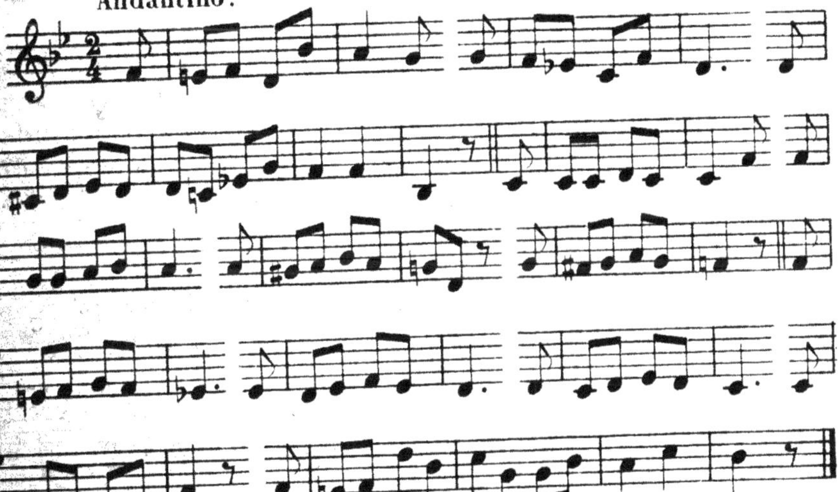

Chanson basque.
(Zaldi Baten Bicitza.)

Membres de coupes variées.
La mélodie commence par le 3e temps.

Andante.

219

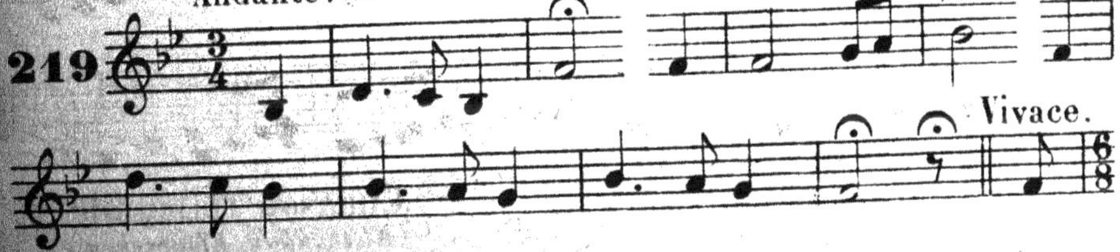

Vivace.

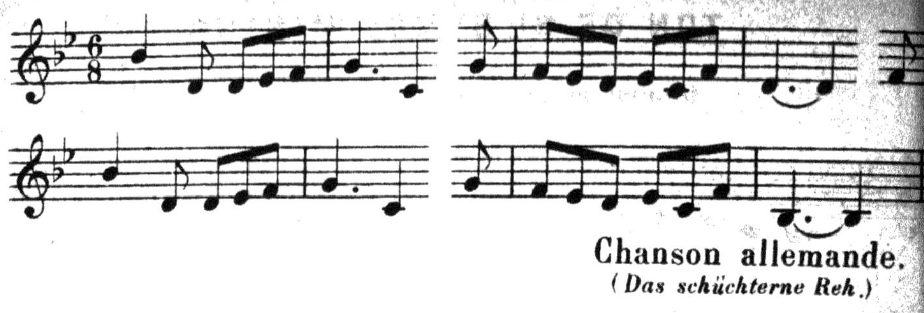

Chanson allemande.
(Das schüchterne Reh.)

LE TRIOLET

Trois croches (3) pour un temps dans les mesures à **temps binaires**.

Membres de coupes variées.
La mélodie commence par le 3e temps.

Larghetto espressivo.

220

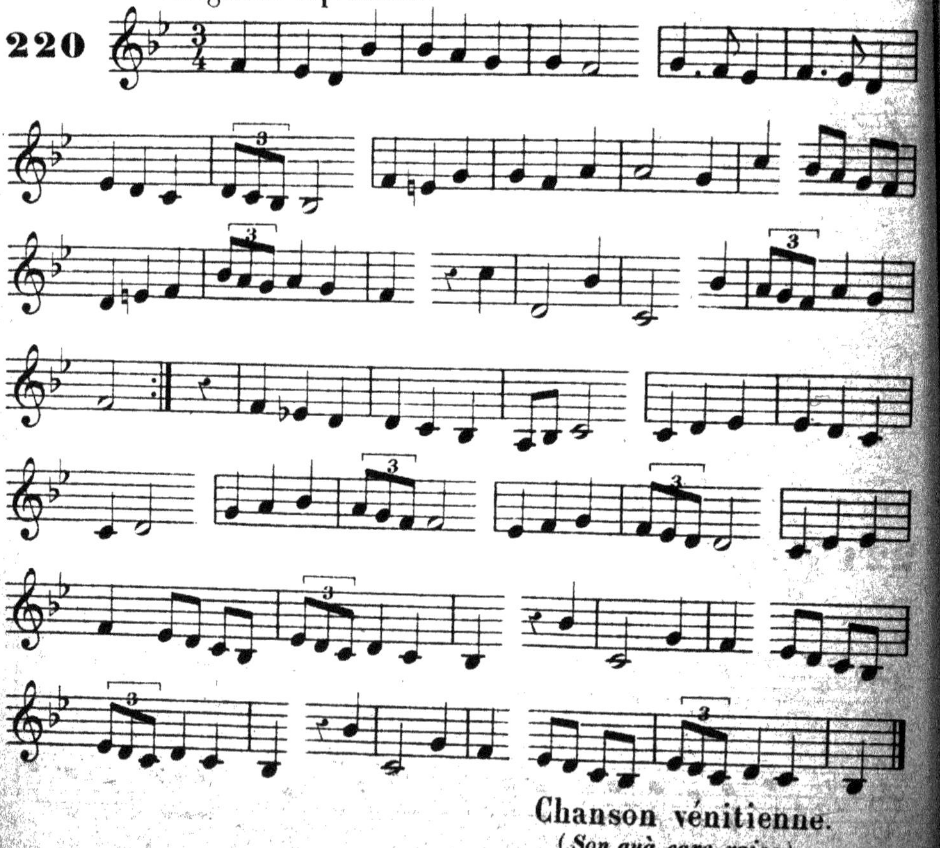

Chanson vénitienne.
(Son quà care raise.)

TON DE SI BÉMOL MINEUR

Gamme mineure du premier type

(MINEUR USUEL)

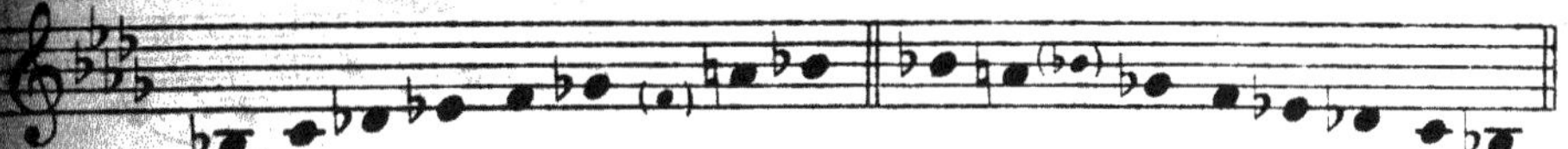

Gamme mineure du deuxième type

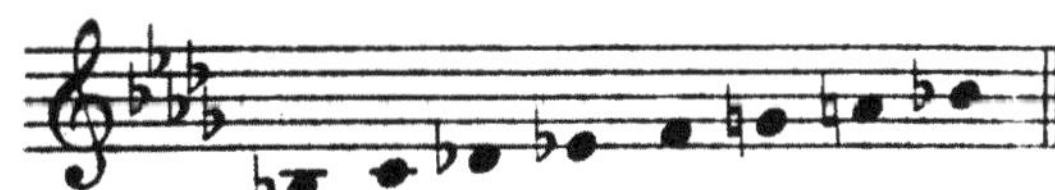

Gamme mineure du troisieme type

(MINEUR ANTIQUE)

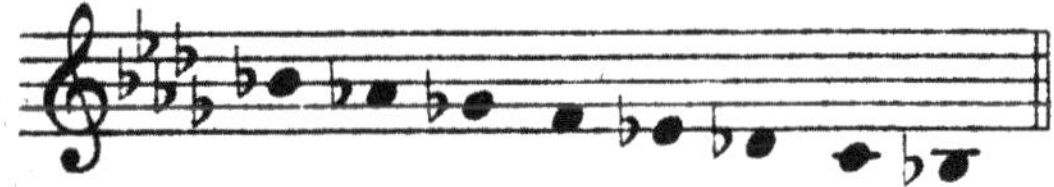

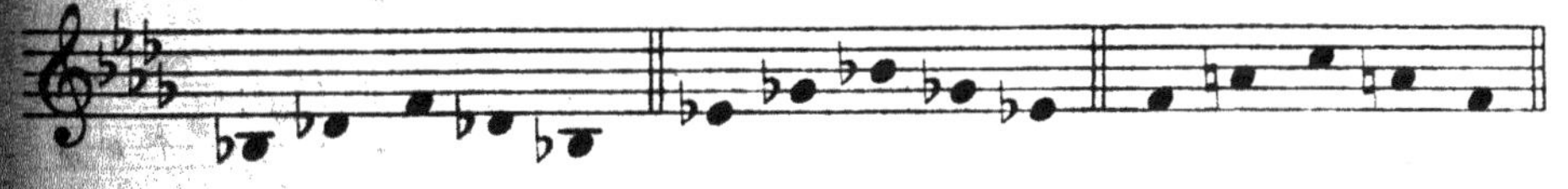

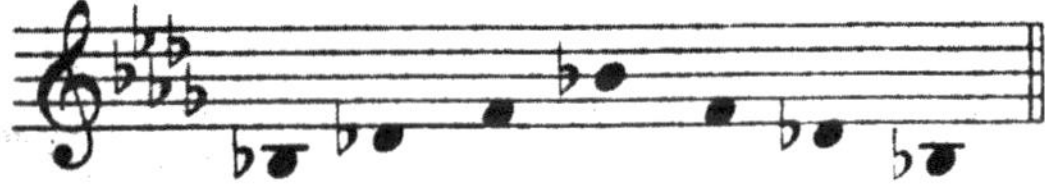

Membres de deux mesures.
La mélodie commence par le troisième tiers du 1er temps.

Allegretto.

221

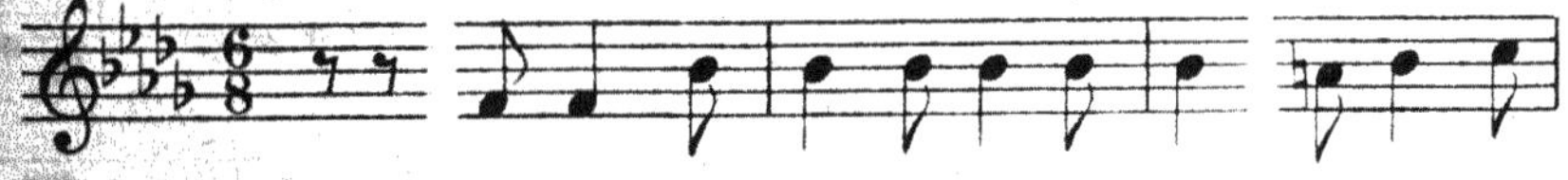

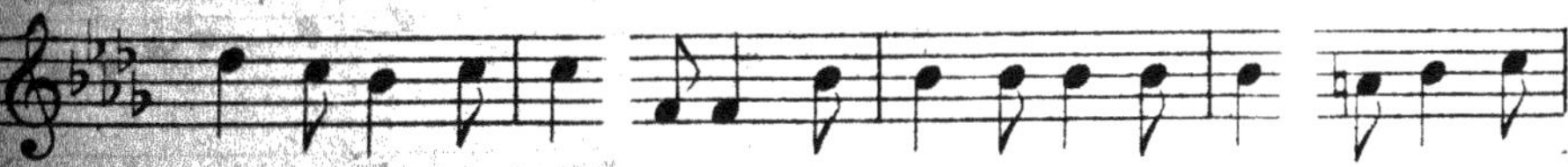

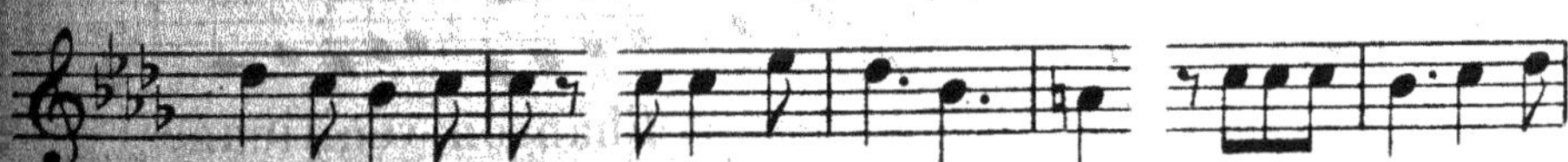

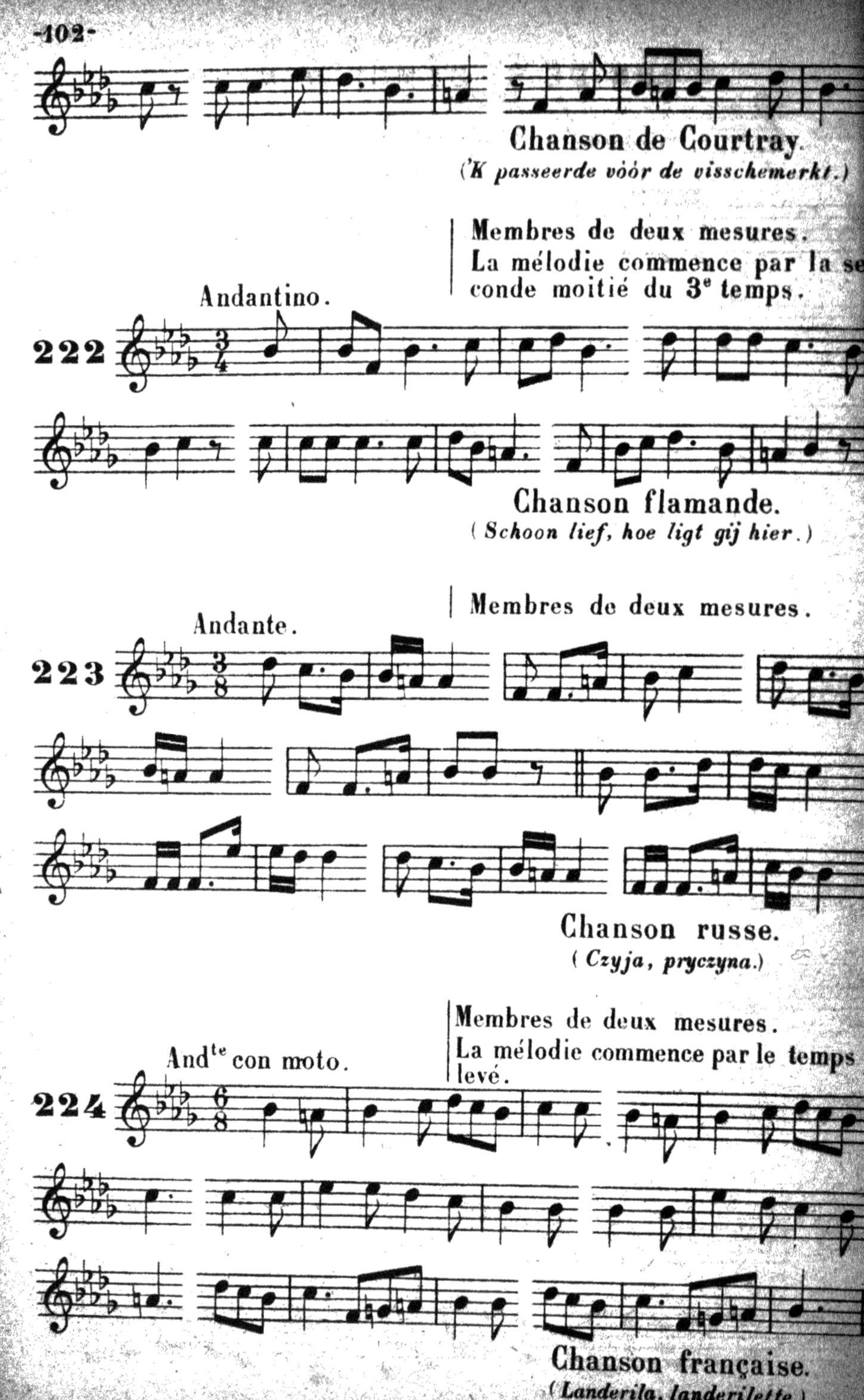
Chanson de Courtray.
('K passeerde vöör de visschemerkt.)
Membres de deux mesures.
La mélodie commence par la seconde moitié du 3e temps.
Andantino.
222
Chanson flamande.
(Schoon lief, hoe ligt gij hier.)
Membres de deux mesures.
Andante.
223
Chanson russe.
(Czyja, pryczyna.)
Membres de deux mesures.
La mélodie commence par le temps levé.
Andte con moto.
224
Chanson française.
(Landerila, landerilette.)

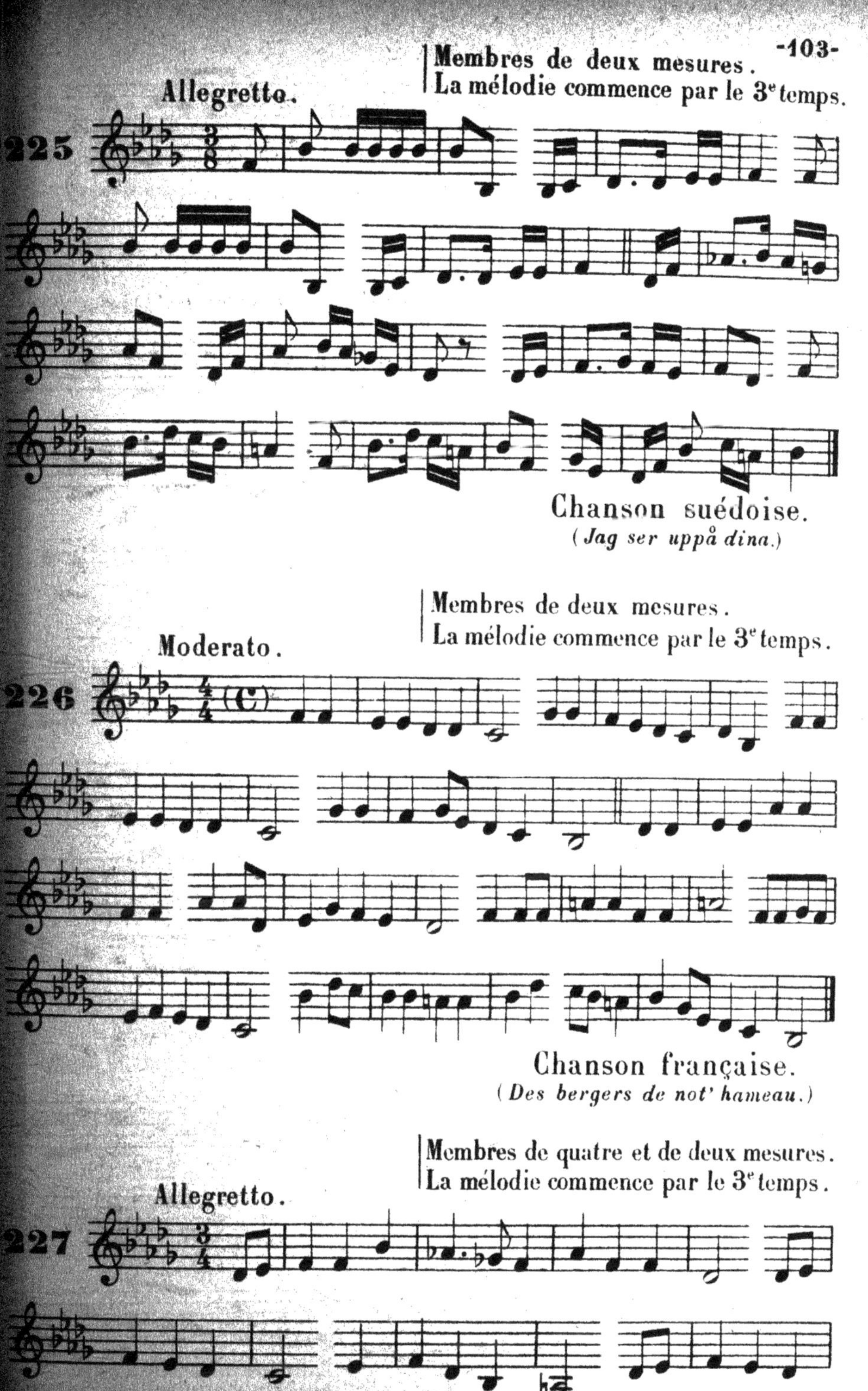

Membres de deux mesures.
La mélodie commence par le 3e temps.
Allegretto.
225
Chanson suédoise.
(Jag ser uppå dina.)
Membres de deux mesures.
La mélodie commence par le 3e temps.
Moderato.
226
Chanson française.
(Des bergers de not' hameau.)
Membres de quatre et de deux mesures.
La mélodie commence par le 3e temps.
Allegretto.
227

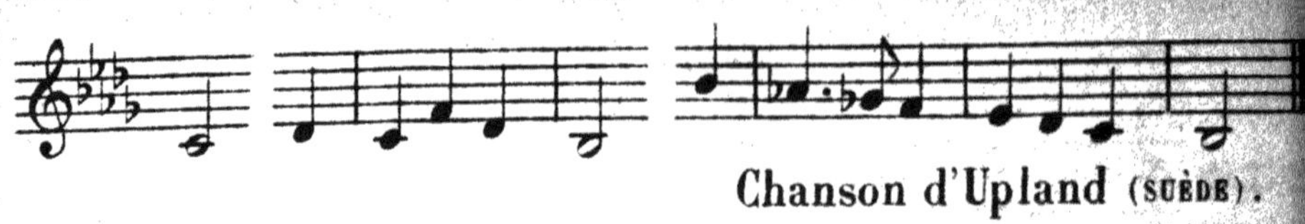

Chanson d'Upland (SUÈDE).

Membres de quatre et de deux mesures.
La mélodie commence par le temps levé.

Andno con moto.

228

Chanson française.

Complainte de Fualdès.

(*Ecoutez peuple de France.*)

Membres de deux mesures.
La mélodie commence au temps levé.

Andante.

229

Chanson suédoise.

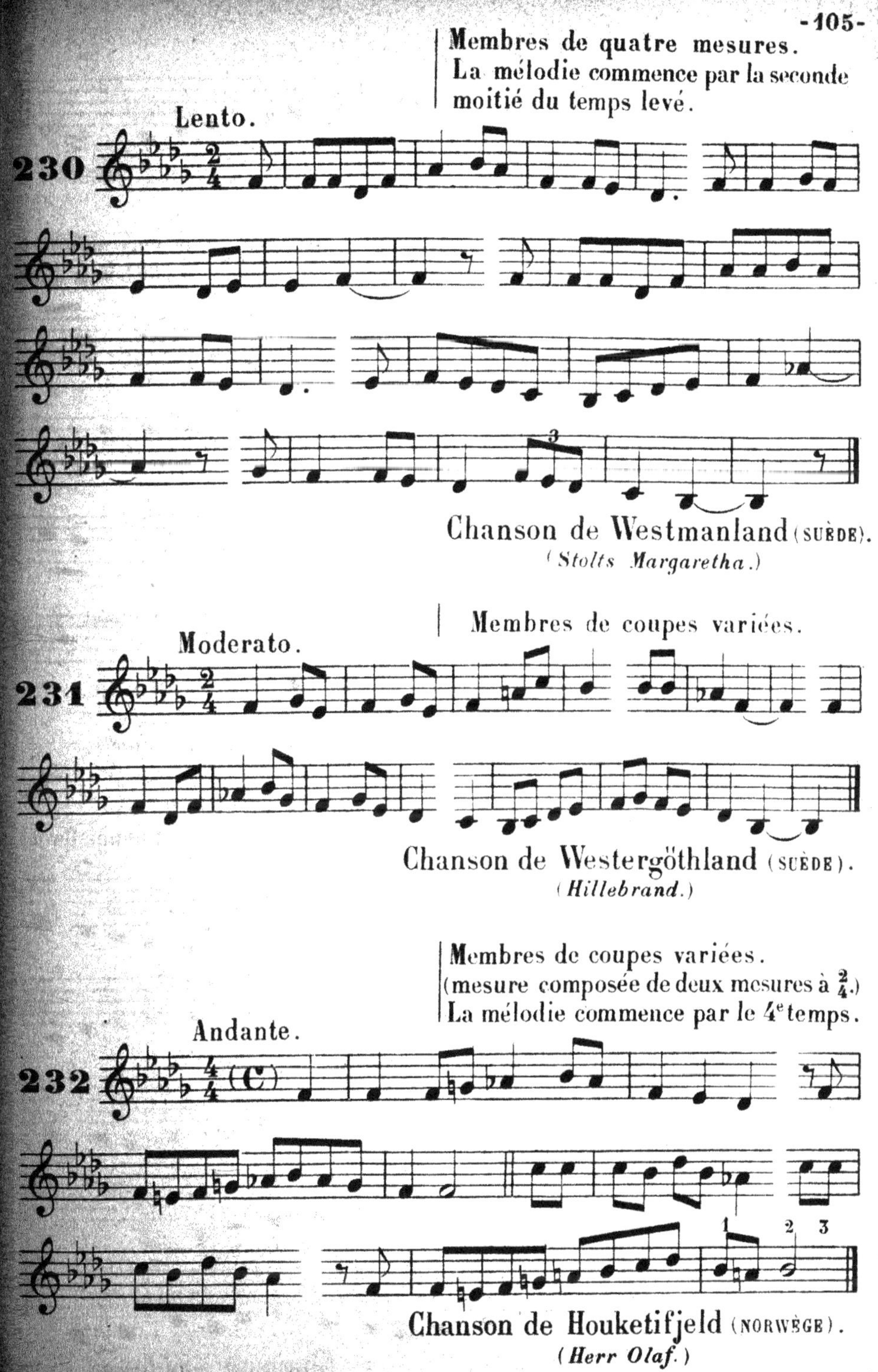
Membres de quatre mesures.
La mélodie commence par la seconde moitié du temps levé.
Lento.
230
Chanson de Westmanland (SUÈDE).
(Stolts Margaretha.)
Membres de coupes variées.
Moderato.
231
Chanson de Westergöthland (SUÈDE).
(Hillebrand.)
Membres de coupes variées.
(mesure composée de deux mesures à 2/4.)
La mélodie commence par le 4e temps.
Andante.
232
Chanson de Houketifjeld (NORWÈGE).
(Herr Olaf.)

TON DE SI BÉMOL MAJEUR

Membres de deux mesures.
La mélodie commence au temps levé.

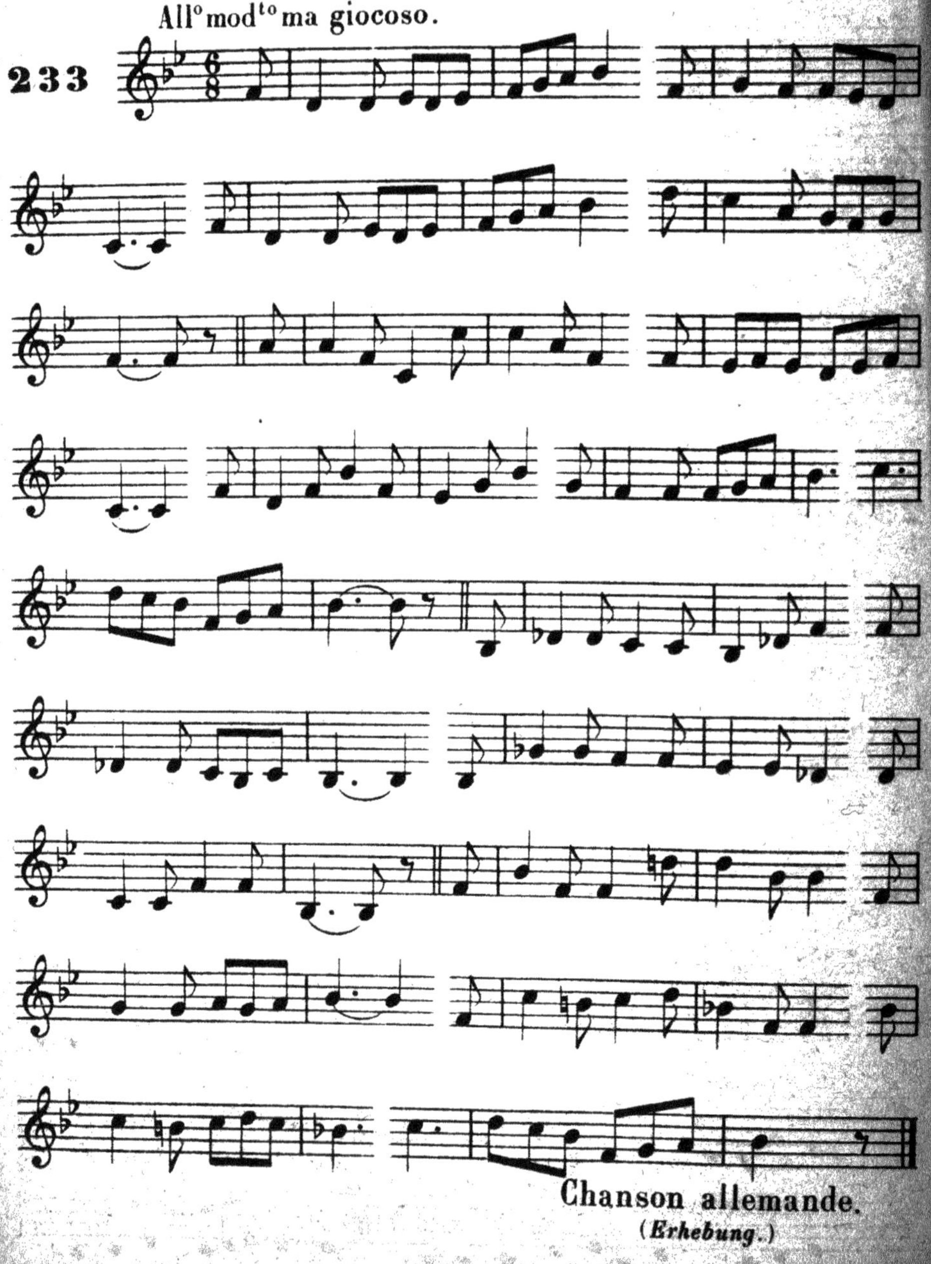

Chanson allemande.
(*Erhebung.*)

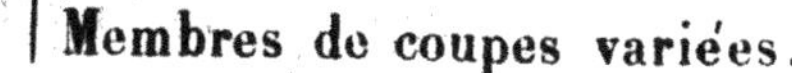
Membres de coupes variées.

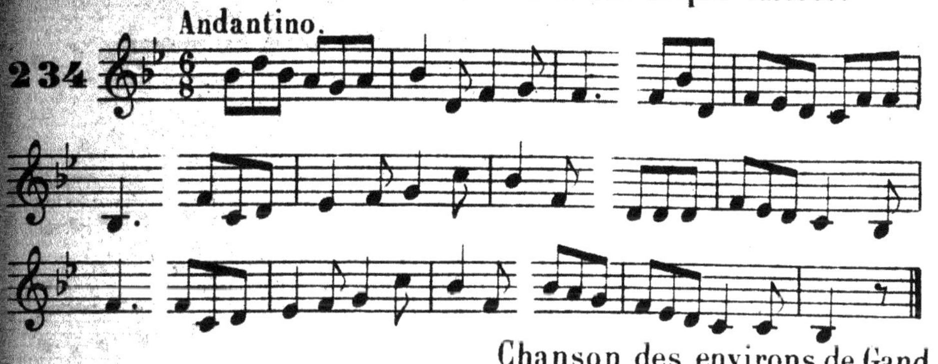

Chanson des environs de Gand.
(*O zoete bloemtjes van de horen.*)

Mesure à $\frac{12}{8}$ (à quatre temps).
(mesure composée de quatre mesures à $\frac{3}{8}$.)
Trois **croches** pour un temps.

Membres de coupes variées.

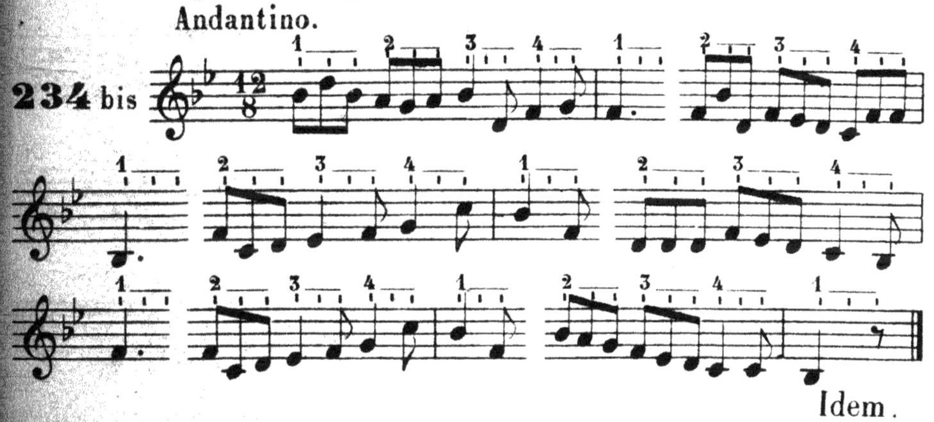

Idem.

Membres de deux (doubles) mesures.
(mesure composée de deux mesures à $\frac{3}{8}$.)

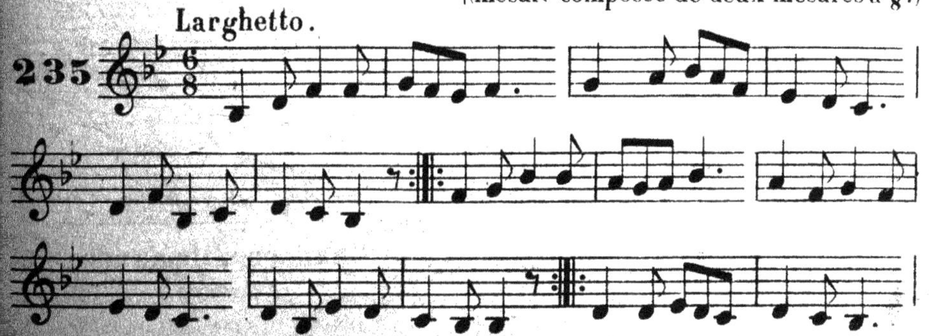

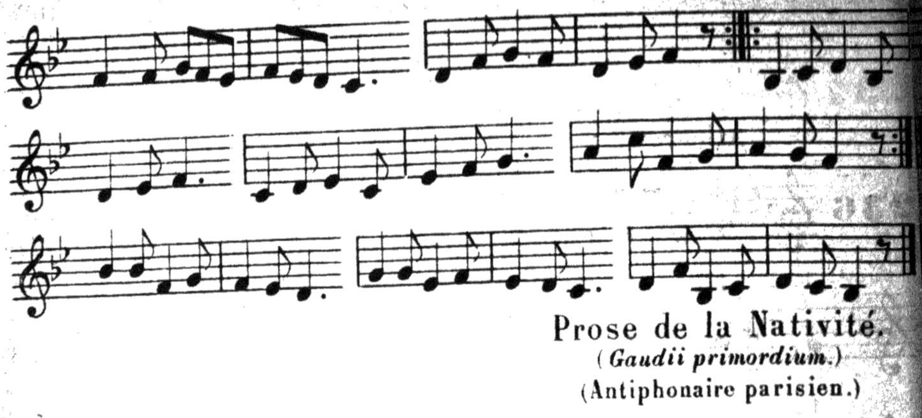

Prose de la Nativité.

(*Gaudii primordium.*)

(Antiphonaire parisien.)

Mesure à $\frac{12}{8}$: trois **croches pour** un temps.

Membres d'une (quadruple) mesure. (mesure composée de quatre mesures à $\frac{3}{8}$.)

Larghetto.

235 bis

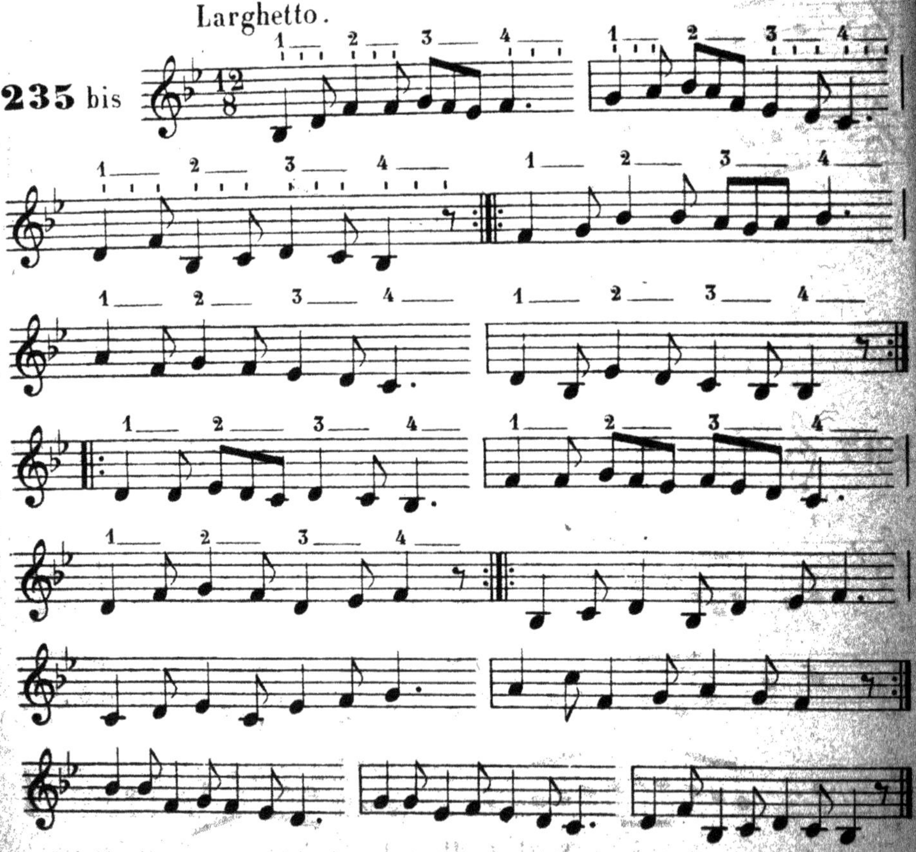

Idem.

Membres de coupes variées.
La mélodie commence par le 4e temps.

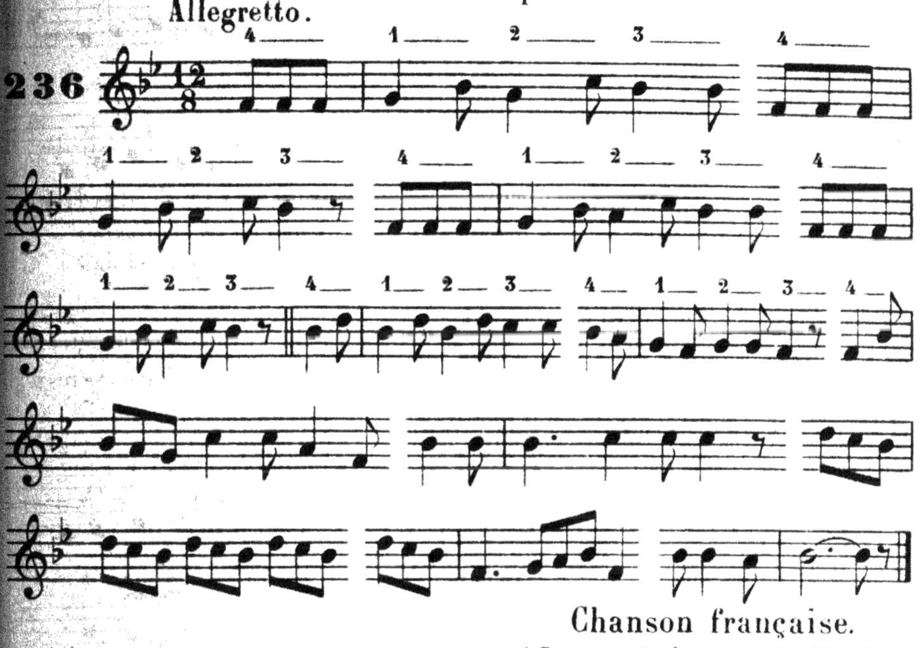

Chanson française.
(Courons la brune et la blonde.)

Membres d'une (quadruple) mesure.
La mélodie commence par le 2e temps.

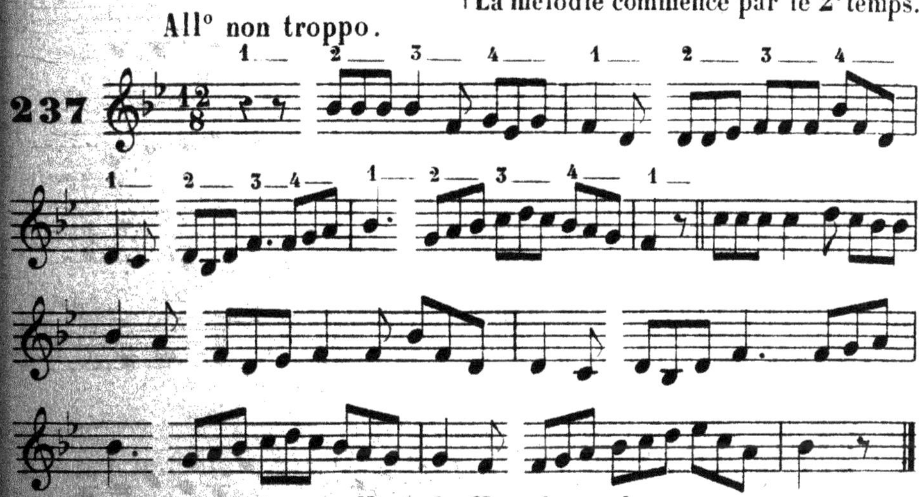

Noël de Hazebrouck (FLANDRE FRANÇAISE).
(Wat zang, wat klang van d'engelssche schaeren.)

Membres d'une mesure.
La mélodie commence par le 2e temps.

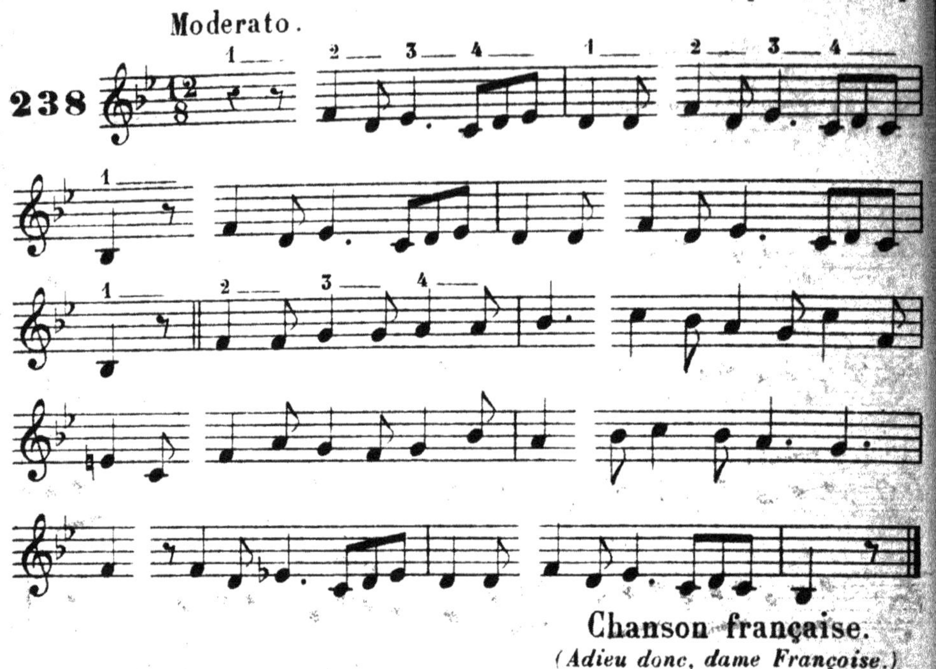

Chanson française.
(Adieu donc, dame Françoise.)

Membres d'une mesure.
La mélodie commence par le 2e temps.

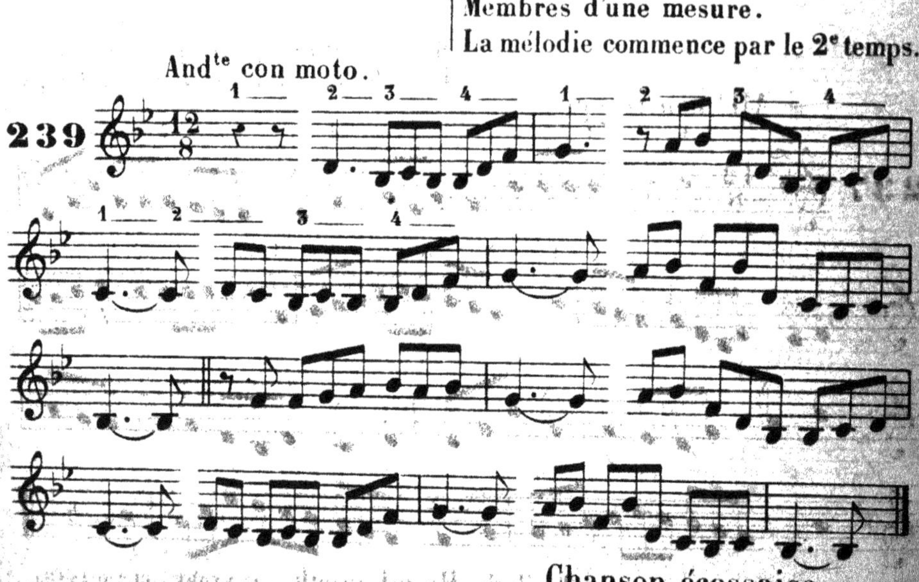

Chanson écossaise.
(I loe na a laddie but ane.)

La mélodie commence par le troisième tiers du 2e temps.

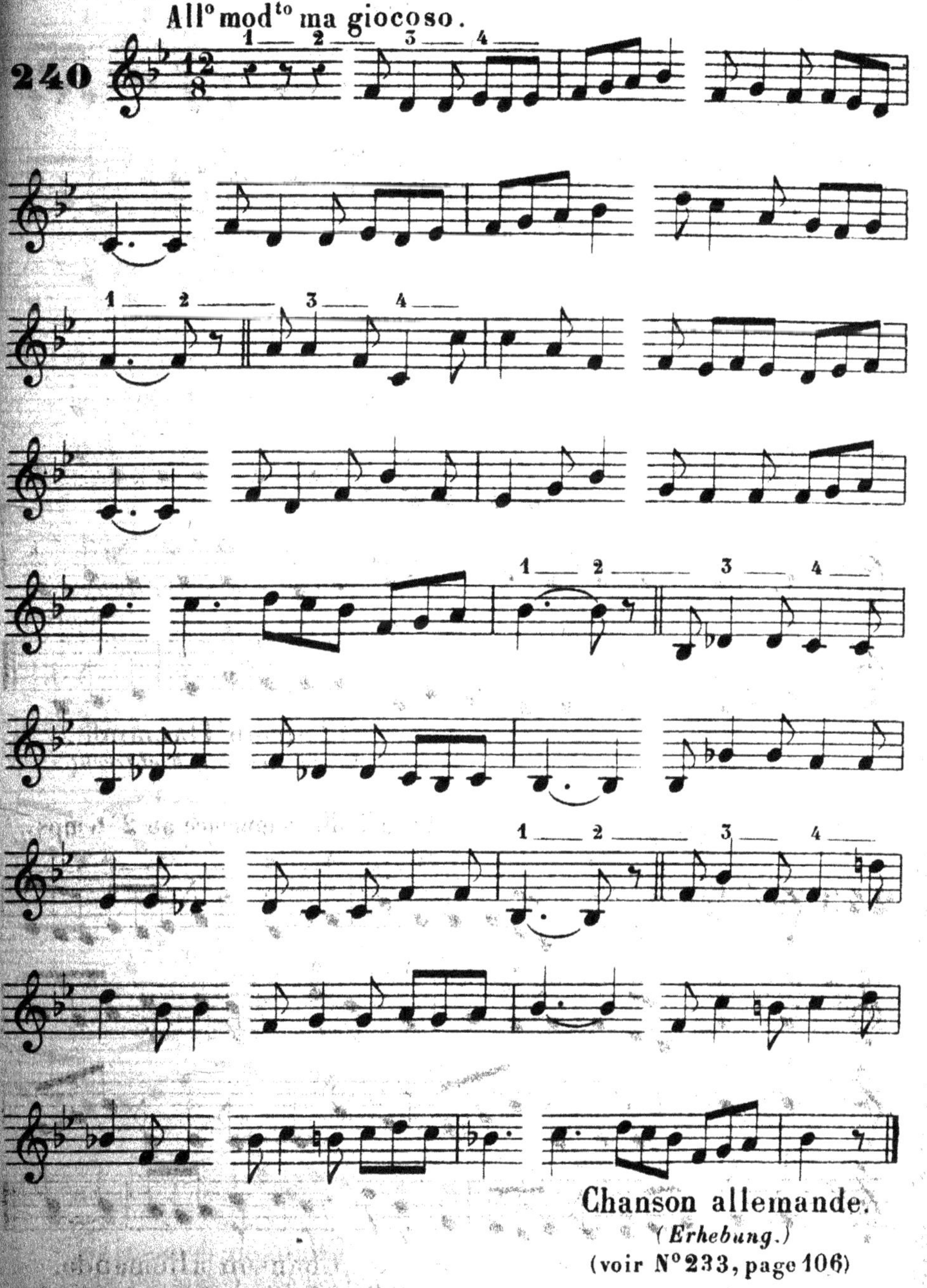

Chanson allemande.
(*Erhebung.*)
(voir N° 233, page 106)

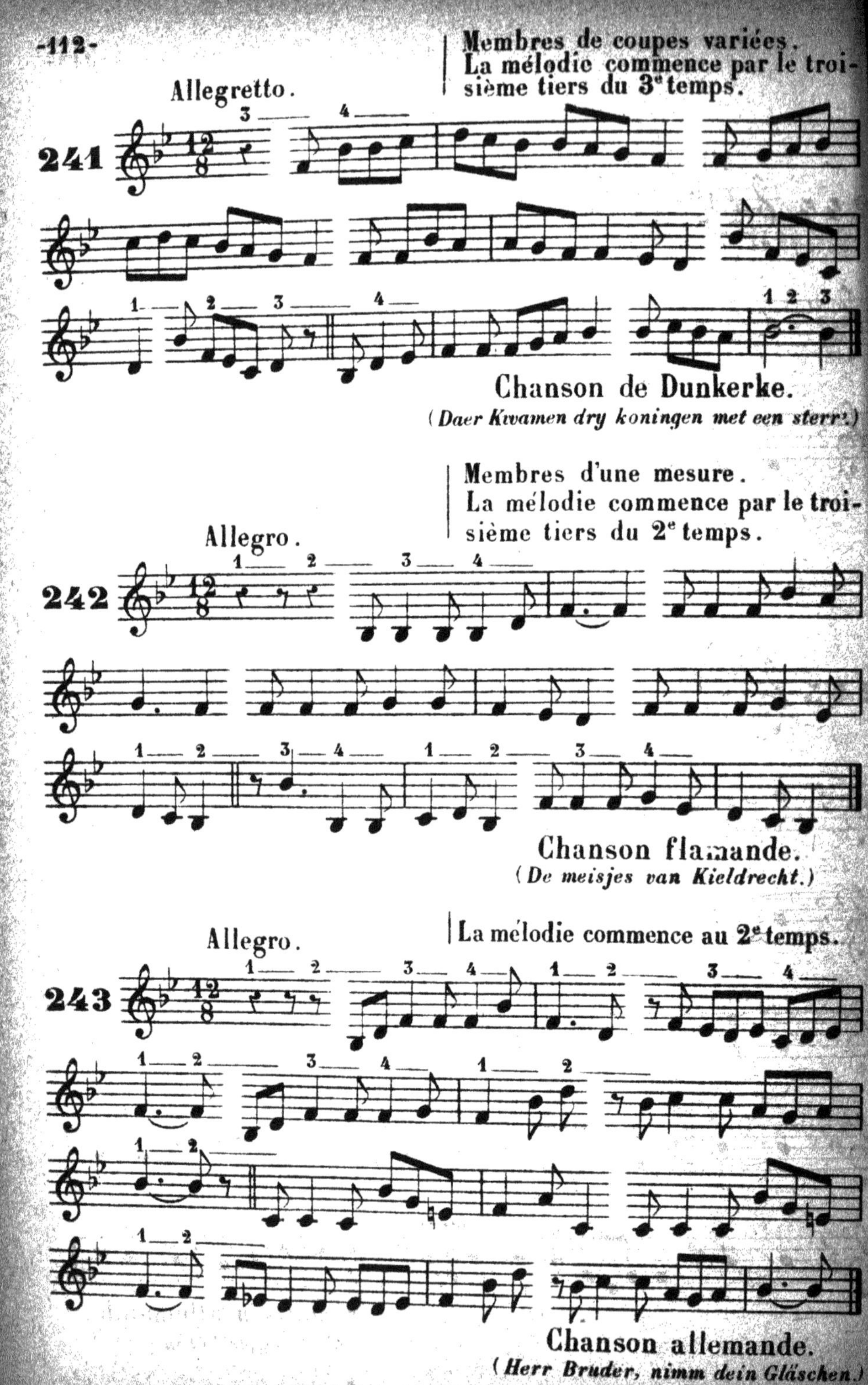
-112-
Membres de coupes variées.
La mélodie commence par le troisième tiers du 3e temps.
Allegretto.
241
Chanson de Dunkerke.
(Daer Kwamen dry koningen met een sterr.)
Membres d'une mesure.
La mélodie commence par le troisième tiers du 2e temps.
Allegro.
242
Chanson flamande.
(De meisjes van Kieldrecht.)
La mélodie commence au 2e temps.
Allegro.
243
Chanson allemande.
(Herr Bruder, nimm dein Gläschen.)

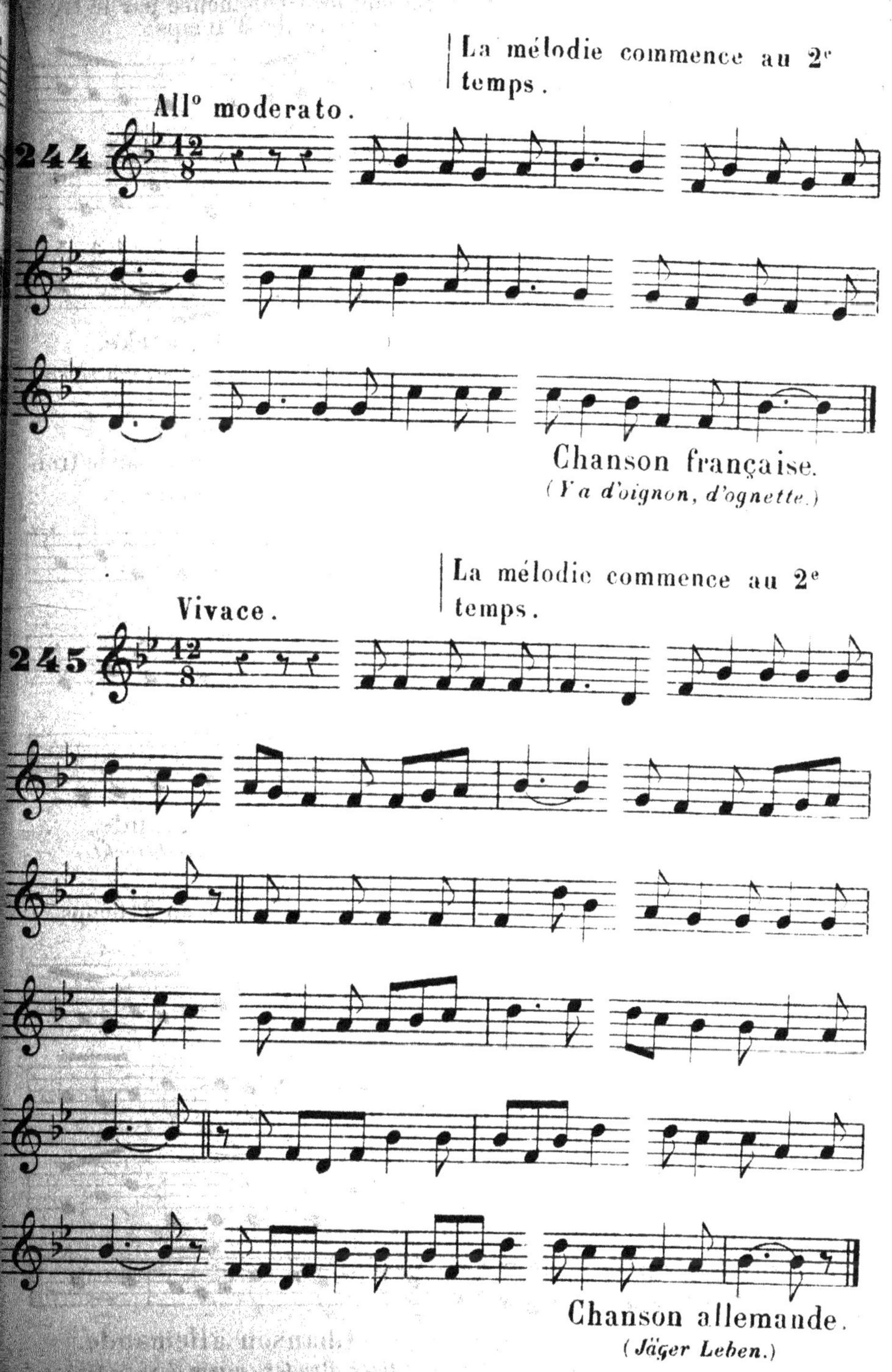
La mélodie commence au 2e temps.
Allº moderato.
244
Chanson française.
(Y a d'oignon, d'ognette.)
La mélodie commence au 2e temps.
Vivace.
245
Chanson allemande.
(Jäger Leben.)

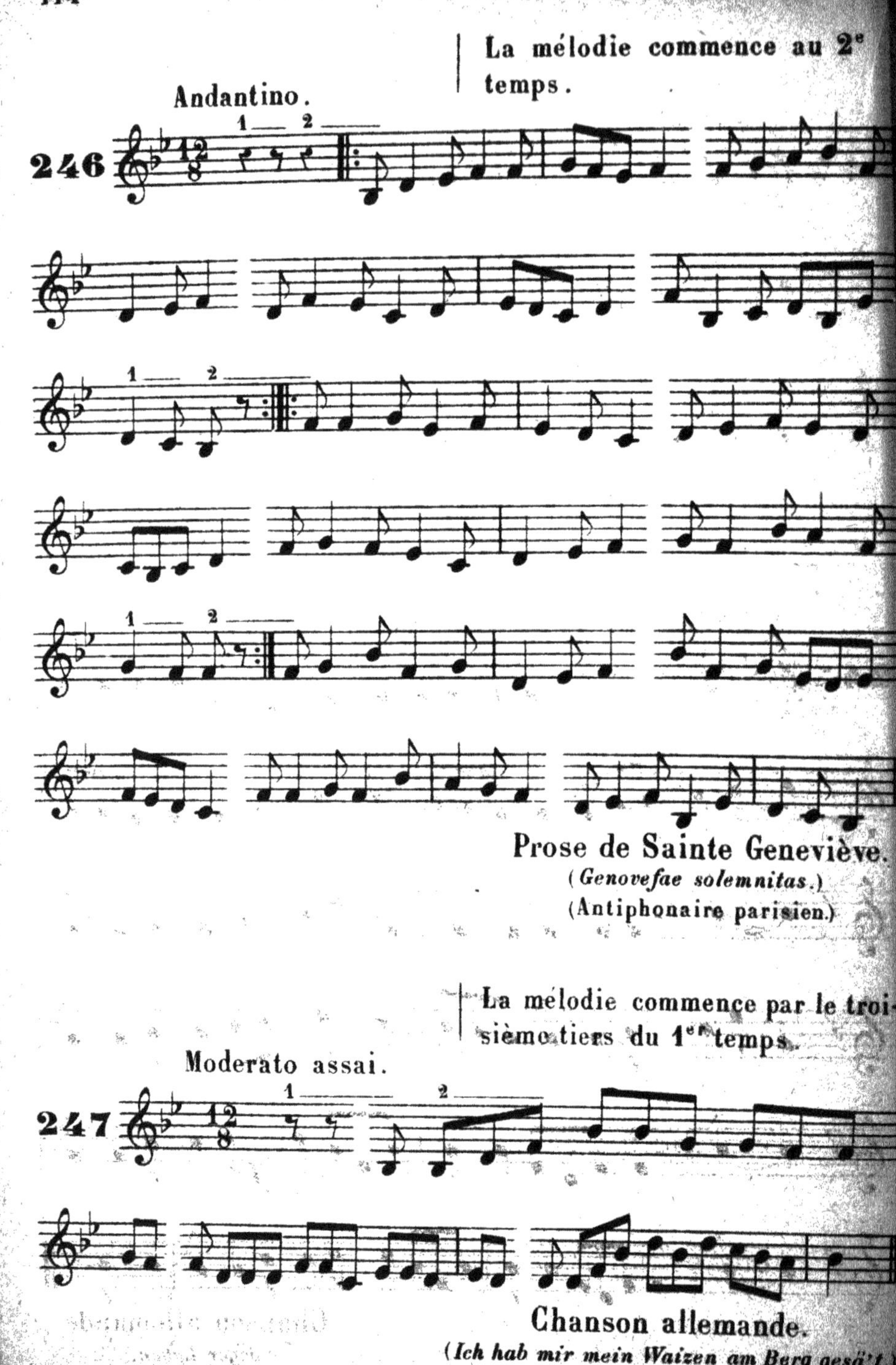
La mélodie commence au 2e temps.
Andantino.
246
1
2
Prose de Sainte Geneviève.
(Genovefae solemnitas.)
(Antiphonaire parisien.)
La mélodie commence par le troisième tiers du 1er temps.
Moderato assai.
247
1
2
Chanson allemande.
(Ich hab mir mein Waizen am Berg gesä't.)

LEÇONS

À TEMPS DIVISÉS PAR QUATRE

(TEMPS BINAIRES)

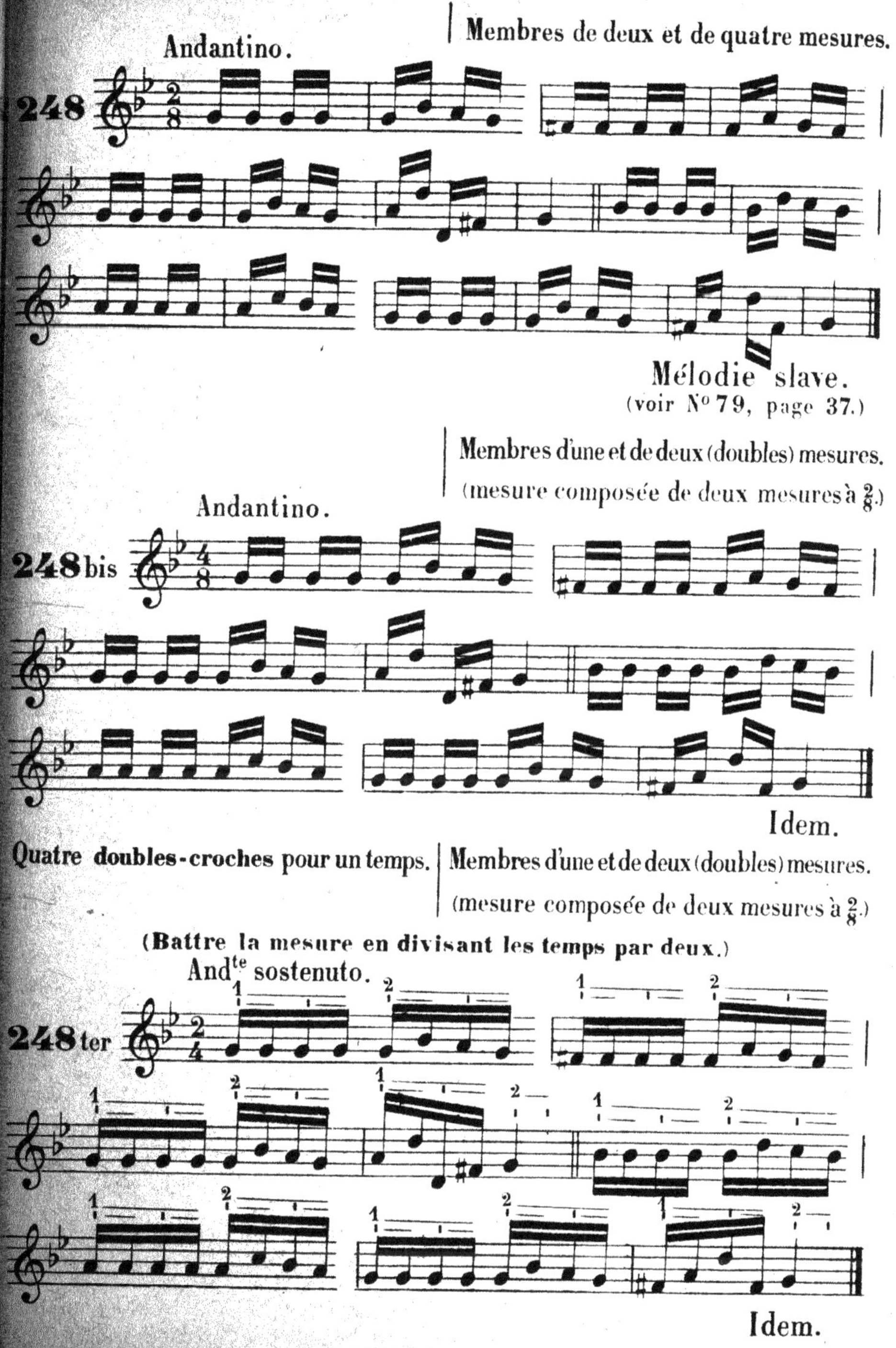
Membres de deux et de quatre mesures.
Andantino.
248
Mélodie slave.
(voir N° 79, page 37.)
Membres d'une et de deux (doubles) mesures.
(mesure composée de deux mesures à 2/8.)
Andantino.
248 bis
Idem.
Quatre doubles-croches pour un temps.
Membres d'une et de deux (doubles) mesures.
(mesure composée de deux mesures à 2/8.)
(Battre la mesure en divisant les temps par deux.)
And^te sostenuto.
248 ter
Idem.

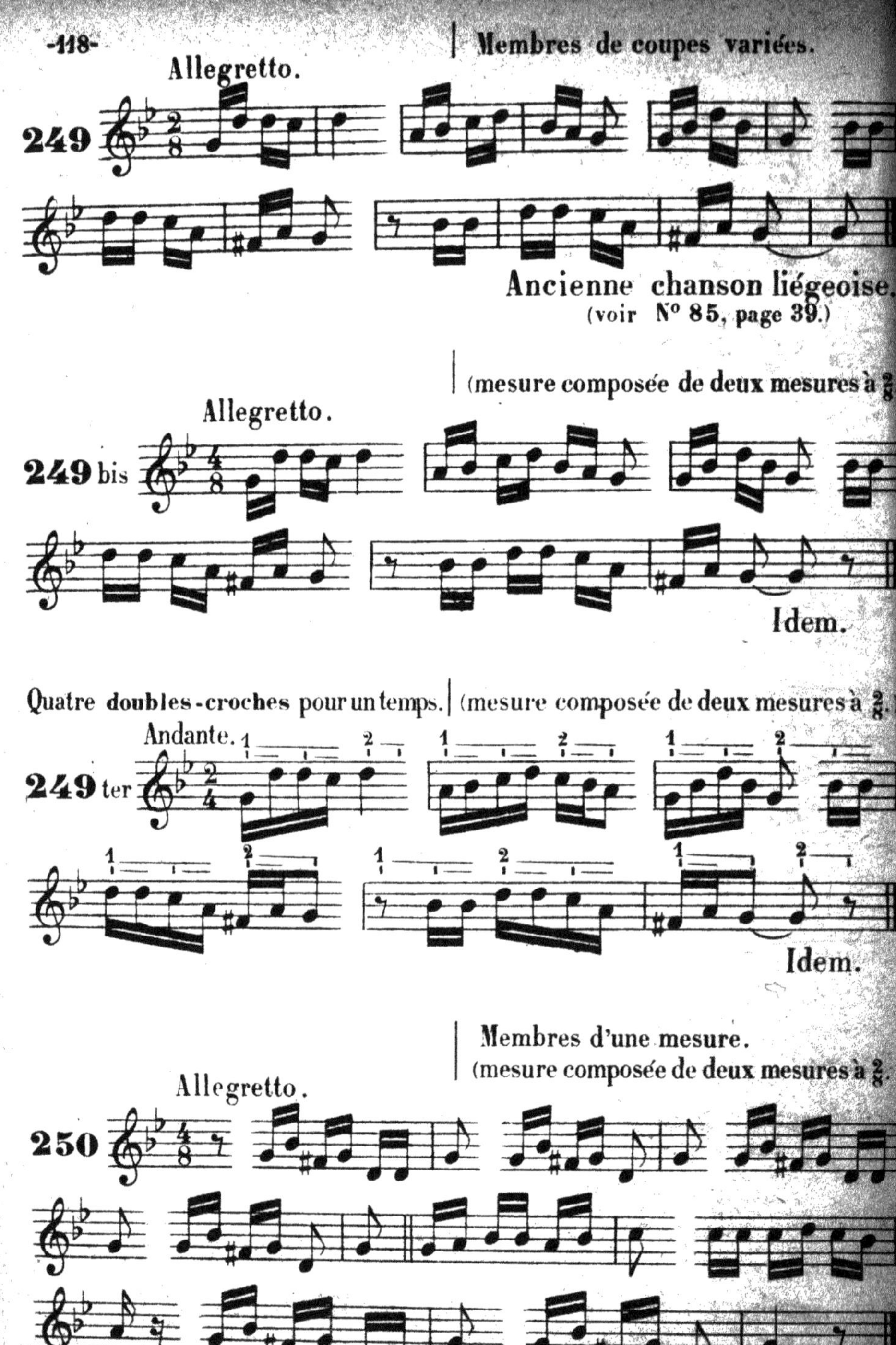

Chanson française du XVIIe siècle.
(Va-t-en voir s'ils viennent, Jean.)
(voir N° 82, page 38.)

Quatre doubles-croches pour un temps.

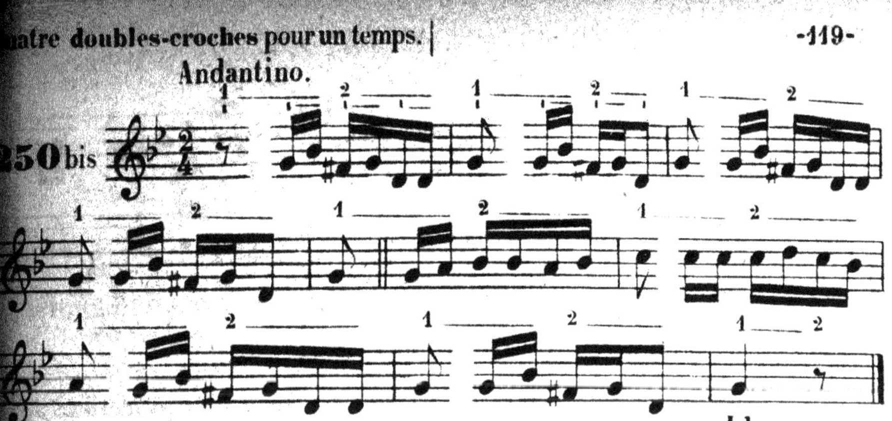

Idem.

Quatre doubles-croches pour un temps. | Membres de deux mesures.

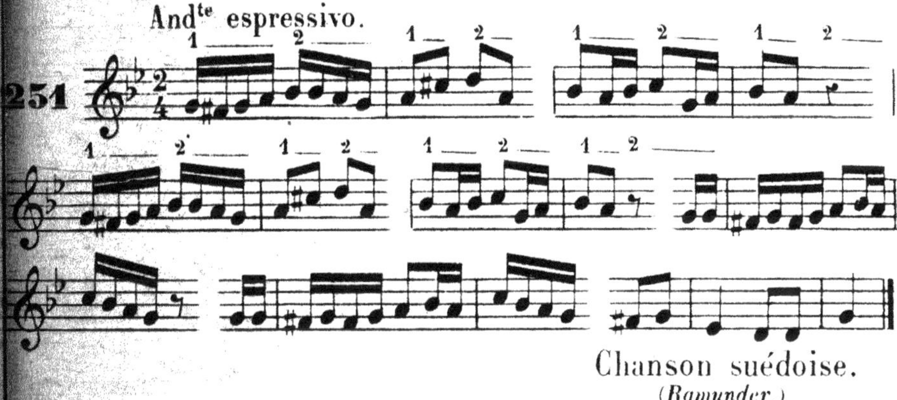

Chanson suédoise.
(Ramunder.)

Quatre doubles-croches pour un temps. | Membres de deux mesures.

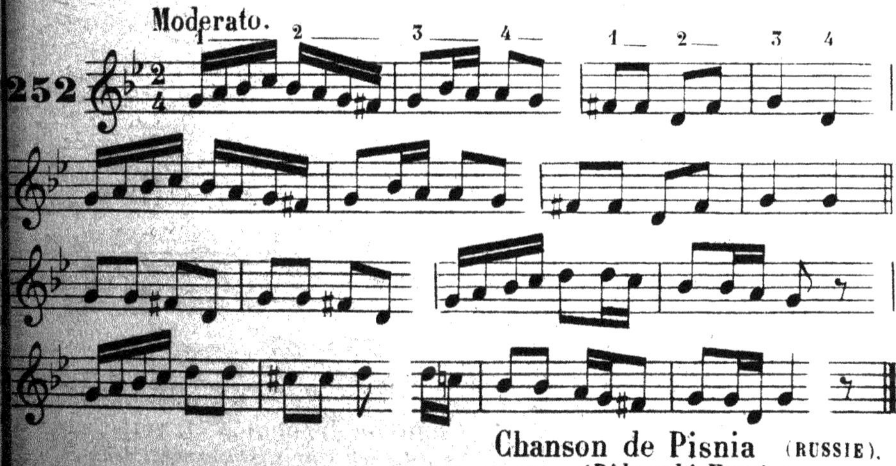

Chanson de Pisnia (RUSSIE).
(Bidu sobi Kupyla.)

Membres de deux et de trois mesures.
La mélodie commence par le temps levé.

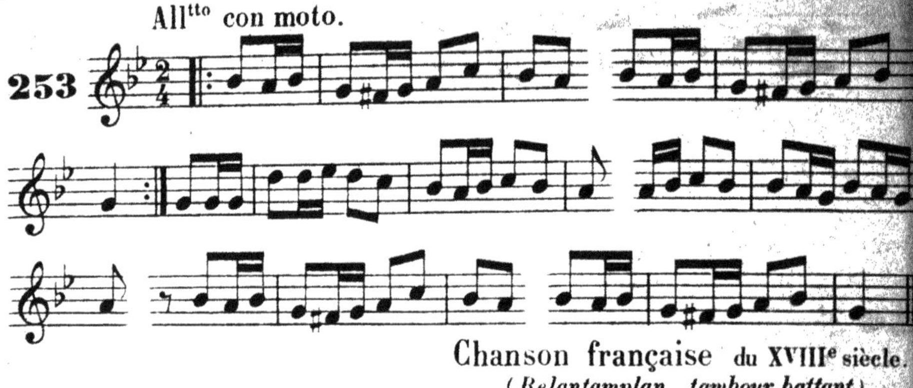

Chanson française du XVIIIᵉ siècle.
(Relantamplan, tambour battant.)

Membres de deux et de trois mesures.

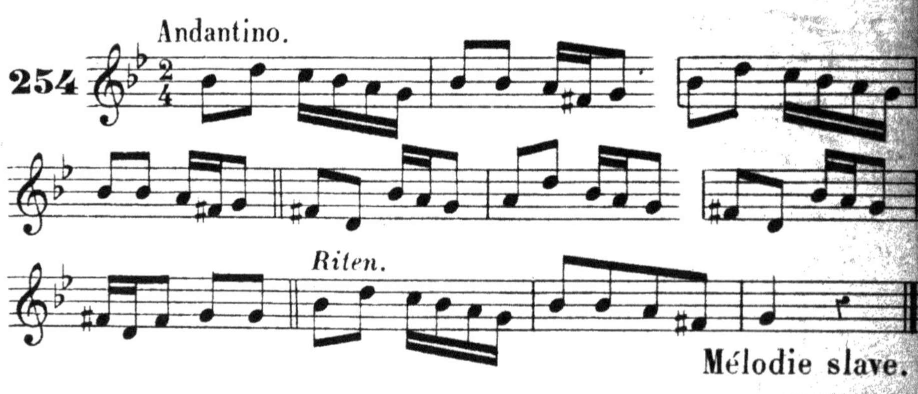

Mélodie slave.

Membres de deux et de trois mesures.
La mélodie commence par la seconde moitié du temps levé.

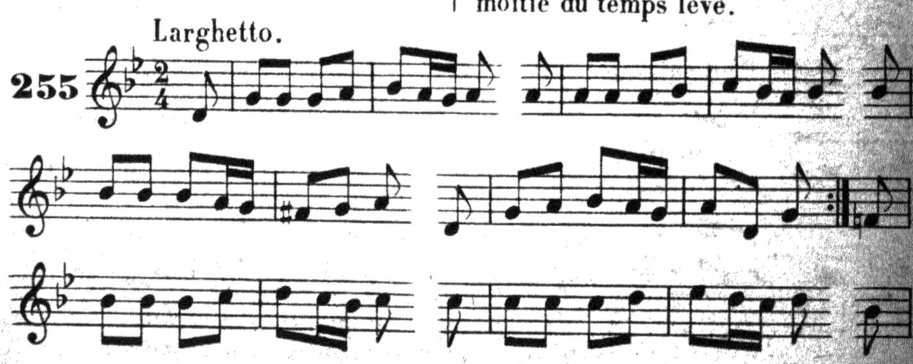

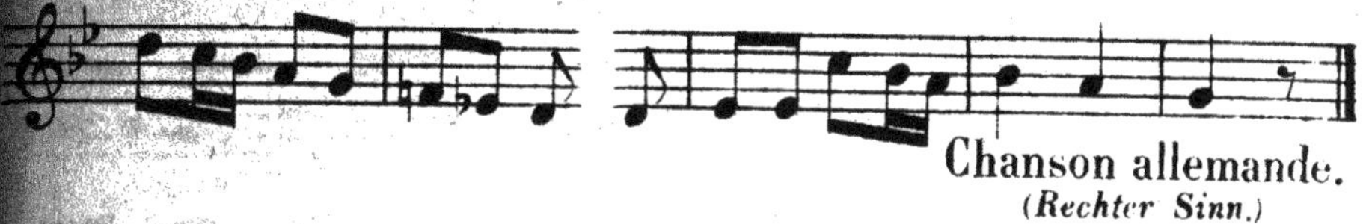

Chanson allemande.
(Rechter Sinn.)

Membres de deux mesures.
La mélodie commence au temps levé.

Scherzando.

256

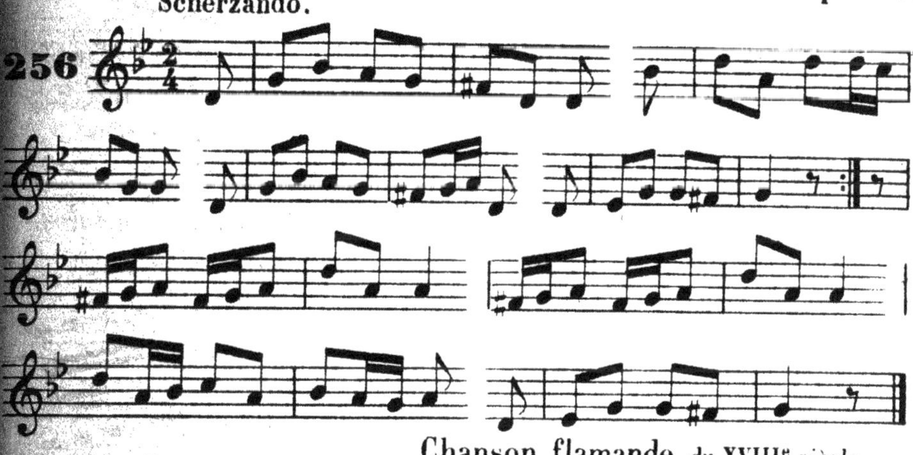

Chanson flamande du XVIIIe siècle.
(Aenwakkering tot vreugd.)

Membres d'une mesure.
(mesure composée de trois mesures à $\frac{2}{8}$.)
La mélodie commence par le 2e temps.

Mod^to assai.

257

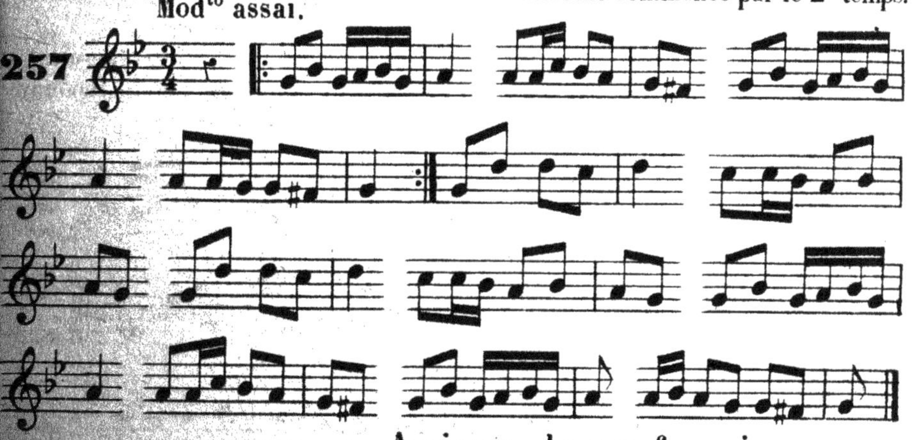

Ancienne chanson française.
(Ils sont bien pellez, ceux qui font la gorre.)

Membres de deux et d'une mesures.
La mélodie commence par le 3e temp

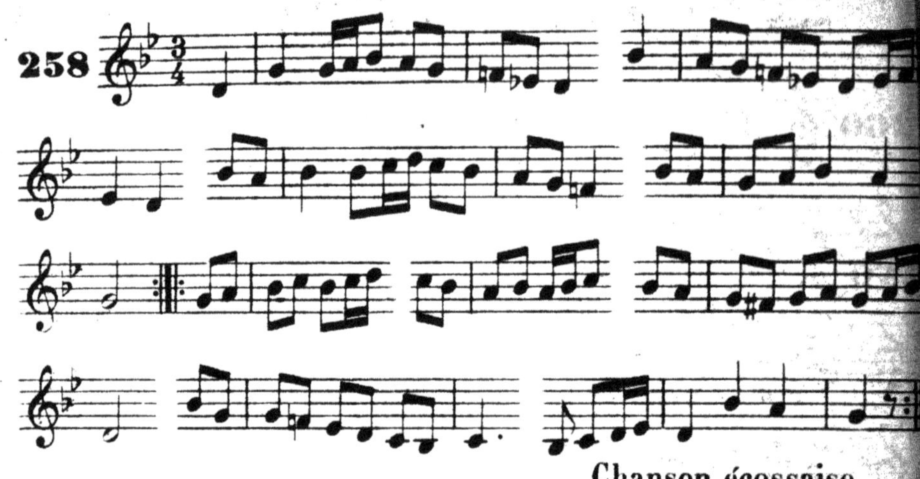

Chanson écossaise.
(Here 's a Health to mystrue love.)

Membres d'une mesure.
(mesure composée de deux mesures à $\frac{2}{4}$.
La mélodie commence par le 2e temps.

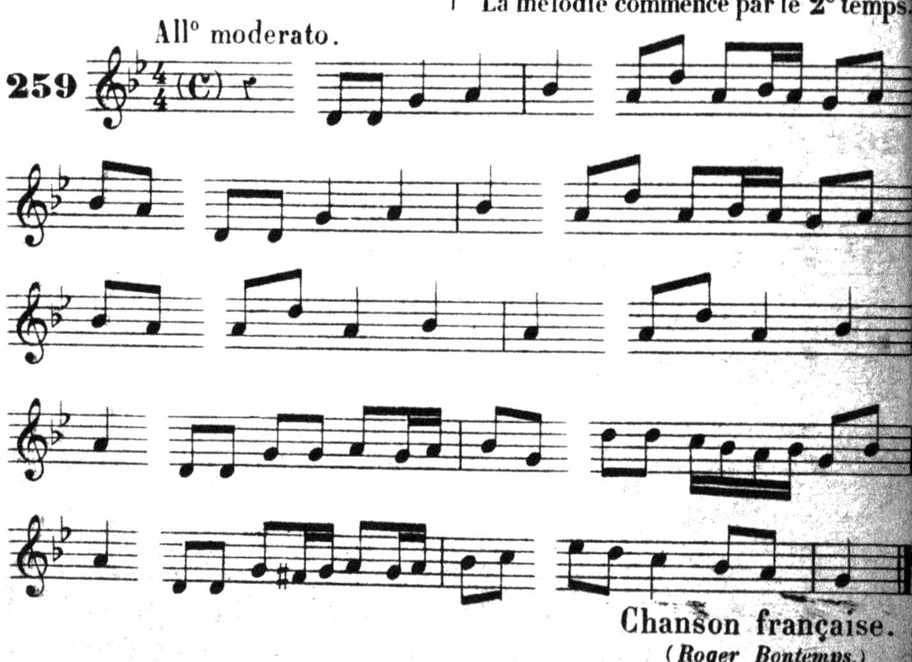

Chanson française.
(Roger Bontemps.)

Membres d'une et de deux mesures.
(mesure composée de deux mesures à $\frac{2}{4}$.)
La mélodie commence par le 4e temps.

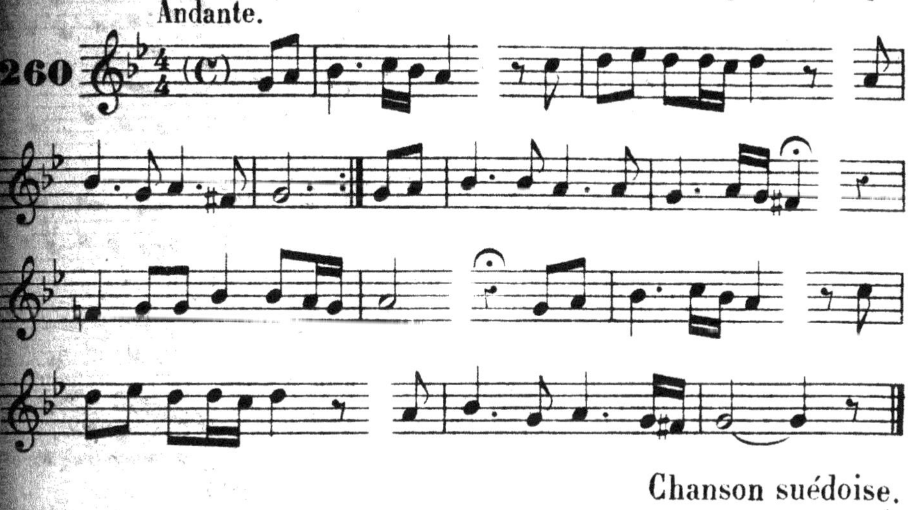

Chanson suédoise.

Membres de deux et de quatre mesures.

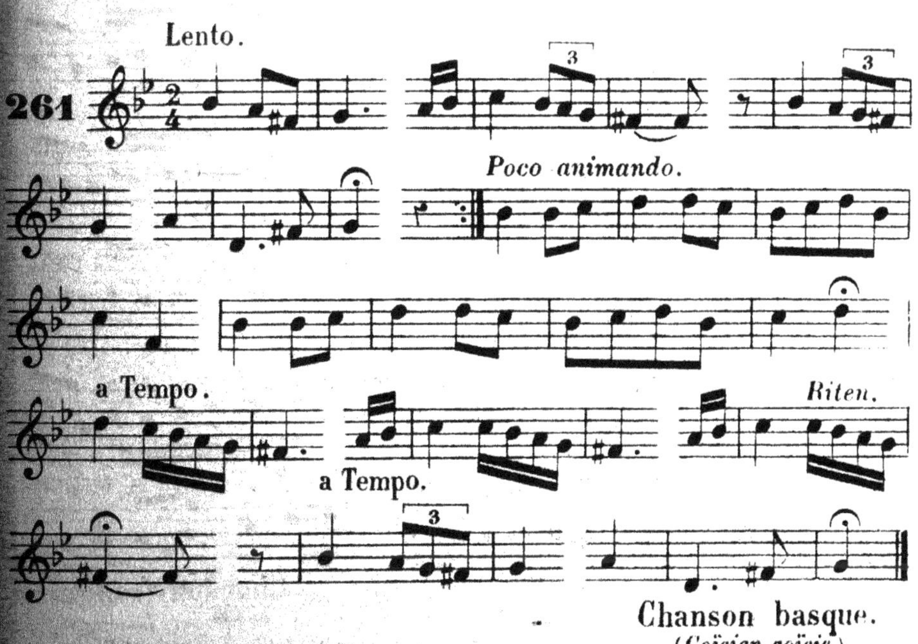

Chanson basque.
(Goïcian, goïcie.)

TON DE LA MAJEUR

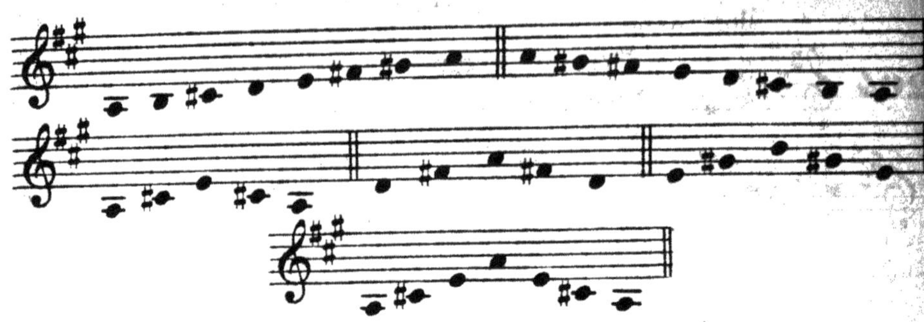

| Membres de deux mesures.
| La mélodie commence par la seconde moitié du temps levé.

Gaîment.

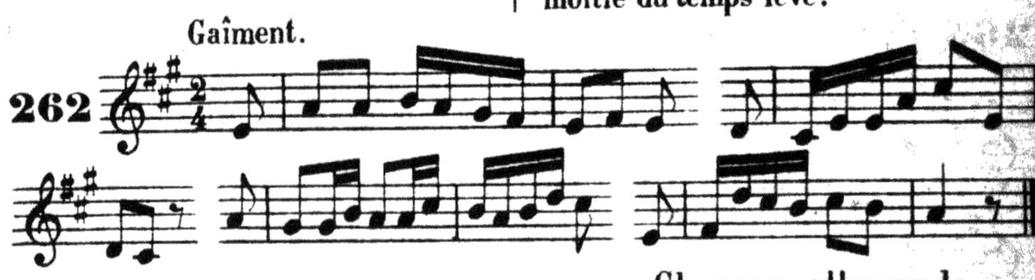

Chanson allemande.
(Das Waisenmädschen und der Reiche.)

| Membres de coupes variées.

All° vivace.

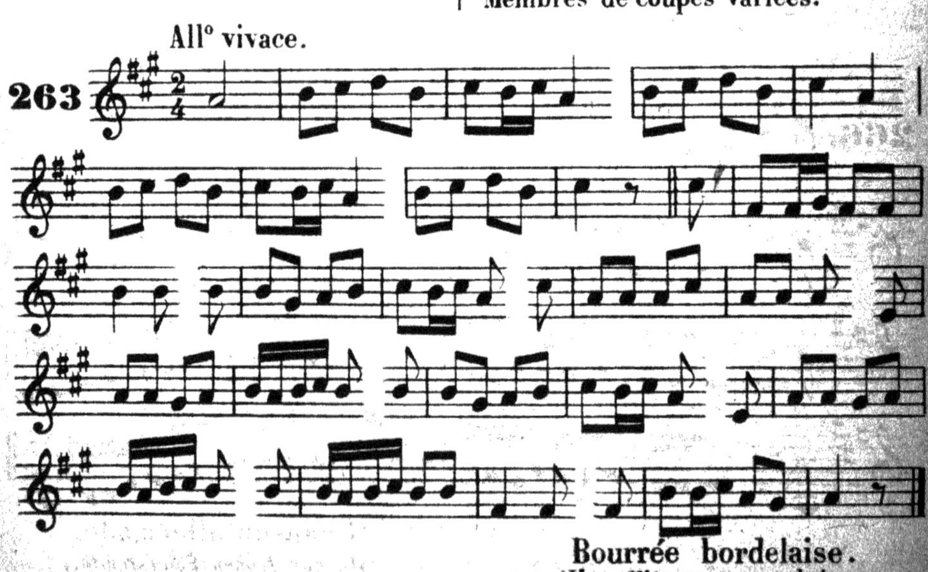

Bourrée bordelaise.
(Il suffit qu'ça me plaise.)

Membres de coupes variées.
La mélodie commence par le 3e temps.

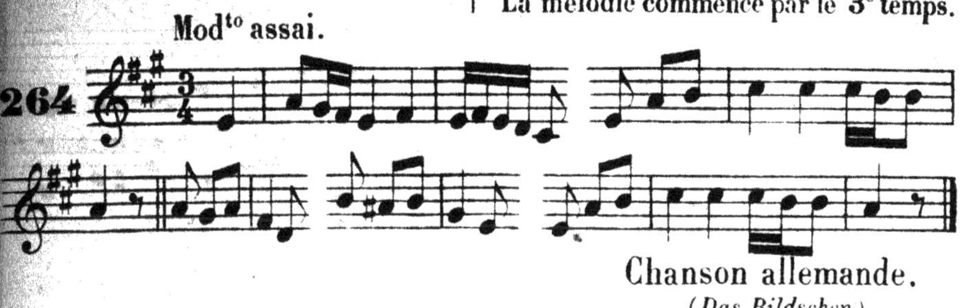

Chanson allemande.
(Das Bildschen.)

Membres de deux mesures.
La mélodie commence par le temps levé.

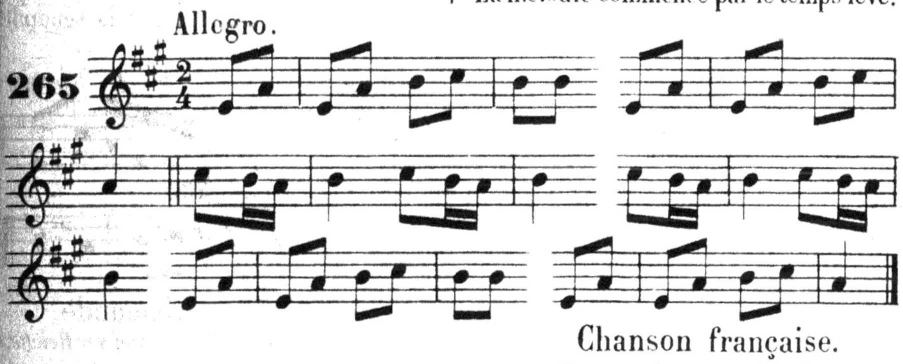

Chanson française.
(Ma commère, quand je danse.)

Membres de deux mesures.
La mélodie commence par le temps levé.

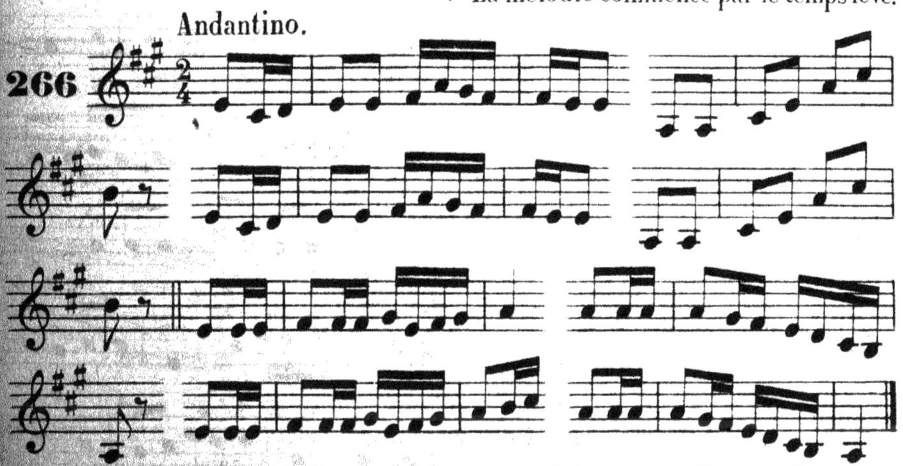

Chanson allemande.
(Wo zur frohen Feierstunde.)

Membres de coupes variées.
La mélodie commence par le temps levé.

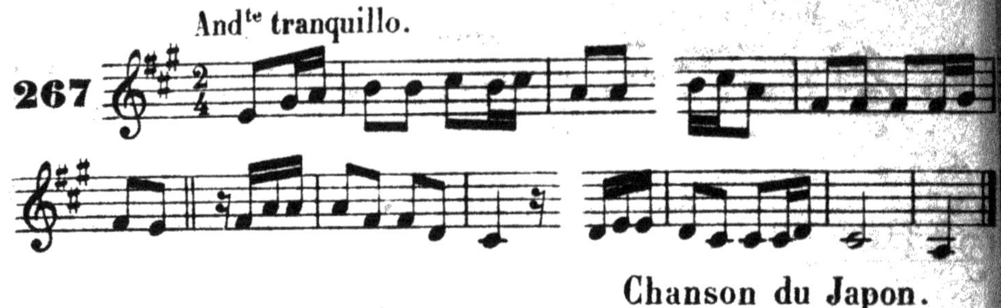

Chanson du Japon.

Membres de deux mesures.

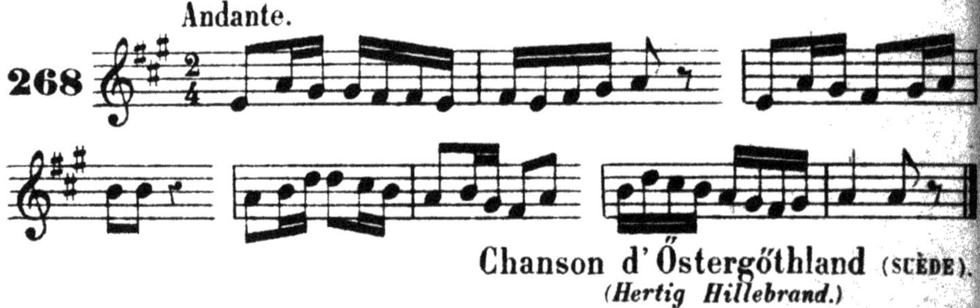

Chanson d'Östergőthland (SUÈDE).
(Hertig Hillebrand.)

Membres de coupes variées.
La mélodie commence par la seconde moitié du 1er temps.

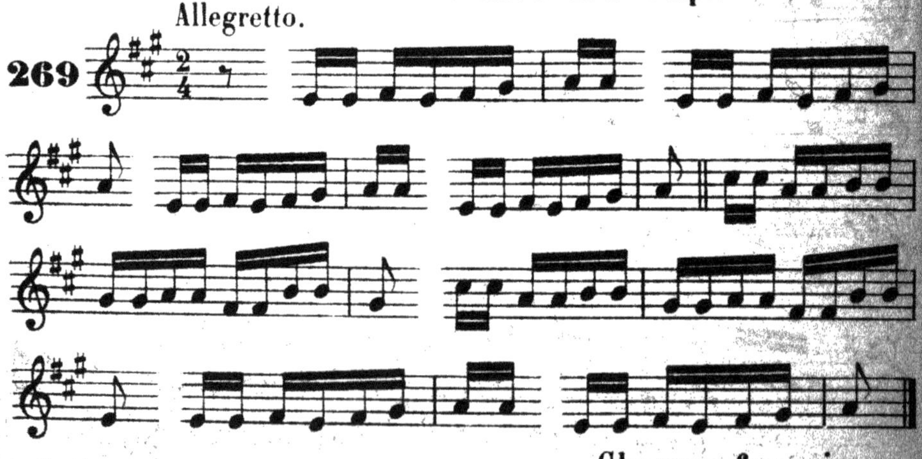

Chanson française.
(La loterie est la chance.)

Membres de coupes et de mesures diverses.

Mod[to] assai.

270

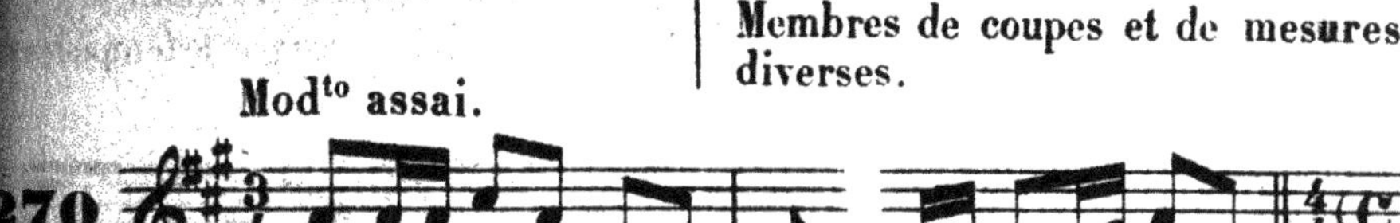

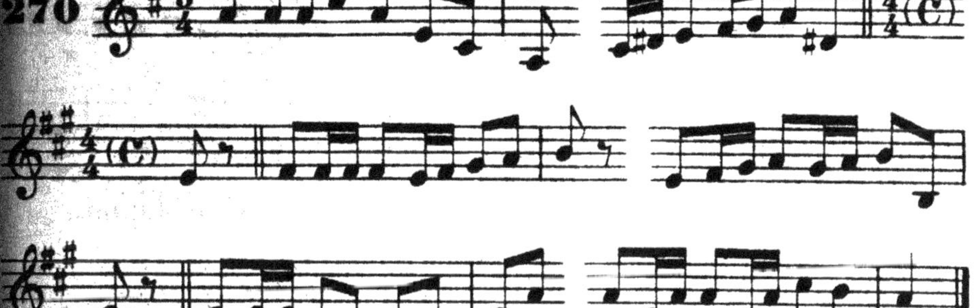

Chanson allemande.
(Uns deutsche Burschen stolz und kühn.)

Membres de deux mesures.
La mélodie commence par la seconde moitié du temps levé.

Con moto vivace.

271

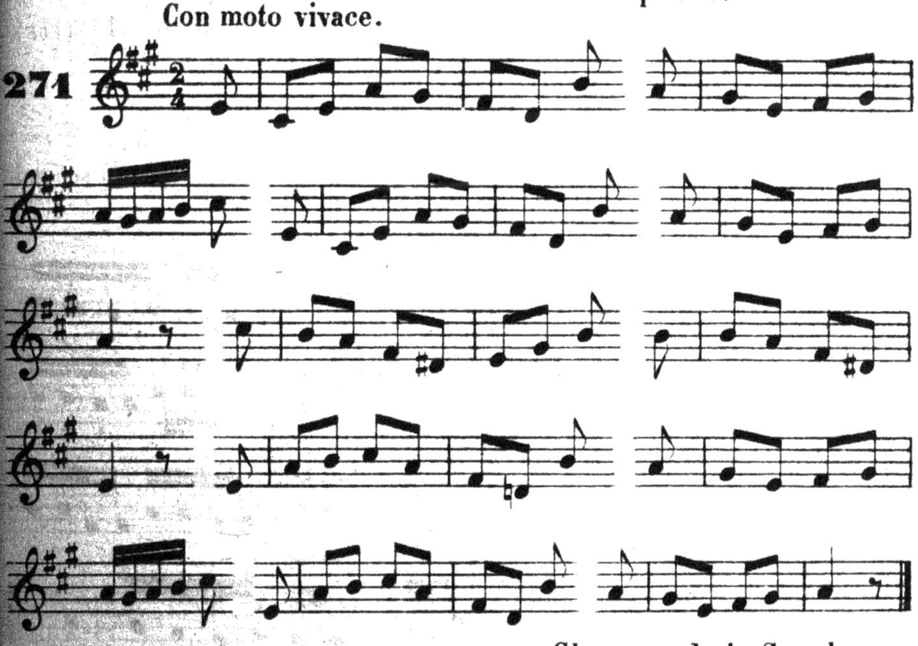

Chanson de la Souabe.
(An Schlösser hat an S'sellen.)

Membres de deux mesures.

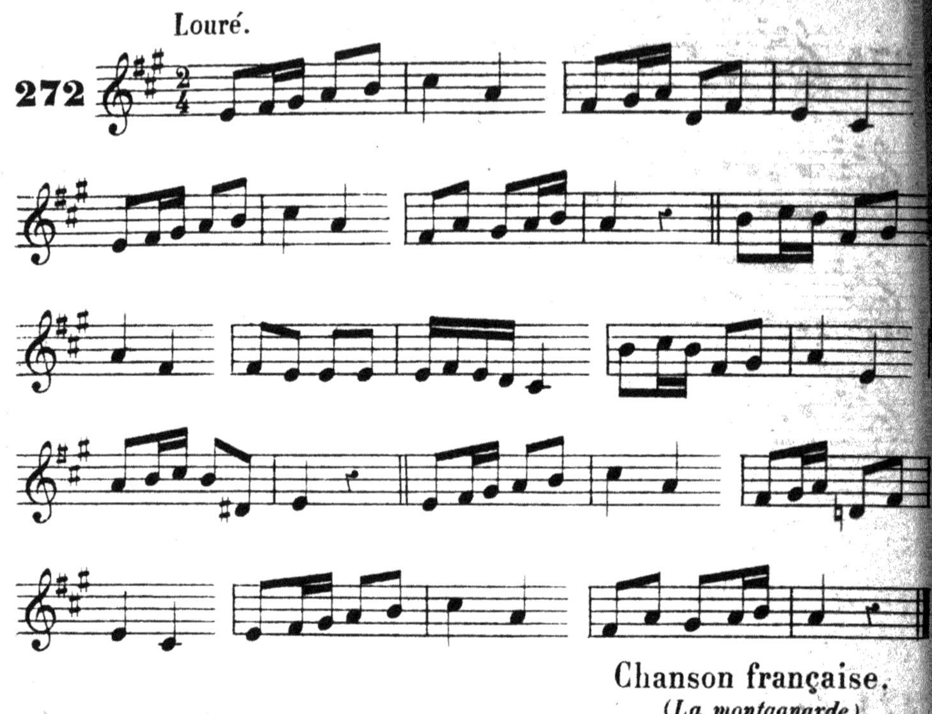

Chanson française.
(La montagnarde.)

Membres de deux mesures.
La mélodie commence par le temps levé.

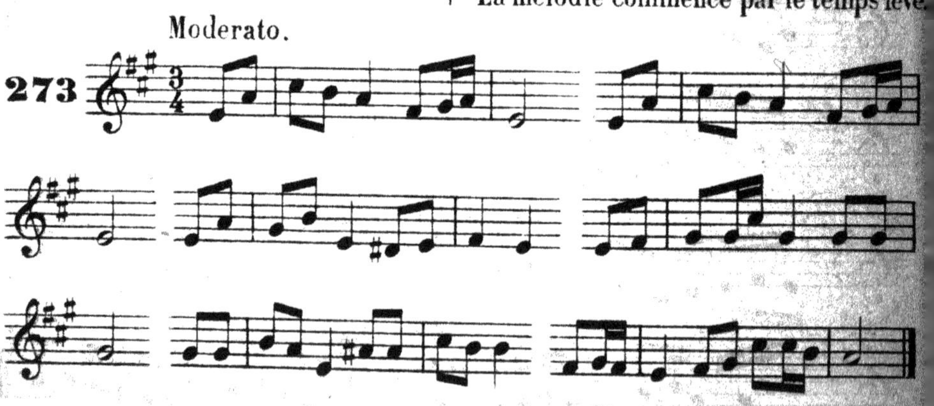

Chanson allemande.
(Schaust so freundlich aus.)

Membres de quatre mesures.

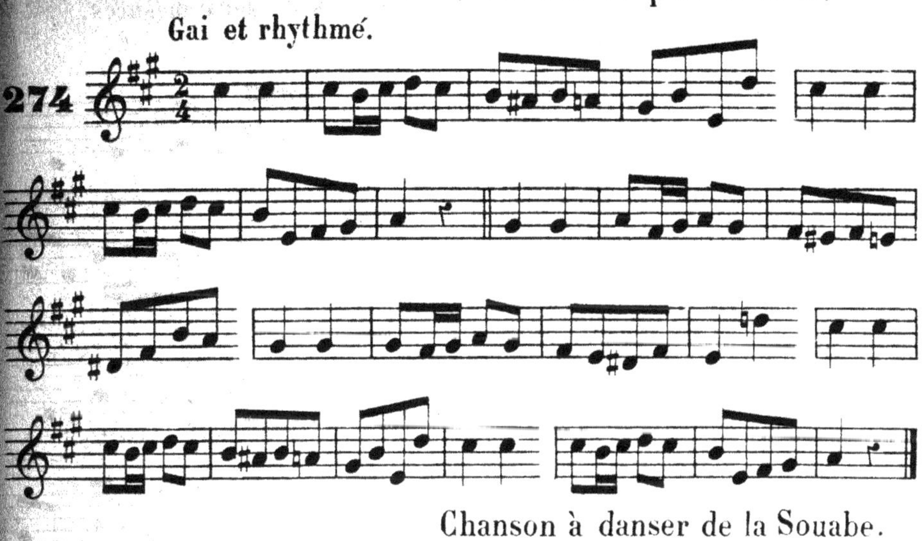

Chanson à danser de la Souabe.

Membres de coupes variées.
La mélodie commence par le temps levé.

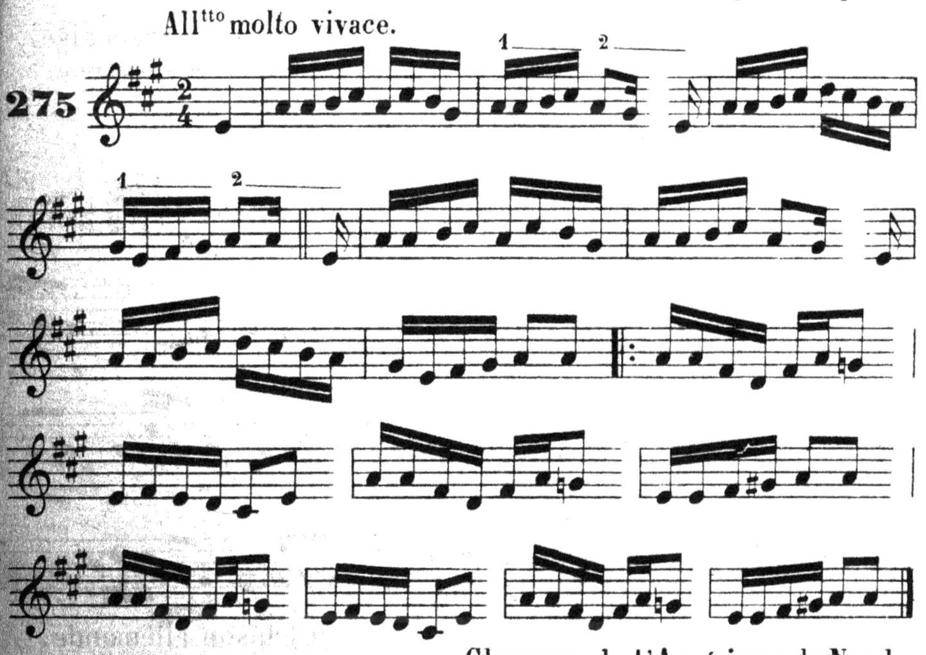

Chanson de l'Amérique du Nord.
(Yankee doodle.)

Une croche pointée suivie d'une double-croche ♪.♬ pour un temps. | Membres de coupes variées.

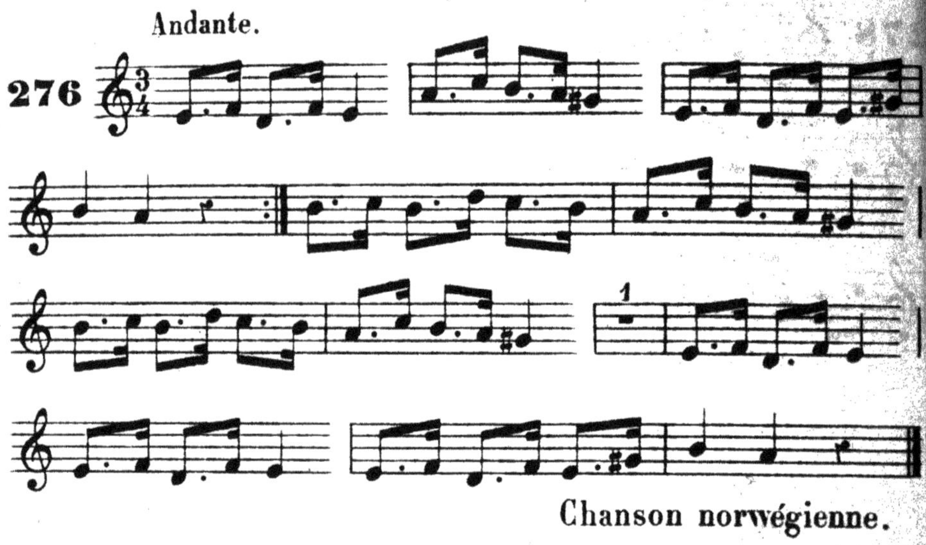

Chanson norwégienne.

Une croche pointée et une double-croche pour un temps. | Membres de deux mesures. La mélodie commence par la seconde moitié du temps frappé.

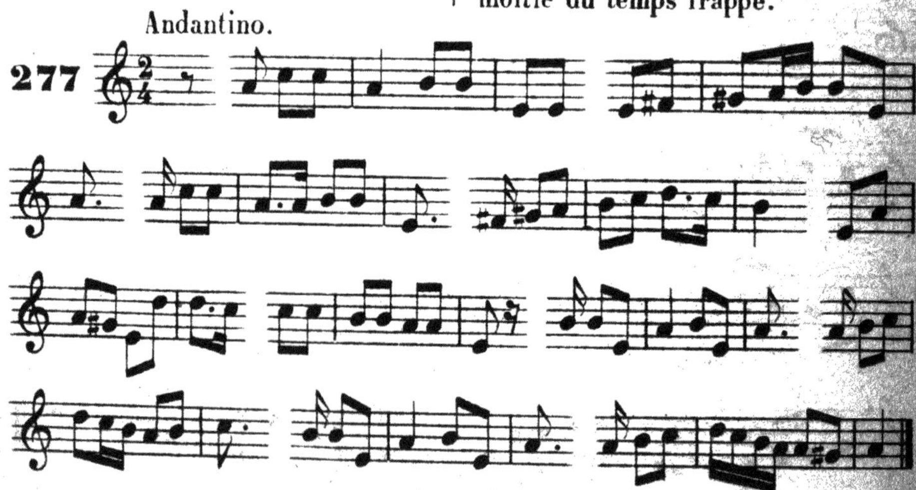

Chanson française.
(Je suis modeste et soumise.)

Une croche pointée et une double-croche pour un temps.

Membres de deux mesures.

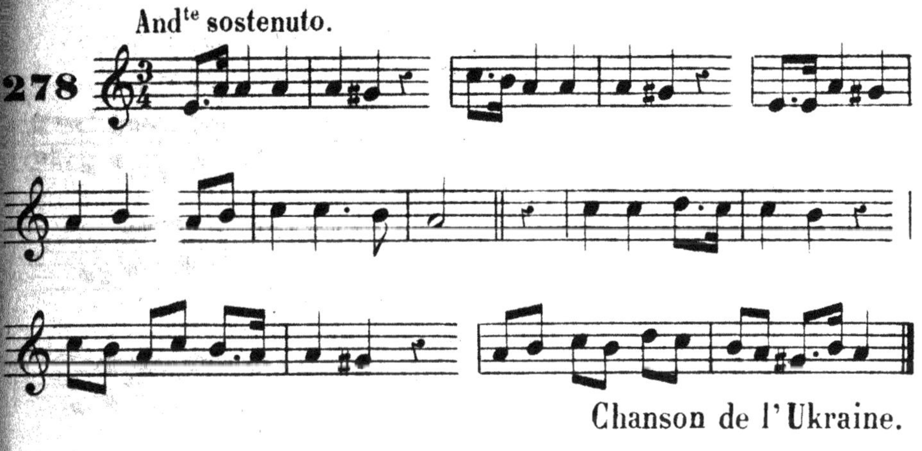

Chanson de l'Ukraine.

Membres de coupes variées.

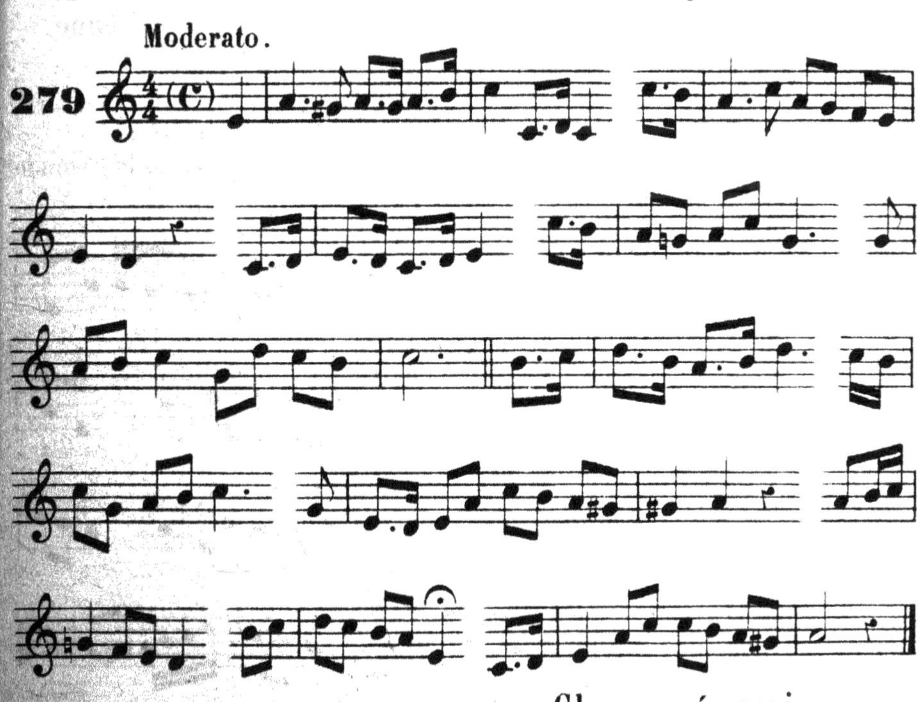

Chanson écossaise.

(As Sylvia in a forest lay.)

Membres de quatre mesures.
La mélodie commence par la seconde moitié du temps levé.

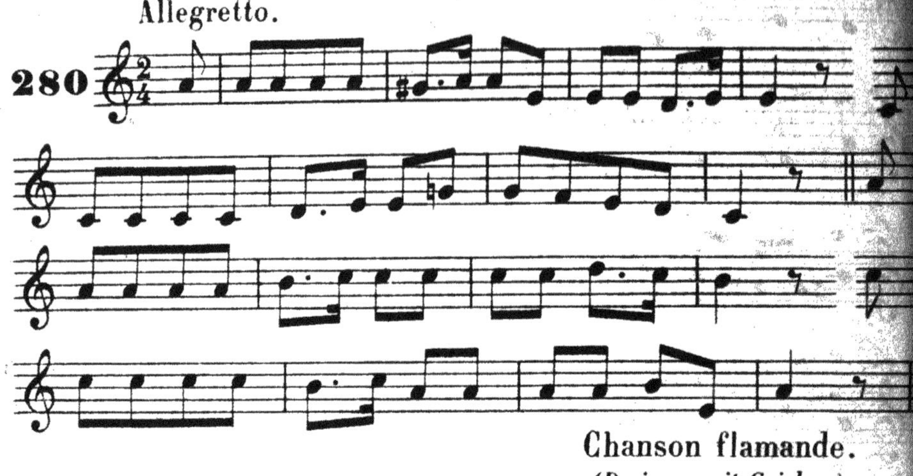

Chanson flamande.
(De jaeger uit Grieken.)

Membres de coupes variées.
La mélodie commence au temps levé.

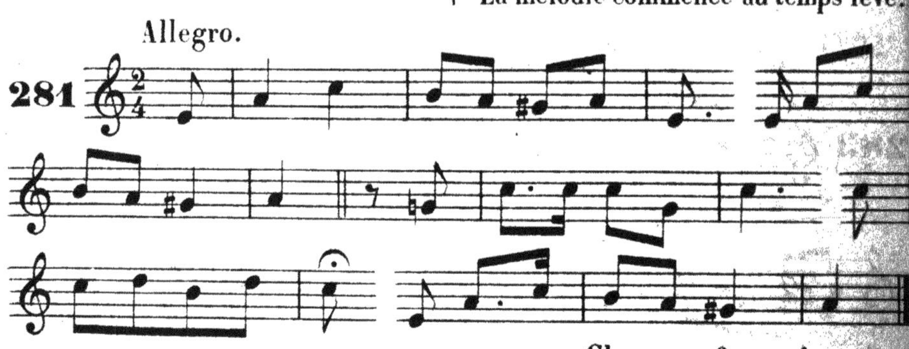

Chanson française.
(Un chevalier, deux chevaliers.)

Membres de deux mesures.
La mélodie commence par la seconde moitié du 2e temps.

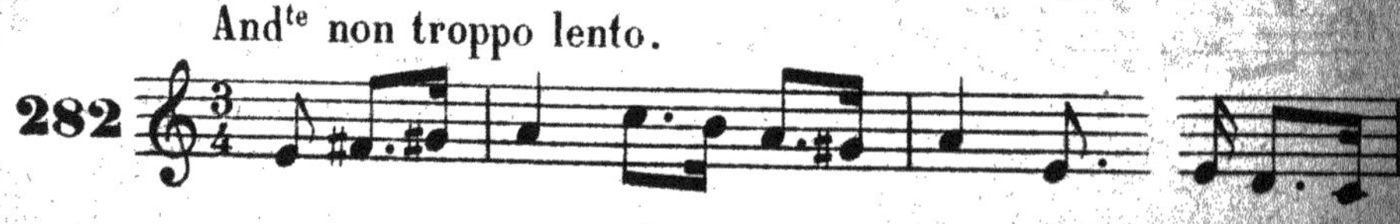

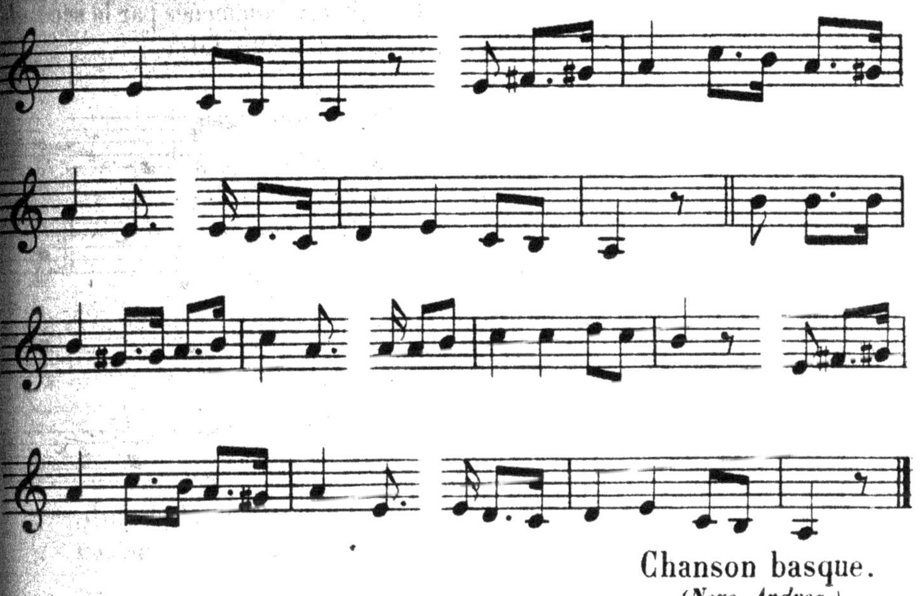

Chanson basque.
(Nere Andrea.)

Membres de deux et de quatre mesures.
La mélodie commence au temps levé.

Mod^{to} assai e sempre dolce.

283

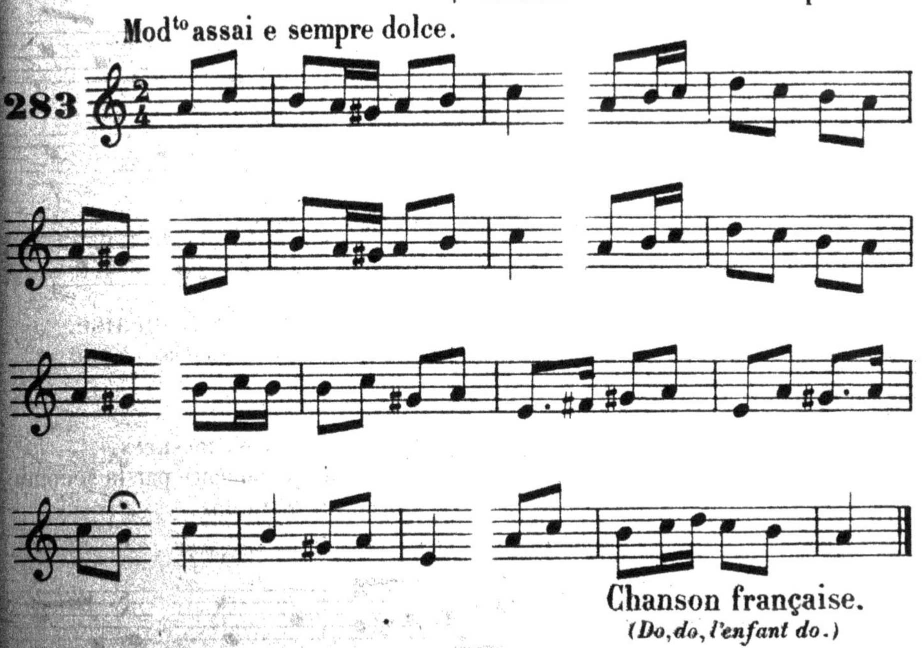

Chanson française.
(Do, do, l'enfant do.)

Membres de coupes variées.
La mélodie commence par le 2e temps.

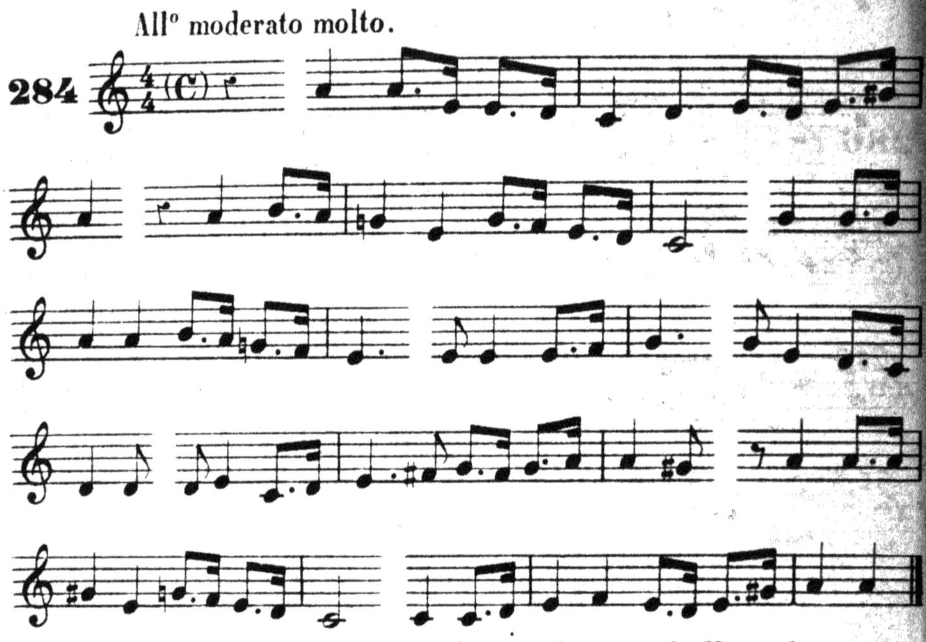

Très ancienne chanson de Hazenbrouck
(FLANDRE FRANÇAISE).
(Hoort al te samen.)

Membres de deux mesures.
La mélodie commence au temps levé.

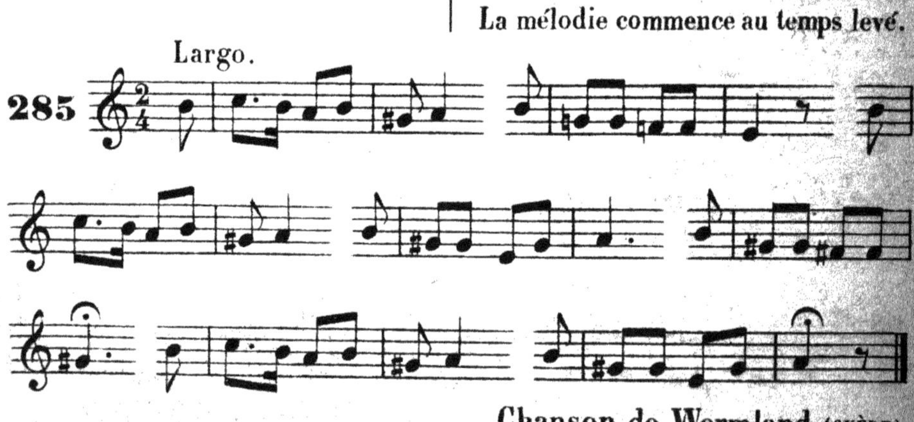

Chanson de Wermland (SUÈDE).
(En visa vill jag sjunga.)

TON DE LA MAJEUR

Membres de coupes variées.
La mélodie commence par le milieu du 2e temps.

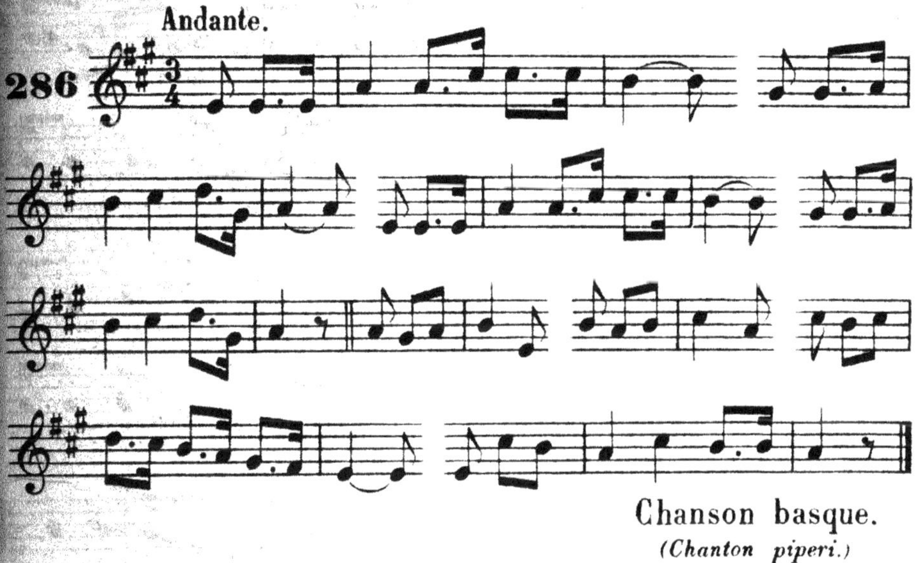

Chanson basque.
(Chanton piperi.)

Membres de deux mesures.
La mélodie commence par le 3e temps.

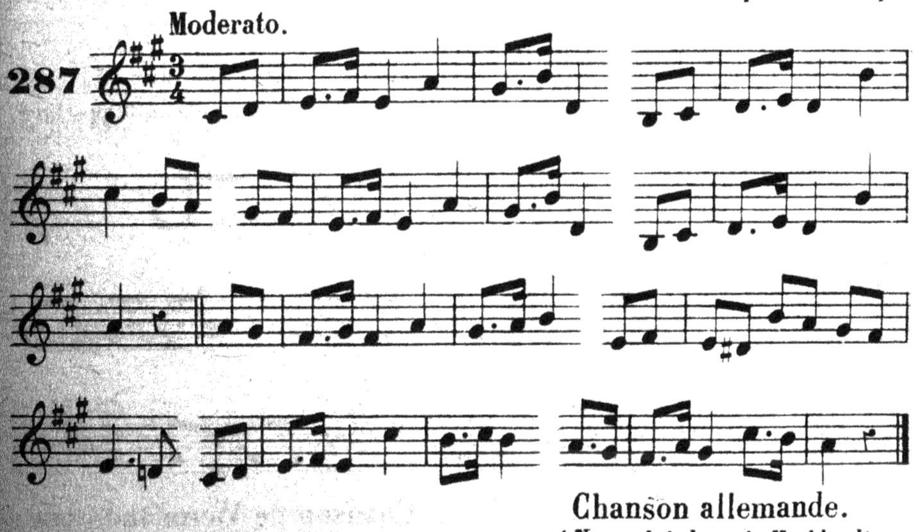

Chanson allemande.
(Nun ade! du mein Hochland.)

Membres de deux et de quatre mesures.
La mélodie commence par le temps levé.

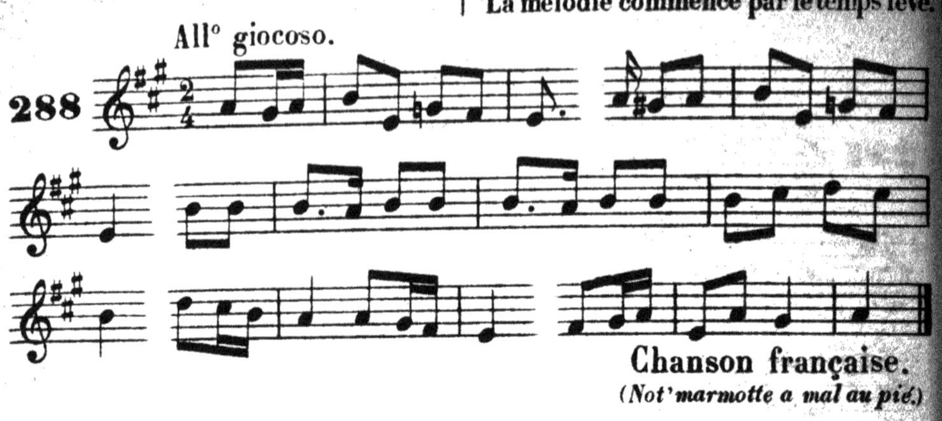

Chanson française.
(Not' marmotte a mal au pié.)

Membres de deux et de trois mesures.

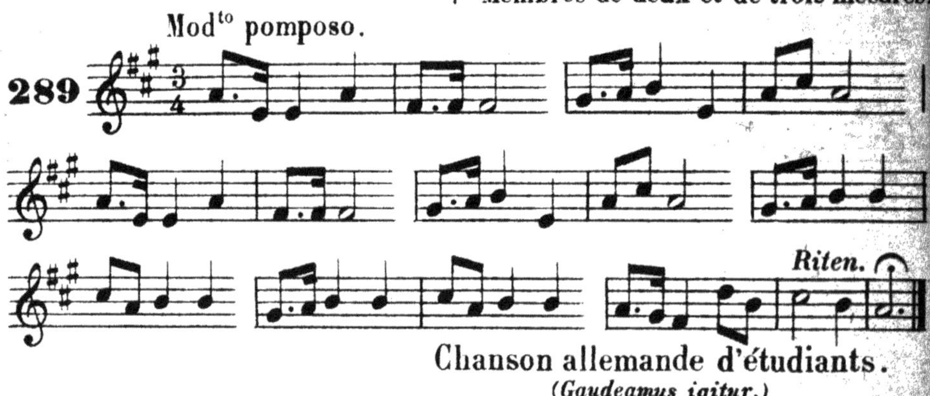

Chanson allemande d'étudiants.
(Gaudeamus igitur.)

Membres de deux mesures.
La mélodie commence par le 4e temps.

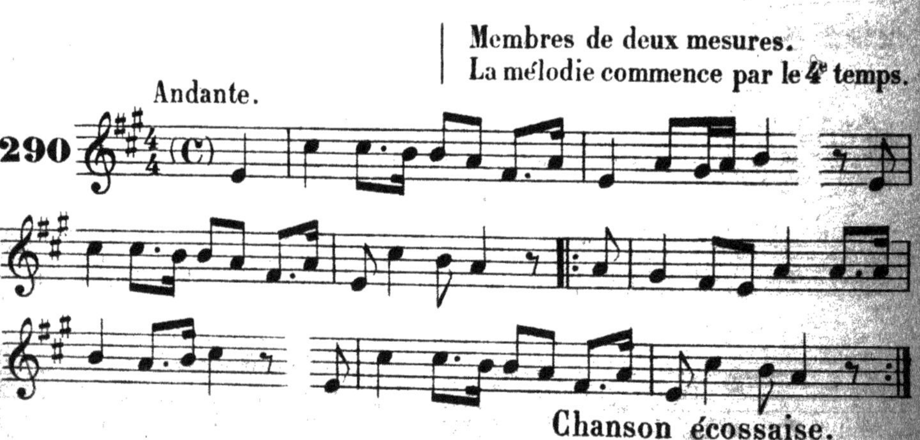

Chanson écossaise.
(My heart's in the Highland.)

Membres de coupes et de mesures variées.
La mélodie commence par la seconde moitié du 2e temps.

Andantino.

291 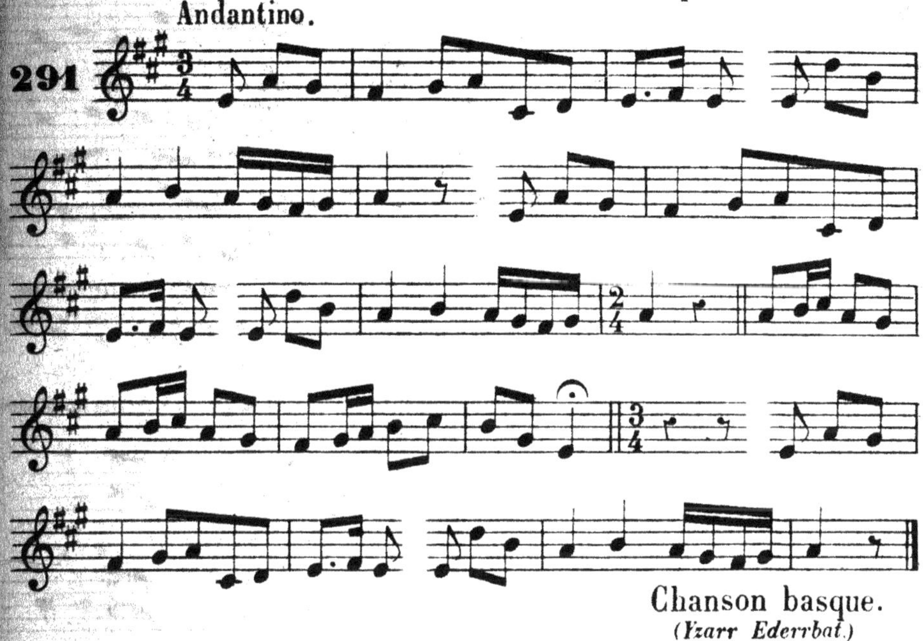

Chanson basque.
(Yzarr Ederrbat.)

Membres de coupes variées.
La mélodie commence par la seconde moitié du 2e temps.

All° vivace.

292 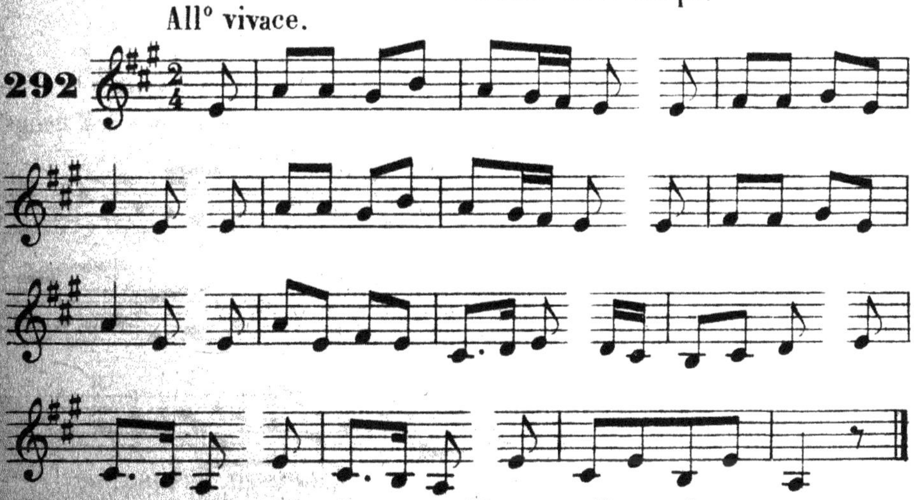

Chanson flamande du XVIe siècle.
(Wie dat sich selfs verheft.)

Membres de deux mesures.
La mélodie commence par le 3e temps.

Larghetto.

293

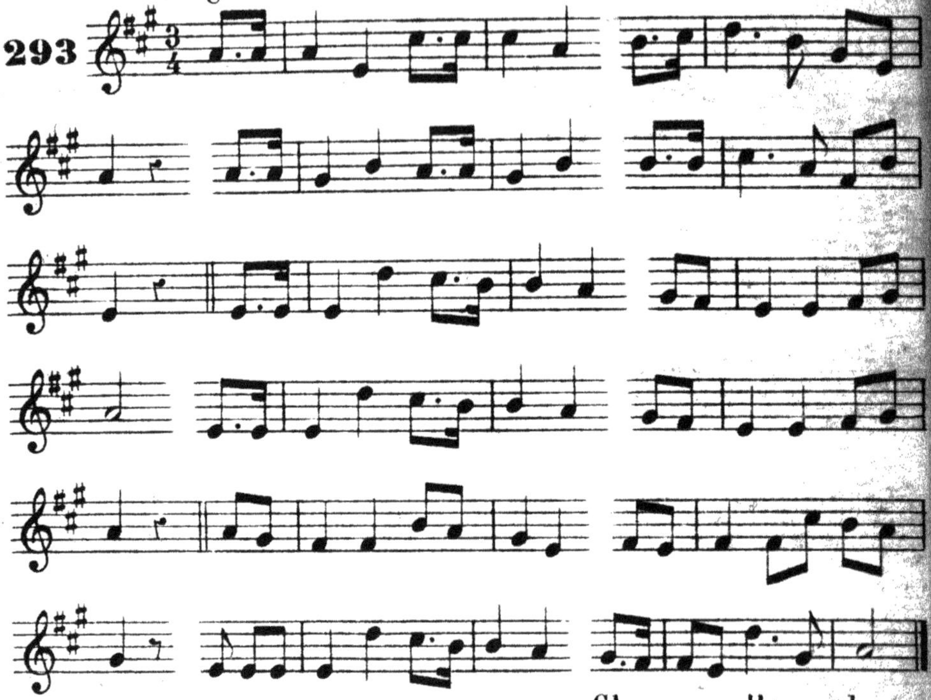

Chanson allemande.
(Lieber, kleiner, holder Engel!)

Membres de coupes variées.

And^te espressivo.

294

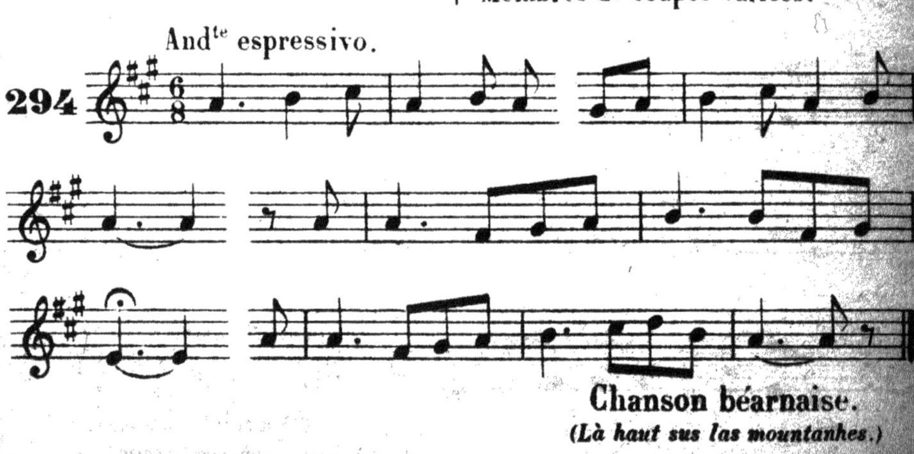

Chanson béarnaise.
(Là haut sus las mountanhes.)

Membres de coupes et de mesures variées.
La mélodie commence par le temps levé.

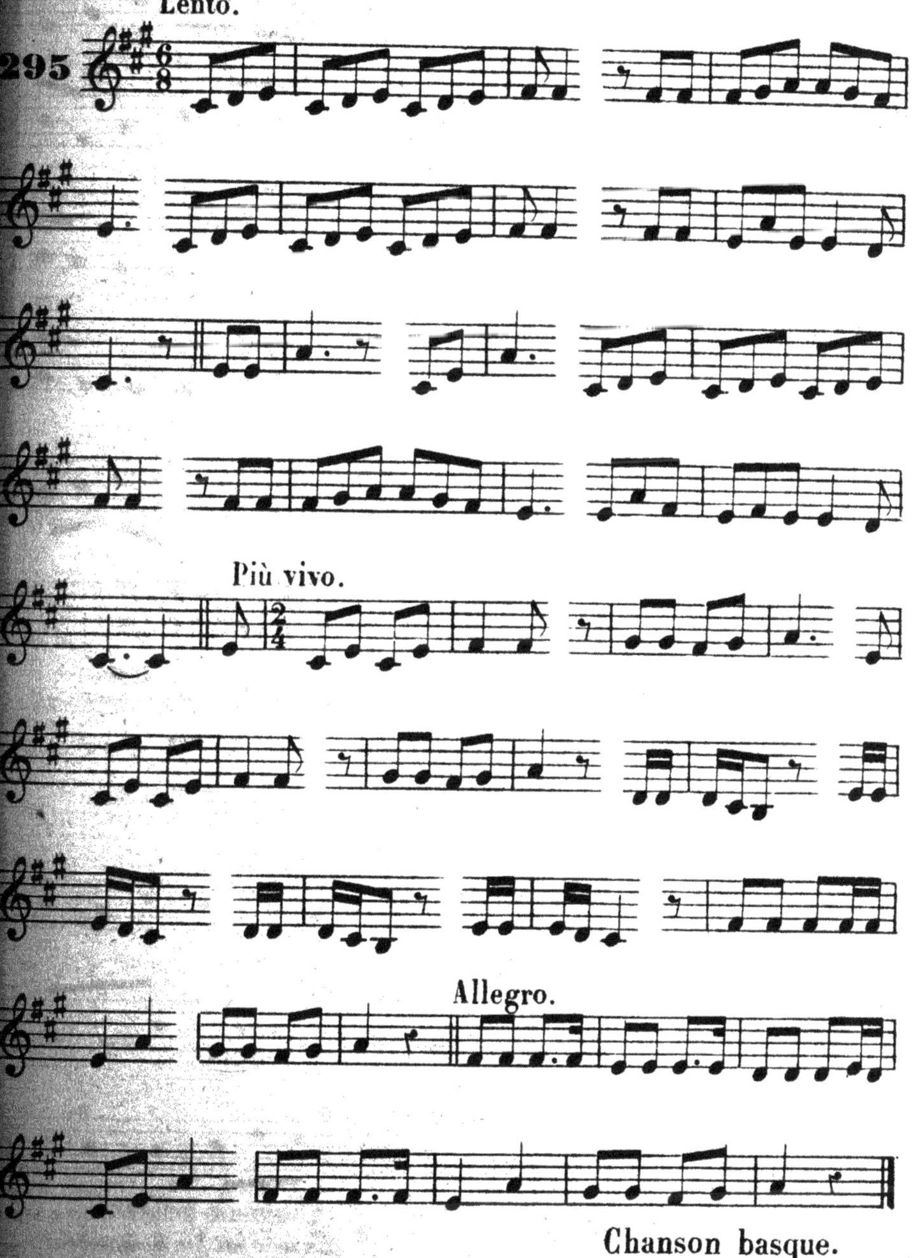

Chanson basque.
(Frascu chomin.)

Membres de coupes variées.

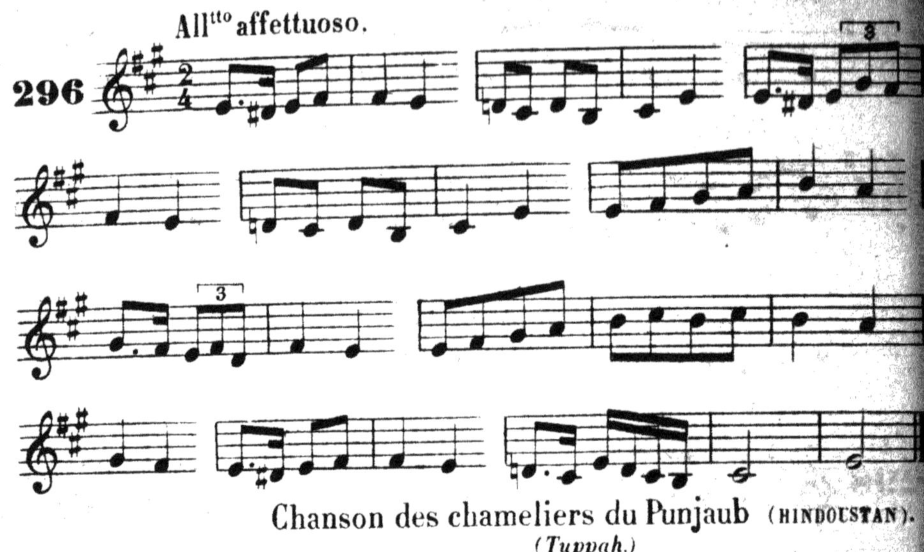

Chanson des chameliers du Punjaub (HINDOUSTAN).
(Tuppah.)

Membres de coupes variées.
La mélodie commence par le 4e temps.

Maestoso.

297

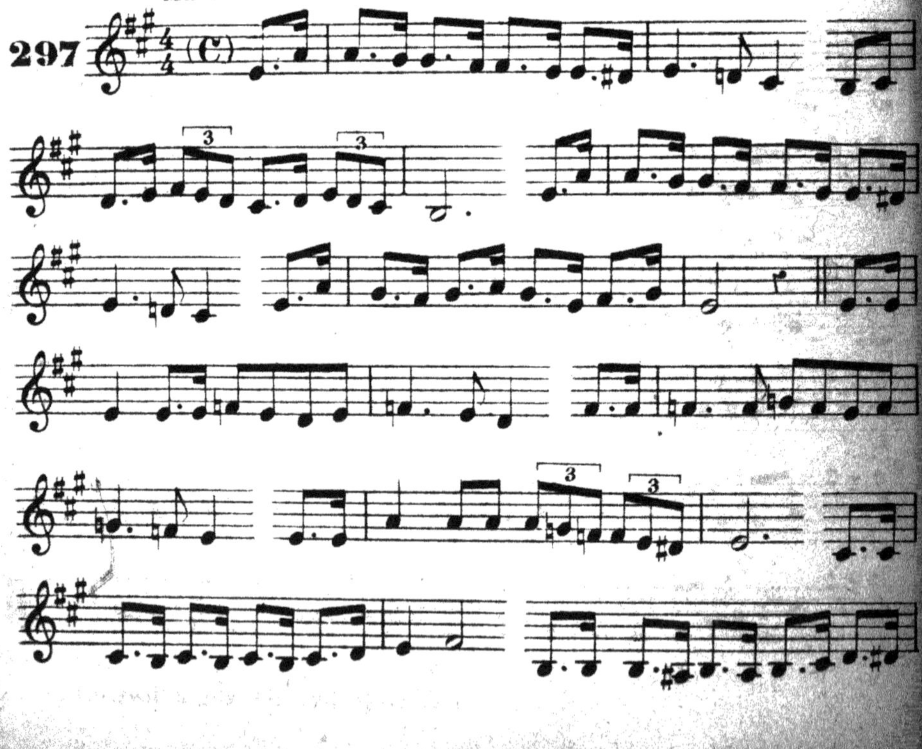

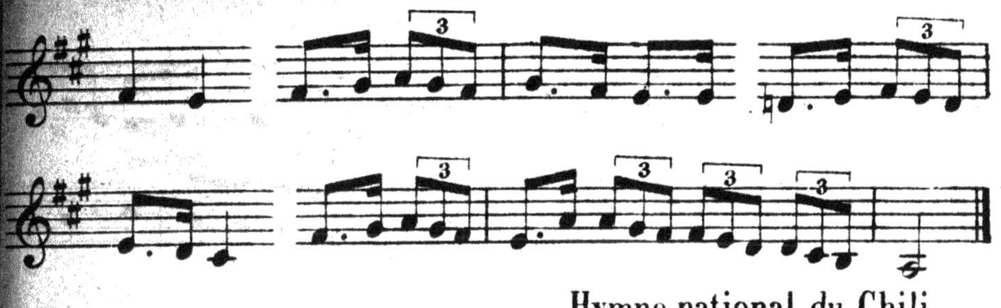

Hymne national du Chili.

(Puro, Chile, est tu cielo azulado.)

Membres de coupes variées.

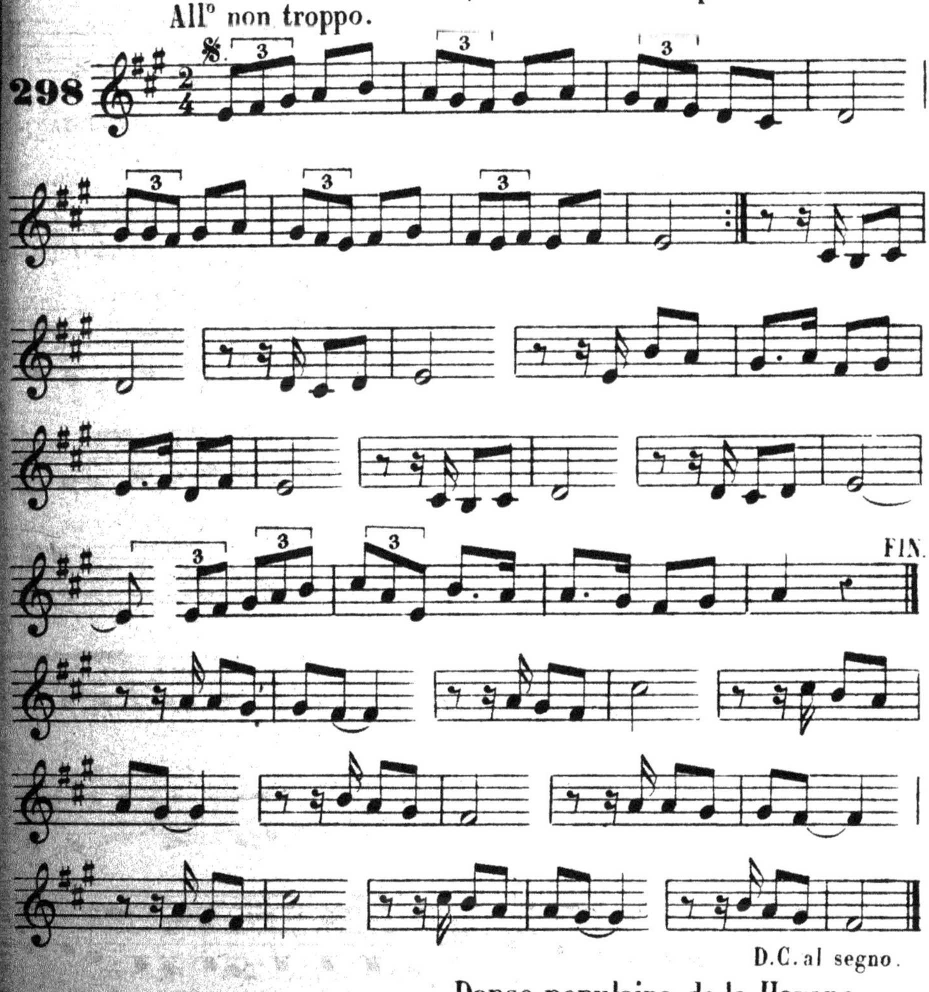

All° non troppo.

298

FIN.

D.C. al segno.

Danse populaire de la Havane.

Membres de quatre mesures.
La mélodie commence par le 3e temps.

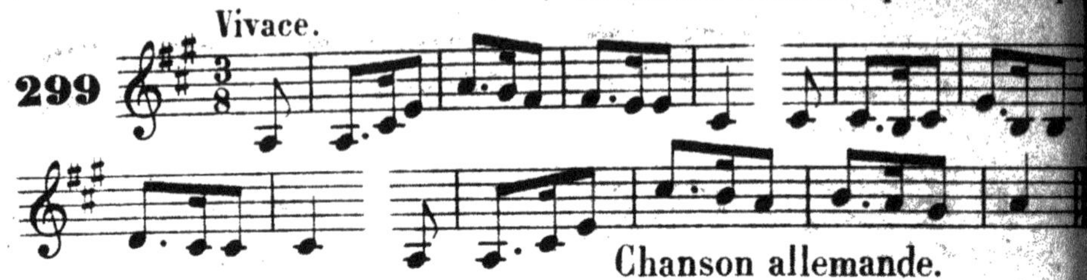

Chanson allemande.
(Es zogen drei Bursche wohl über den Rhein.)

La croche pointée suivie d'une double-croche (=) dans la mesure à $\frac{6}{8}$.

Membres de deux mesures.
(mesure composée de deux mesures à $\frac{3}{8}$.)
La mélodie commence par le troisième tiers du temps frappé.

(Battre la mesure en divisant les temps par trois.)

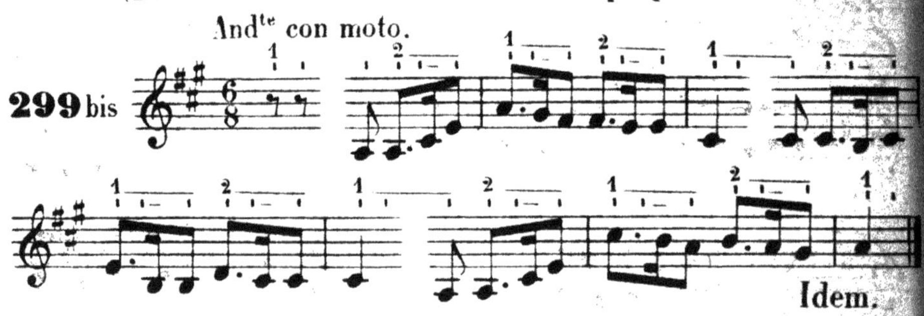

Idem.

Membres de coupes variées.
La mélodie commence par le 3e tiers du temps frappé.

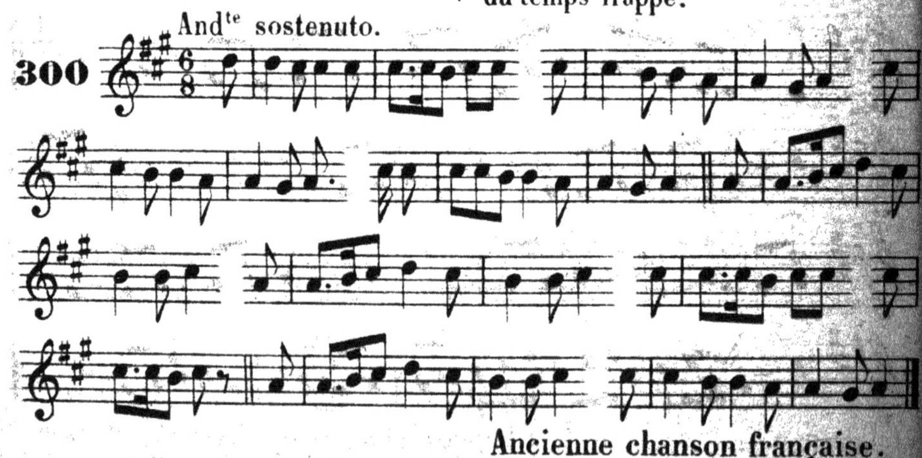

Ancienne chanson française.
(Yo, yo, yo, yo, compère, commère.)

Membres de deux mesures.
La mélodie commence par le 3e tiers du temps levé.

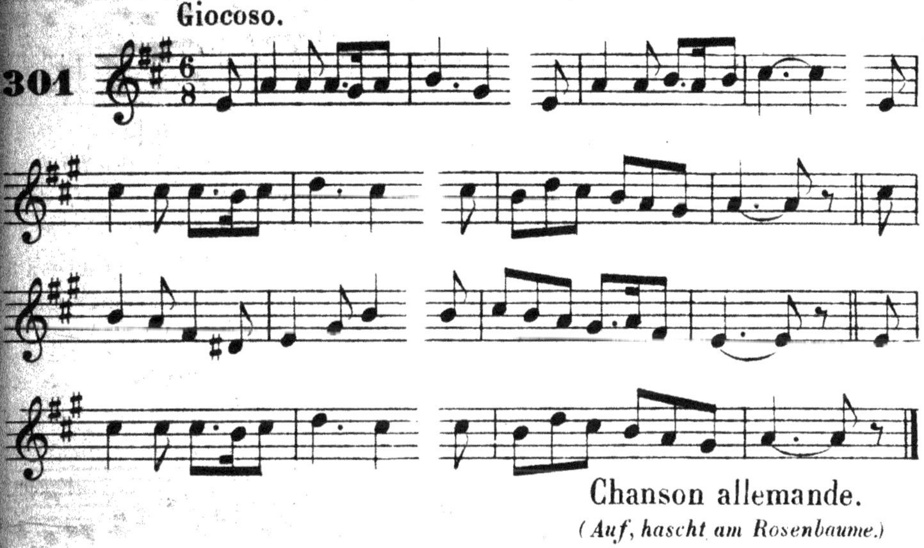

Chanson allemande.
(Auf, hascht am Rosenbaume.)

Membres de deux mesures.
La mélodie commence par le temps levé.

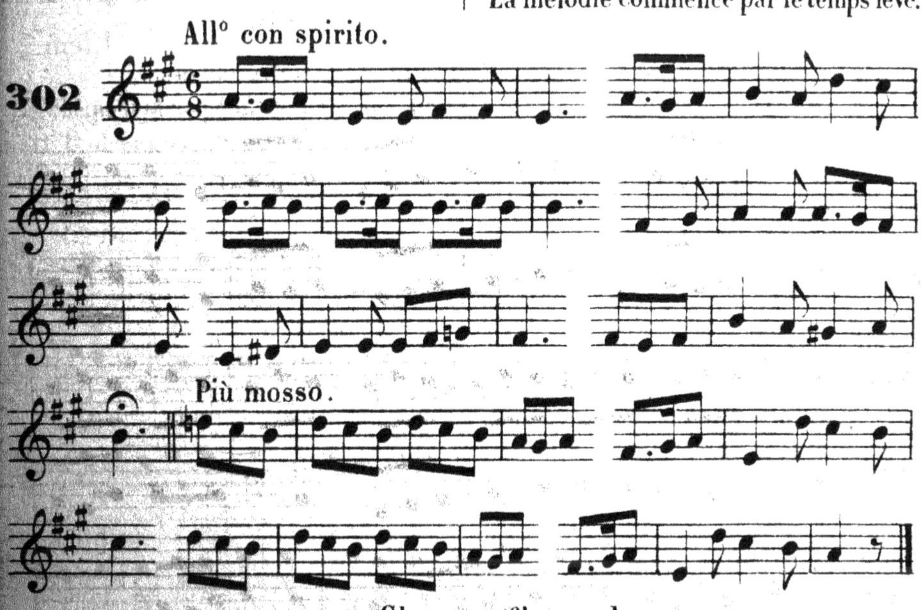

Chanson flamande du XIIIe siècle.
(De la collection manuscrite du chev[r] X. van Elewyck.)

TON DE FA DIÈZE MINEUR

Gamme mineure du premier type
(MINEUR USUEL)

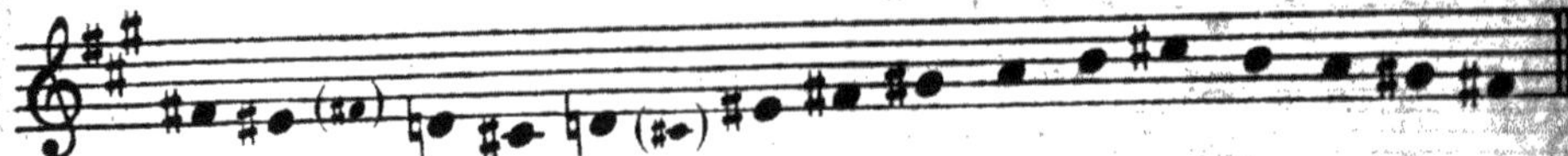

Gamme mineure du deuxième type

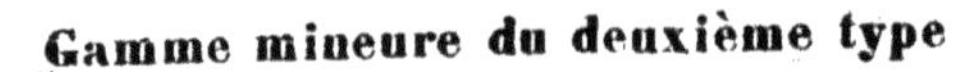

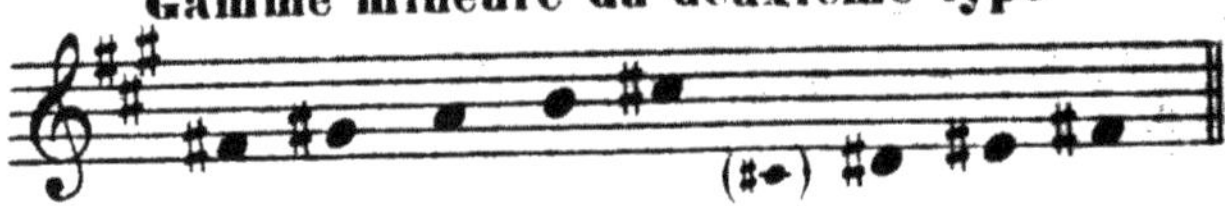

Gamme mineure du troisième type
(MINEUR ANTIQUE)

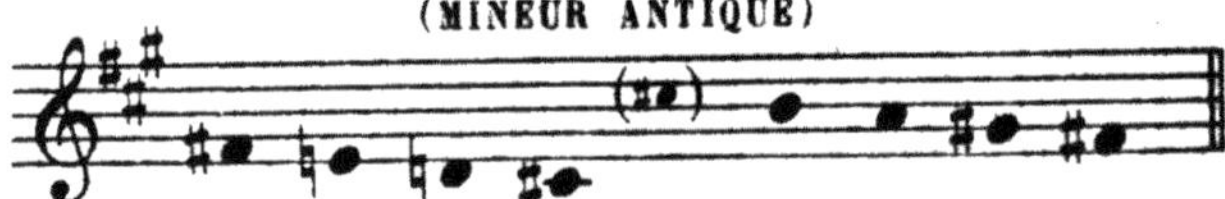

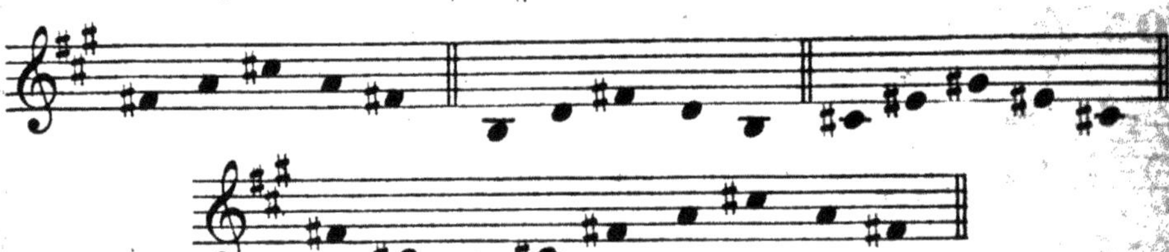

Membres de deux mesures.
La mélodie commence par le temps levé.

All° mod^to.

303

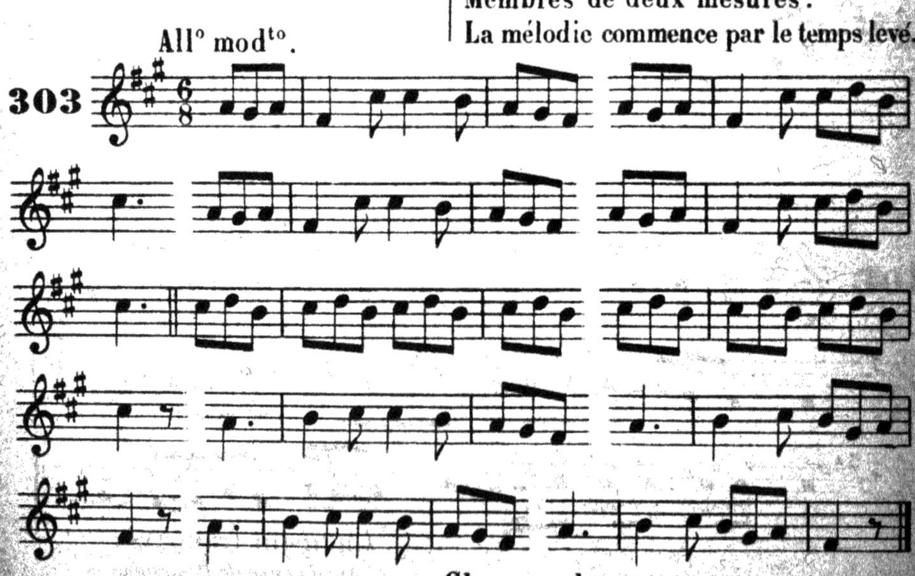

Chanson bretonne, du Finistère.

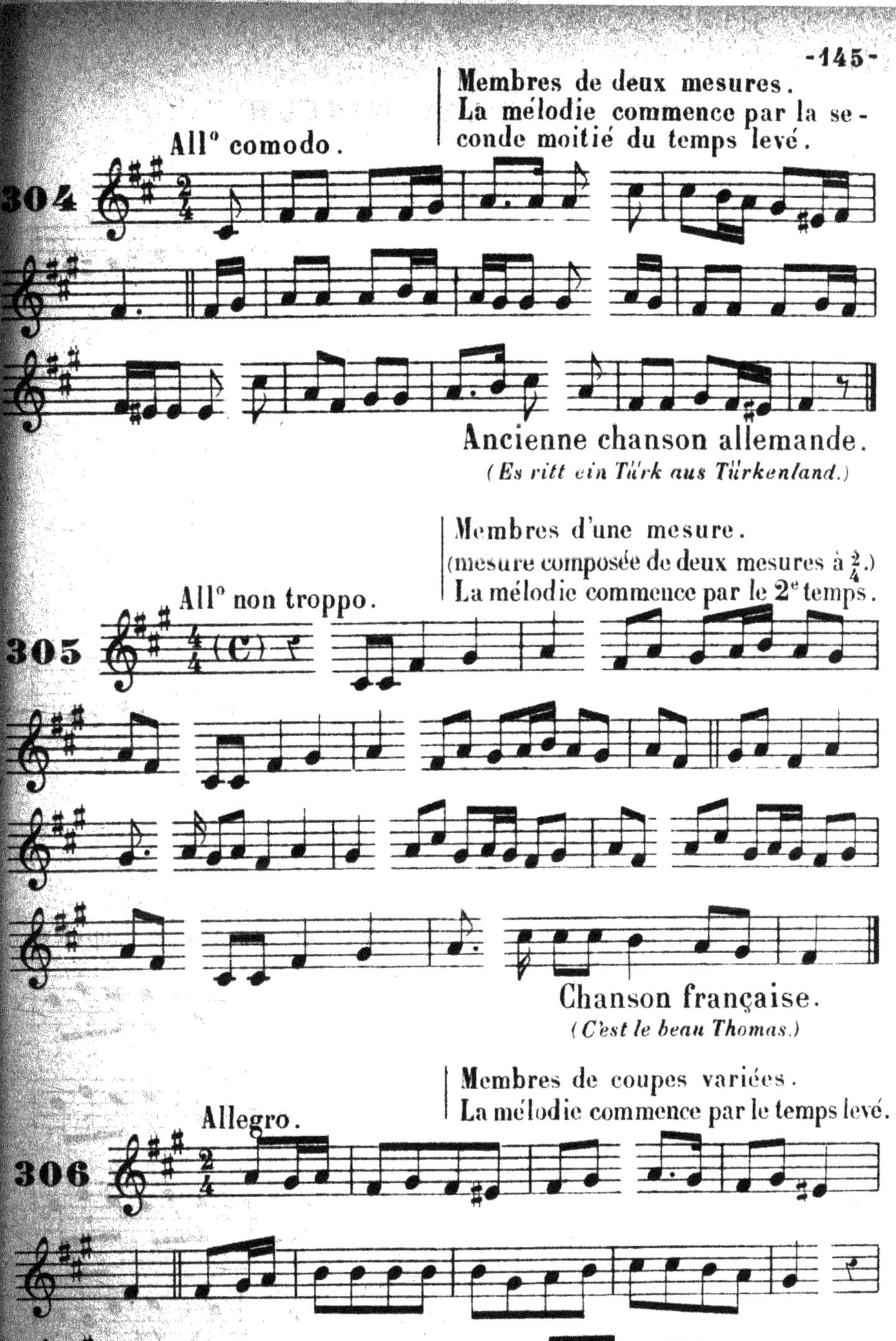
Membres de deux mesures.
La mélodie commence par la seconde moitié du temps levé.
All° comodo.
304
Ancienne chanson allemande.
(Es ritt ein Türk aus Türkenland.)
Membres d'une mesure.
(mesure composée de deux mesures à 2/4.)
La mélodie commence par le 2e temps.
All° non troppo.
305
Chanson française.
(C'est le beau Thomas.)
Membres de coupes variées.
La mélodie commence par le temps levé.
Allegro.
306
Chanson française.
(Air du curé de Pomponne.)

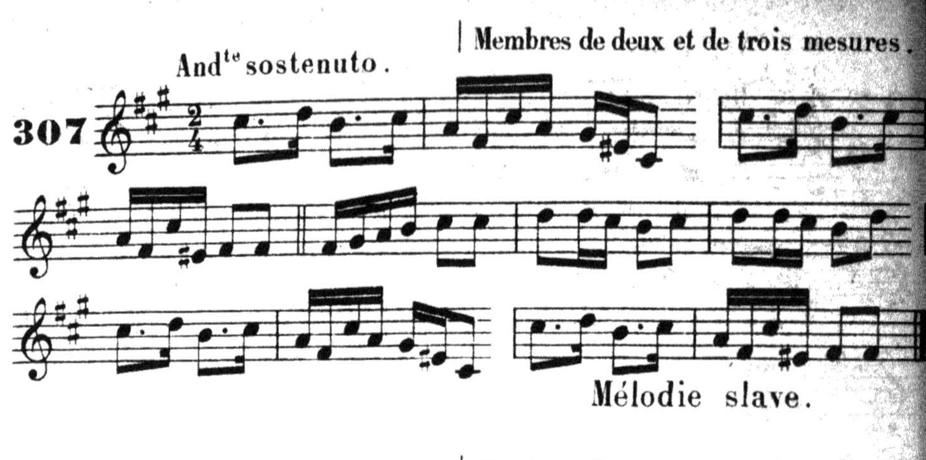

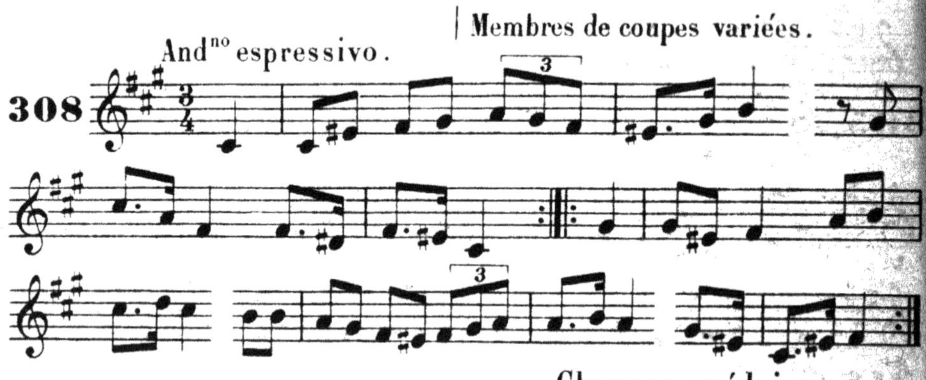

Chanson suédoise.
(Så öds ligt månen på himlen gå.)

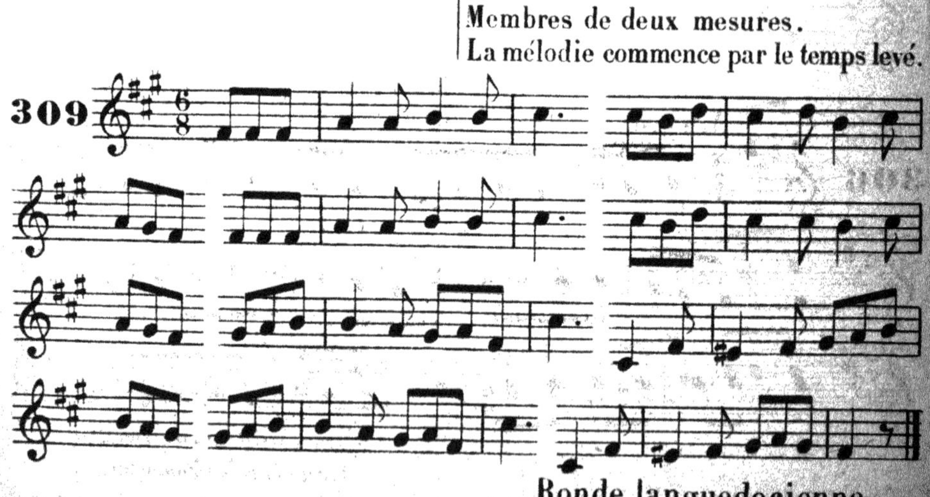

Membres de coupes variées.
La mélodie commence par le temps levé.

Molto moderato.

310

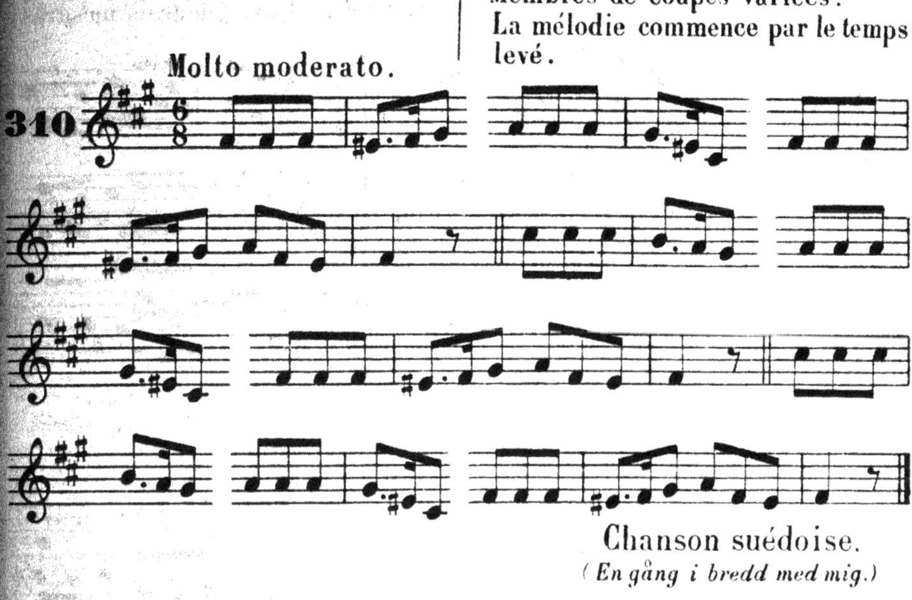

Chanson suédoise.

(En gång i bredd med mig.)

Membres de coupes variées.
La mélodie commence par le deuxième tiers du temps levé.

Andantino.

311

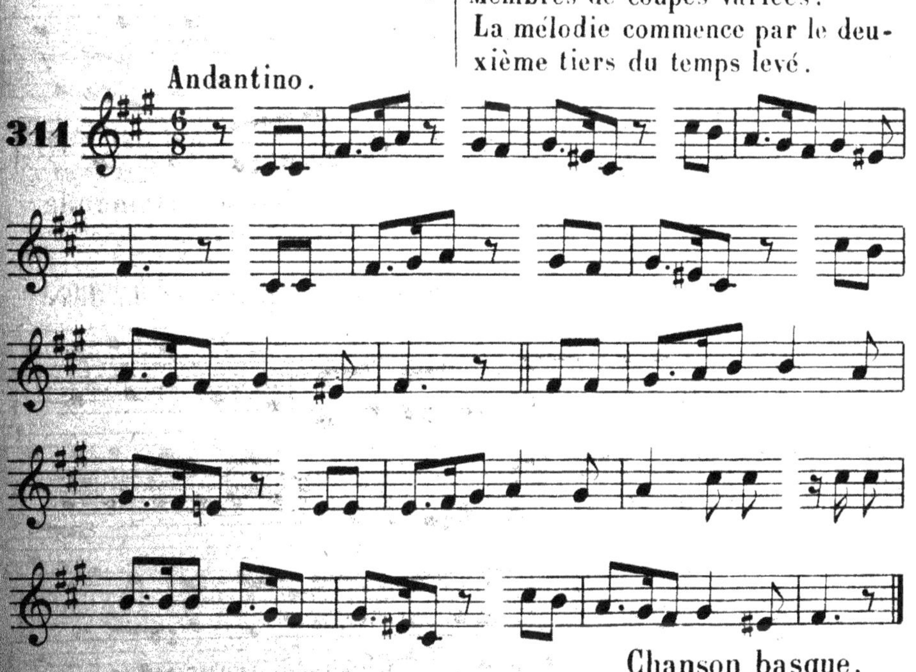

Chanson basque.

(Iru Damacho.)

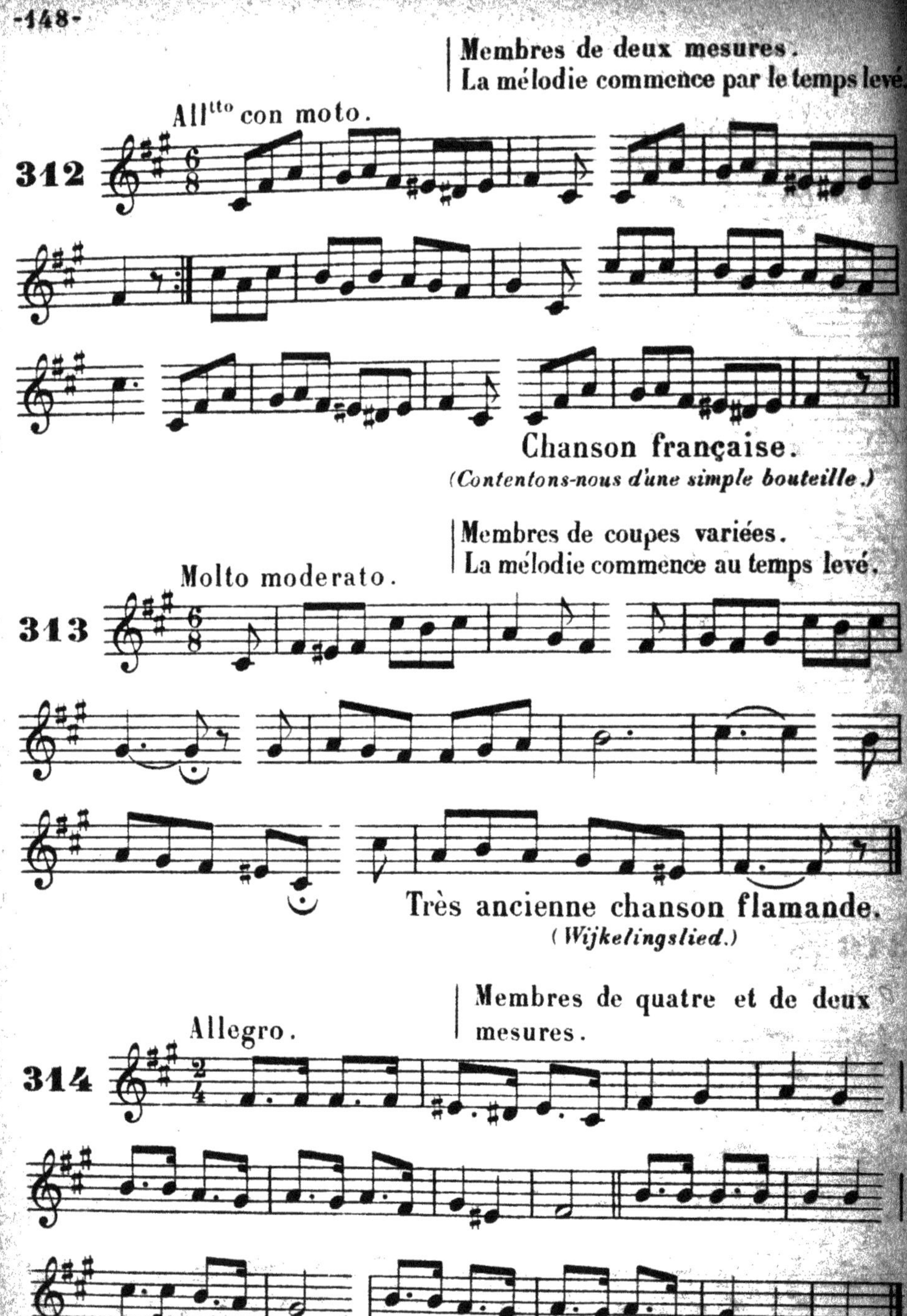

Chanson française.

(Malgré la bataille qu'on livre demain.)

Membres de deux mesures.
La mélodie commence par le temps levé.

Andante.

315

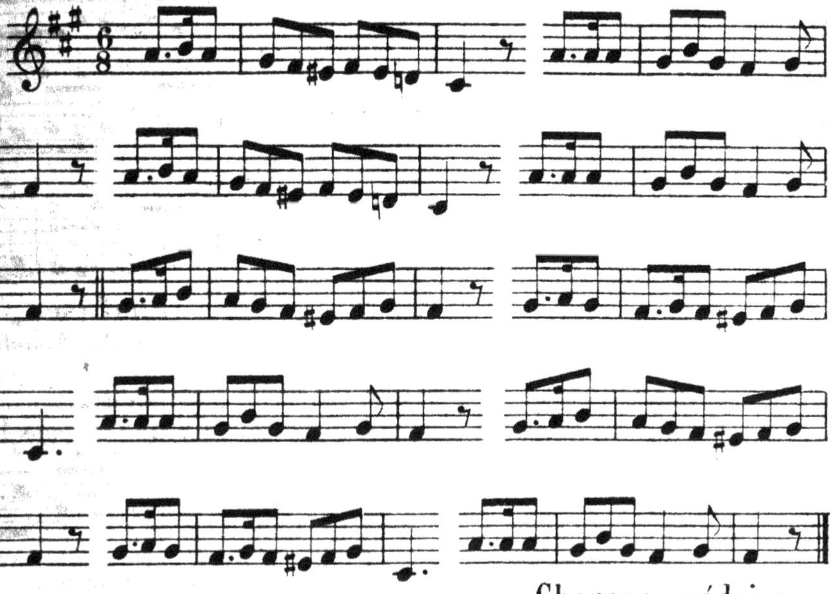

Chanson suédoise.
(Gruf-sång.)

Membres de coupes variées.

Andantino.

316

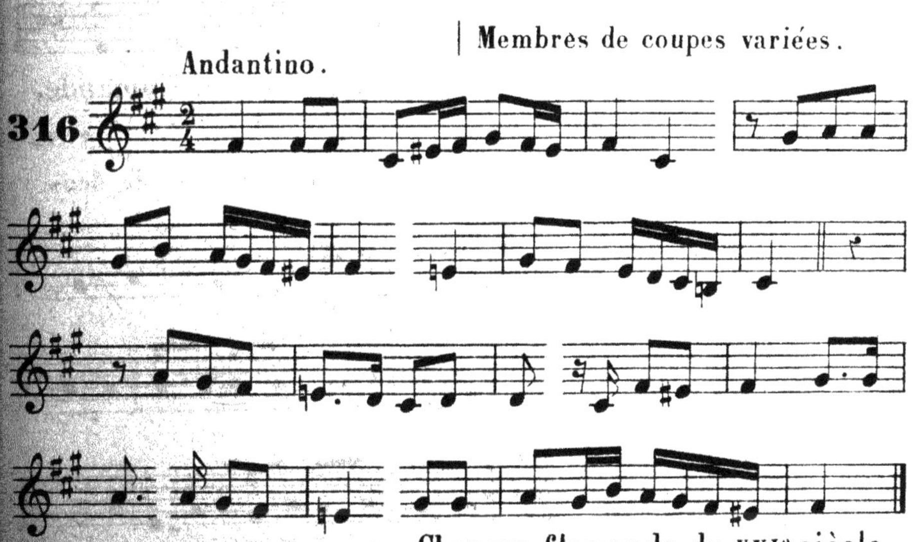

Chanson flamande du XVIe siècle.
(Minnelied de Marguerite d'Autriche.)

Membres d'une mesure.
(mesure composée de deux mesures à $\frac{2}{4}$.)
La mélodie commence par le 2e temps.

317

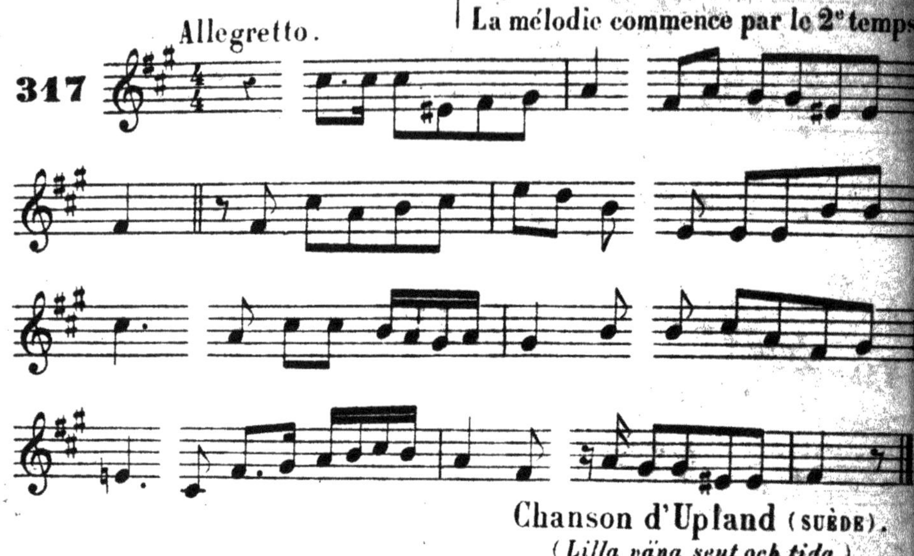

Chanson d'Upland (SUÈDE).
(Lilla väna seut och tida.)

Membres de deux mesures.

318

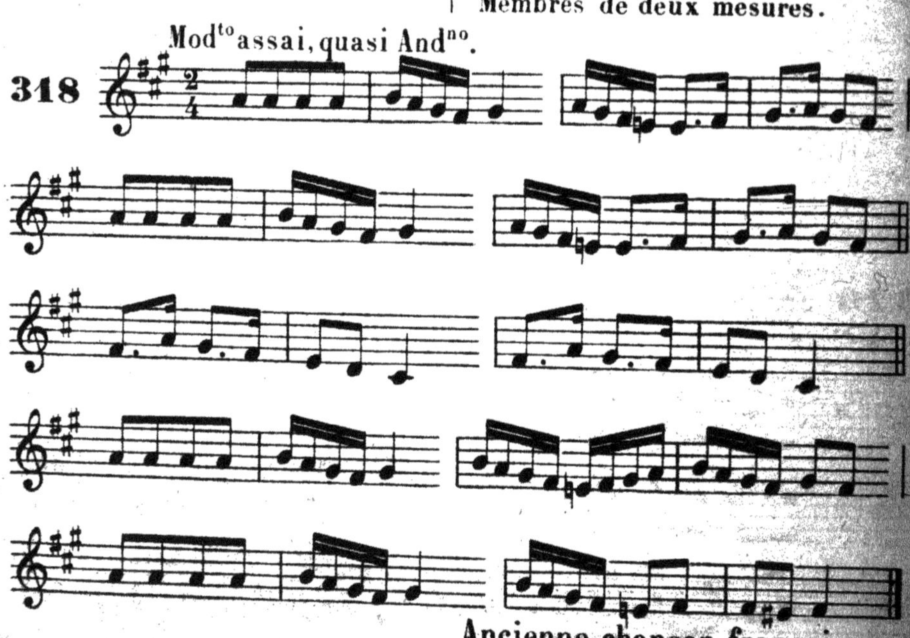

Ancienne chanson française.
(Se je perdoys mon amy.)

TON DE MI BÉMOL MAJEUR

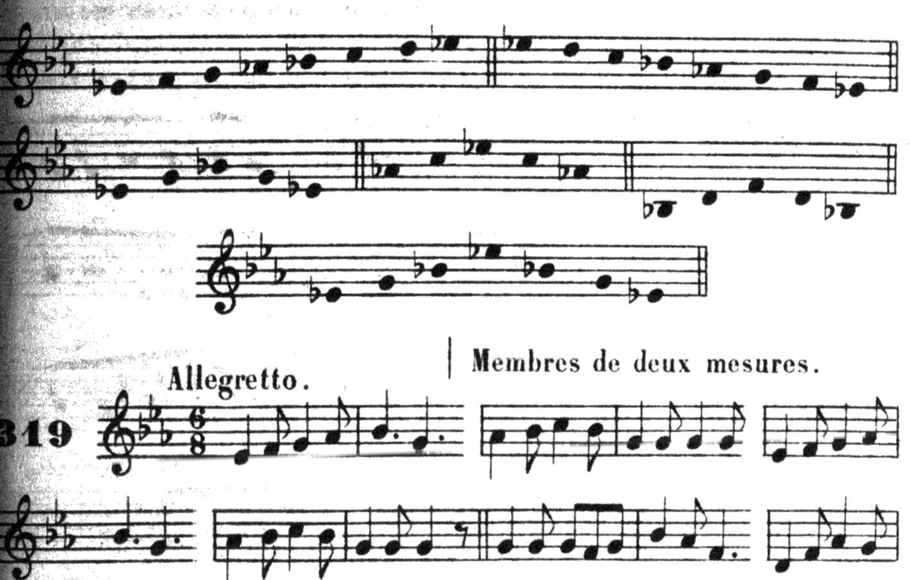

Membres de deux mesures.

Allegretto.

319

Chanson béarnaise.

(Aqueres mountines.)

Membres d'une mesure.
(mesure composée de deux mesures à $\frac{2}{4}$.)
La mélodie commence par la seconde moitié du 4e temps.

Moderato.

320

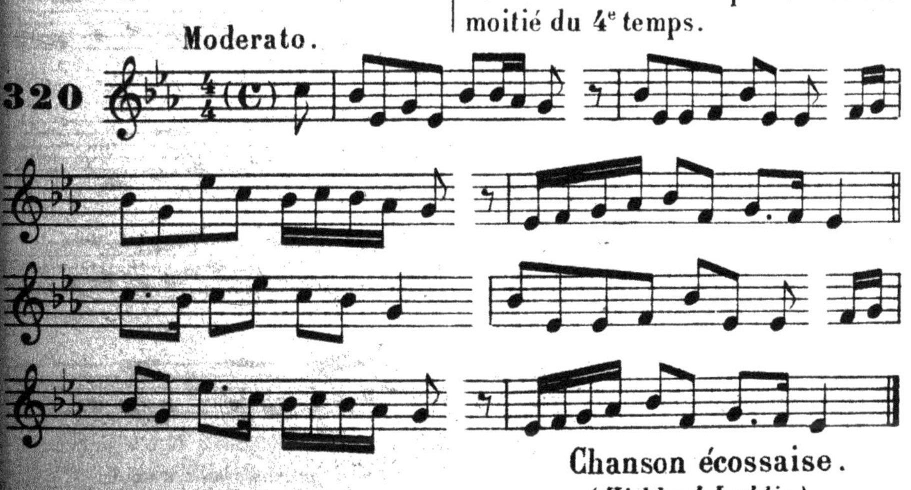

Chanson écossaise.

(Highland Laddie.)

Membres de deux mesures. La mélodie commence par le 3e temps.

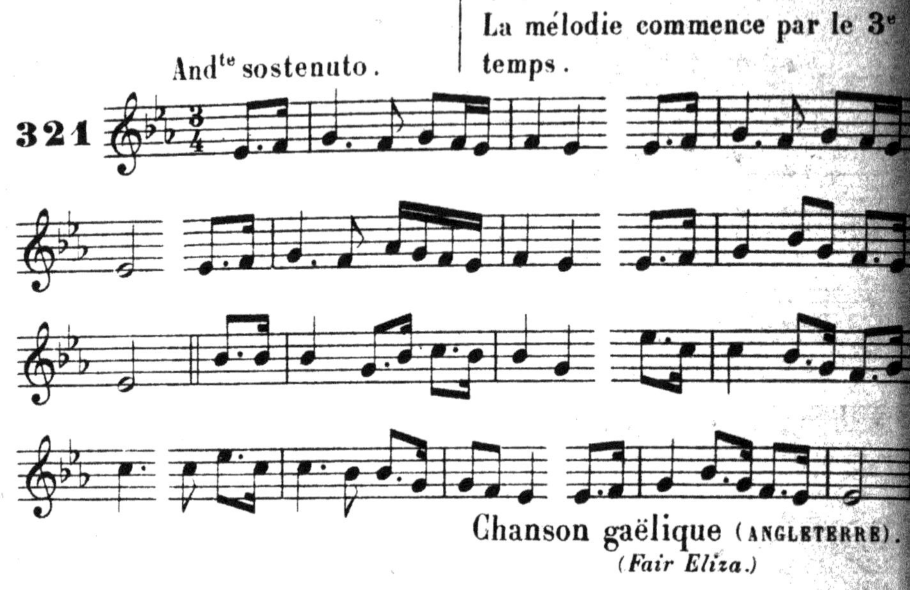

Chanson gaëlique (ANGLETERRE).
(Fair Eliza.)

Membres de deux mesures. La mélodie commence par la seconde moitié du temps levé.

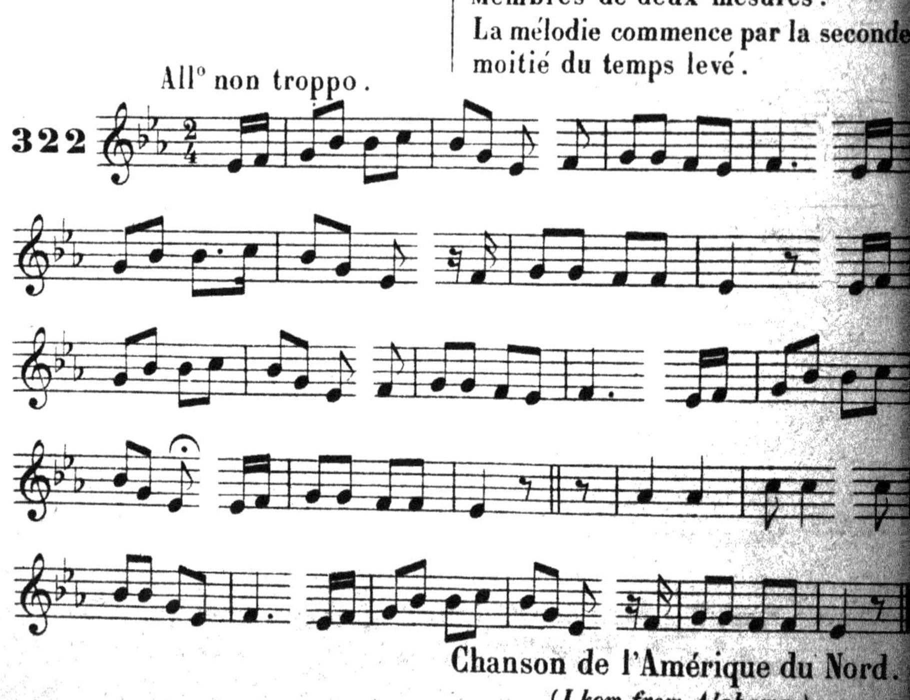

Chanson de l'Amérique du Nord.
(I kom from Alabama.)

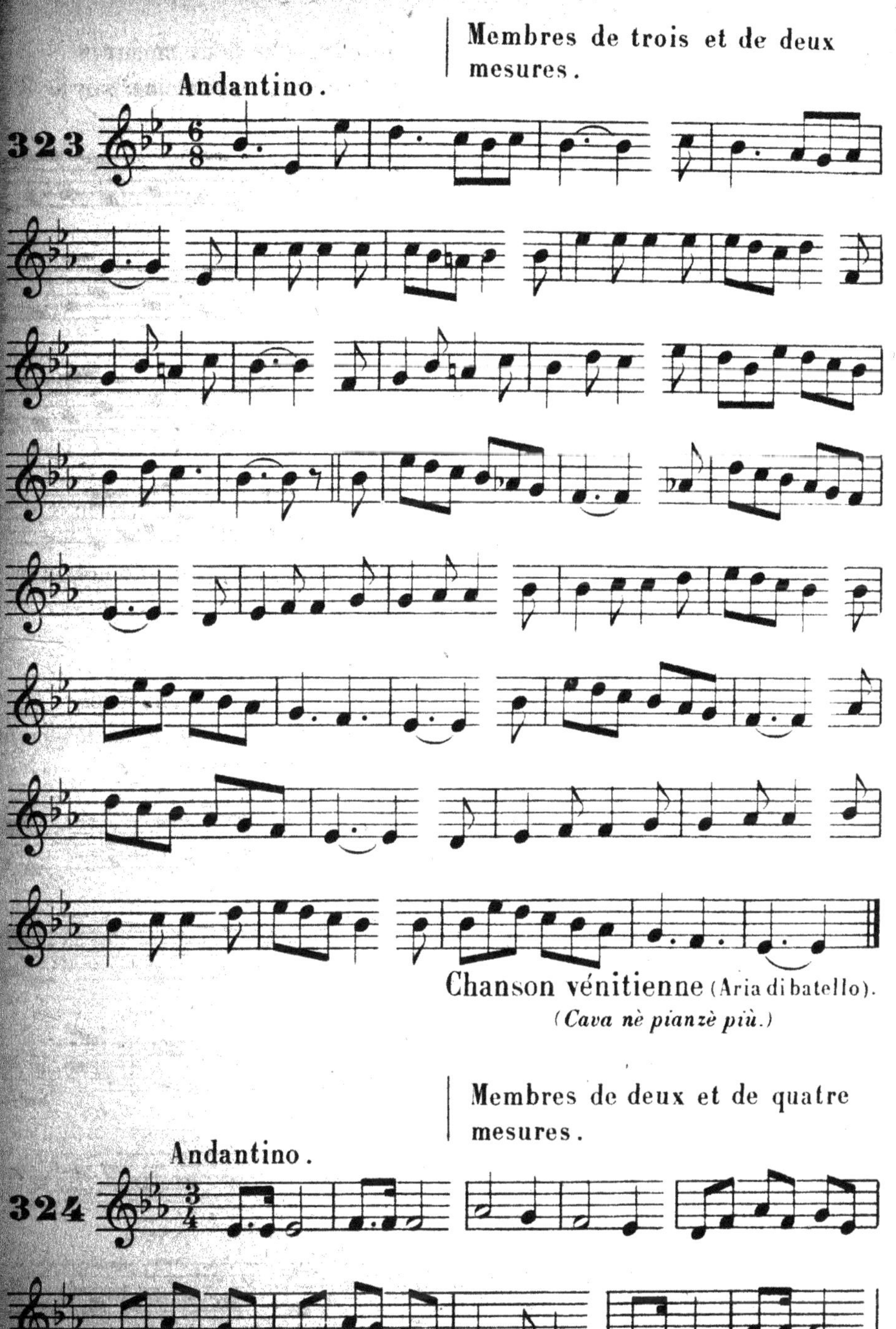
Membres de trois et de deux mesures.
Andantino.
323
Chanson vénitienne (Aria di batello).
(Cava nè pianzè più.)
Membres de deux et de quatre mesures.
Andantino.
324

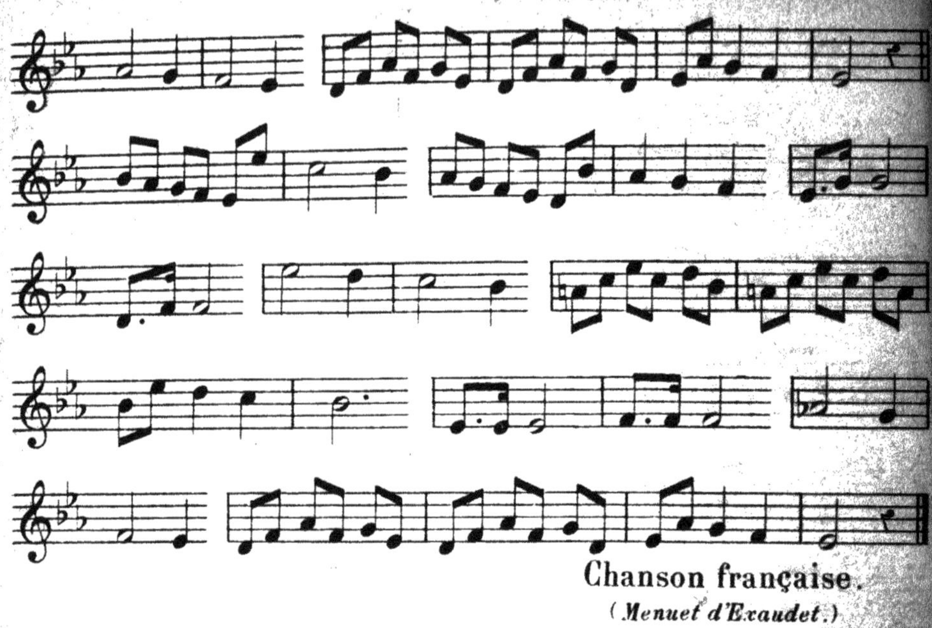

Chanson française.
(*Menuet d'Exaudet.*)

Membres de deux mesures.
La mélodie commence par la seconde moitié du temps levé.

Andantino.

325

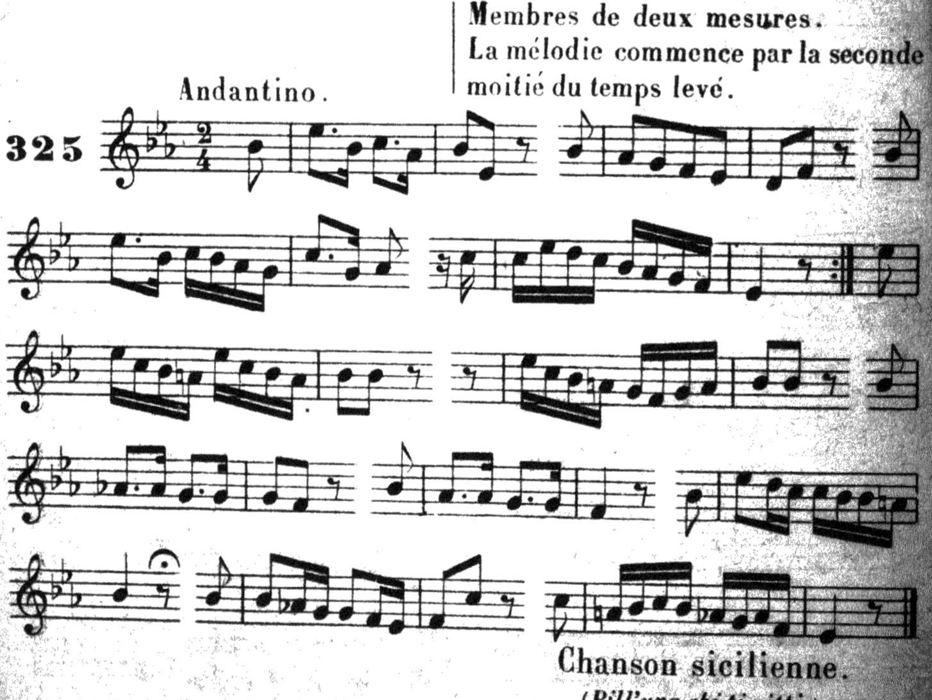

Chanson sicilienne.
(*Pill'una chi ti vitti.*)

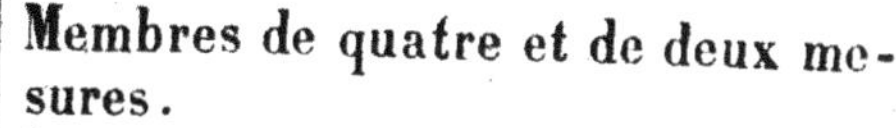
Membres de quatre et de deux mesures.
La mélodie commence par le temps levé.

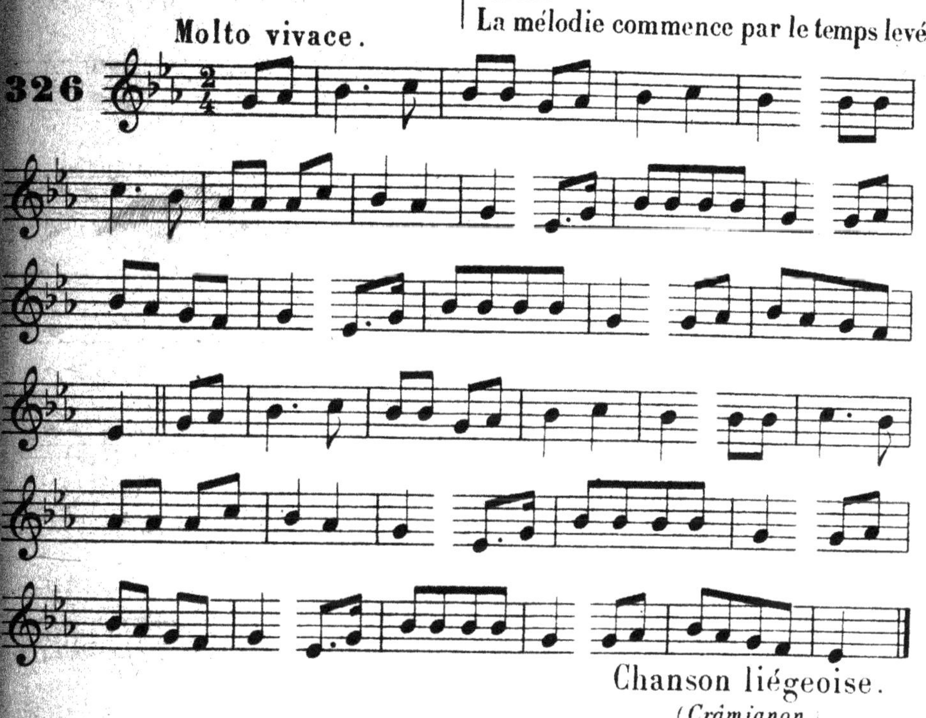

Chanson liégeoise.
(Crâmignon)

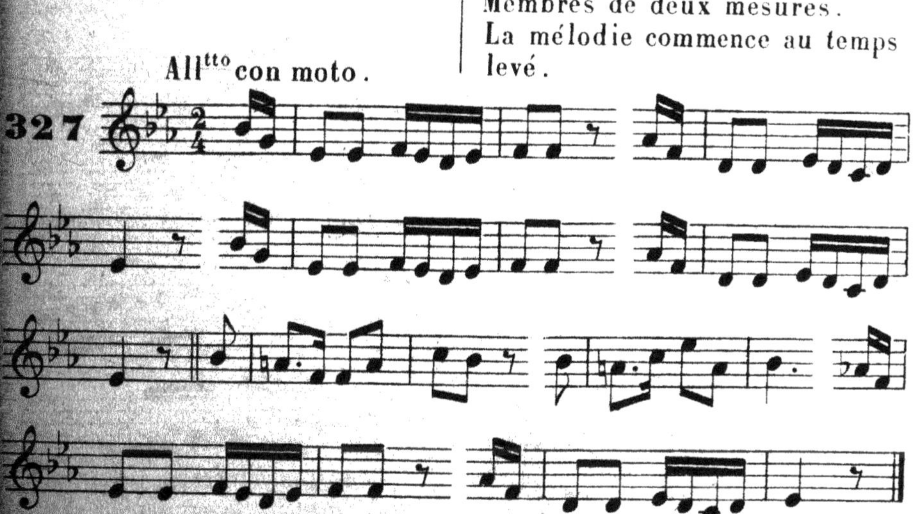

Chanson allemande des bords du Rhin.
(Hört zu, ihr lieben Mädchen.)

Membres de deux mesures.
La mélodie commence par le temps levé.

All° con spirito.

328

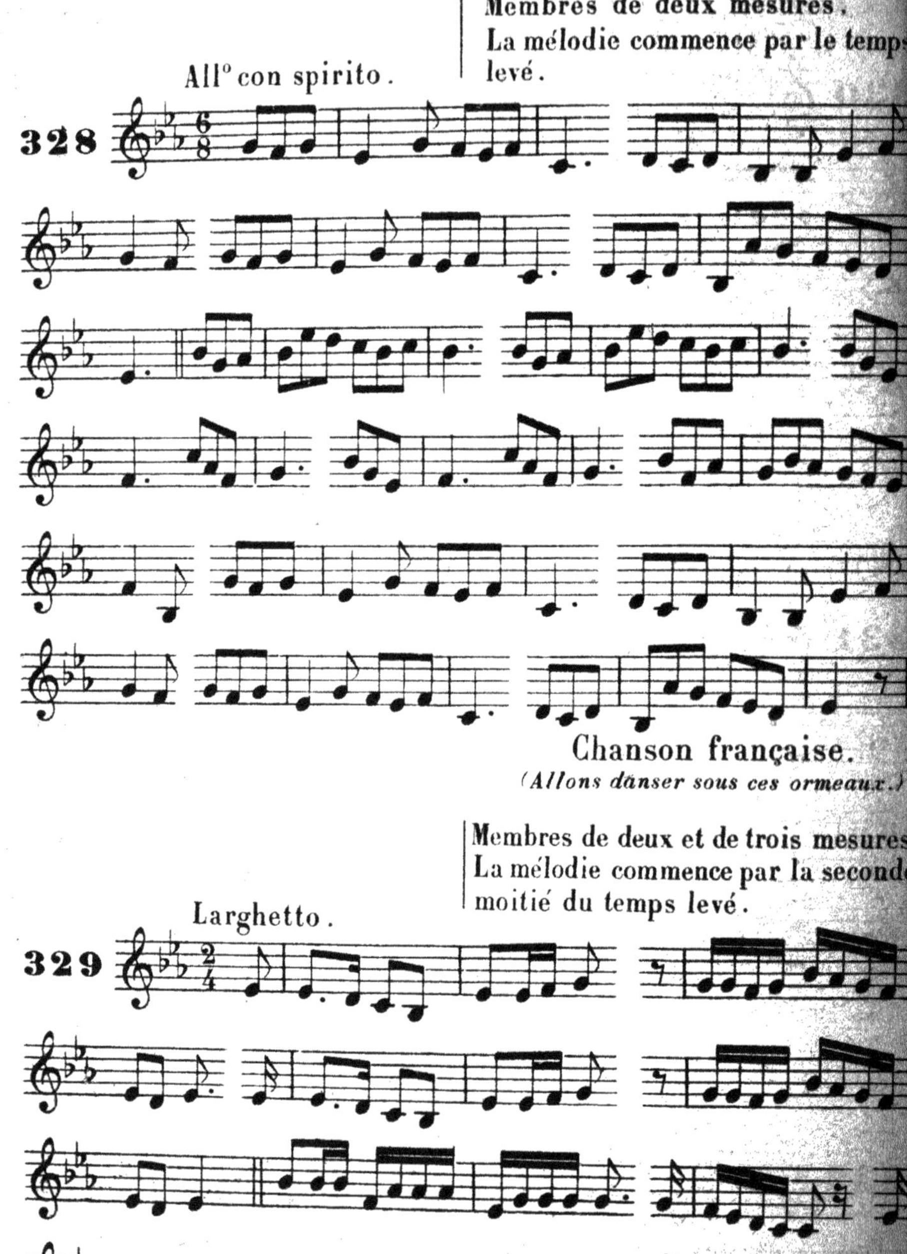

Chanson française.
(Allons danser sous ces ormeaux.)

Membres de deux et de trois mesures.
La mélodie commence par la seconde moitié du temps levé.

Larghetto.

329

Chanson flamande.
(Het bedrukte wijf.)

Membres de coupes variées.
La mélodie commence au temps levé.

All° molto vivace.

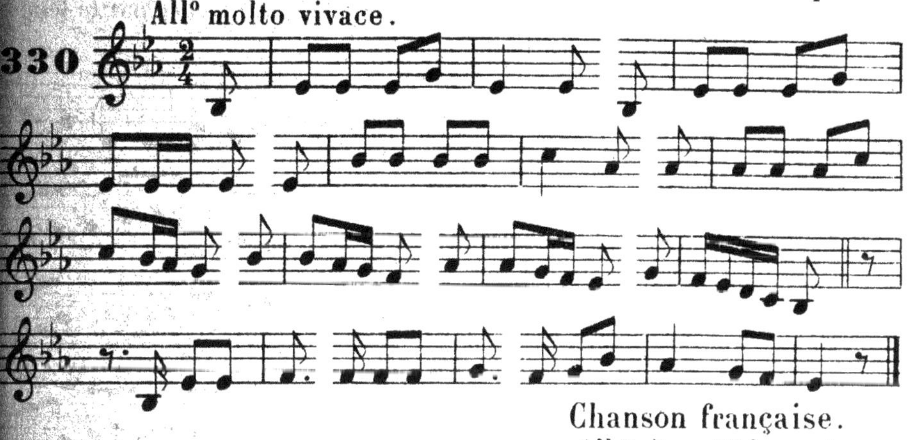

Chanson française.
(Il était un p'tit homme.)

Membres de deux mesures.
La mélodie commence par le 3e temps.

And^te^ espressivo.

331

Chanson irlandaise.
(The last rose of summer.)

Membres de deux mesures.
La mélodie commence au temps levé.

Vivace.

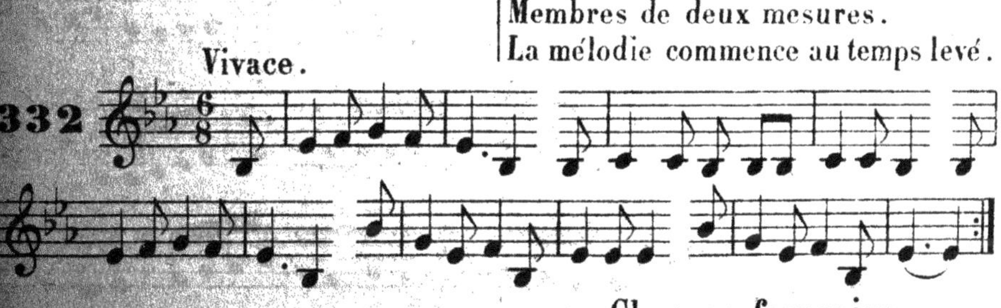

Chanson française.
(Et ron, ron, ron, petit Patapon.)

TON DE MI BÉMOL MINEUR

Gamme mineure du premier type

(MINEUR USUEL)

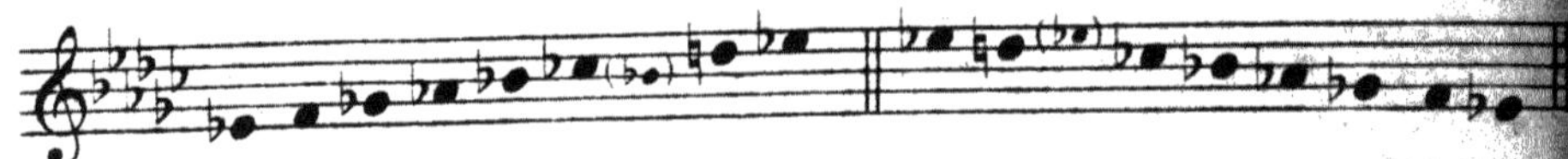

Gamme mineure du deuxième type

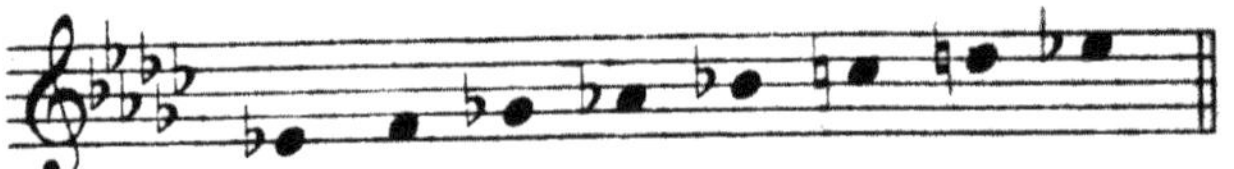

Gamme mineure du troisième type

(MINEUR ANTIQUE)

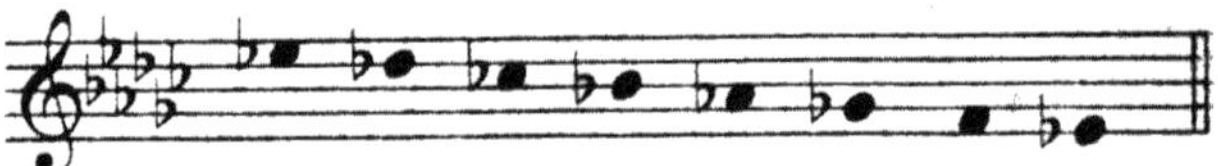

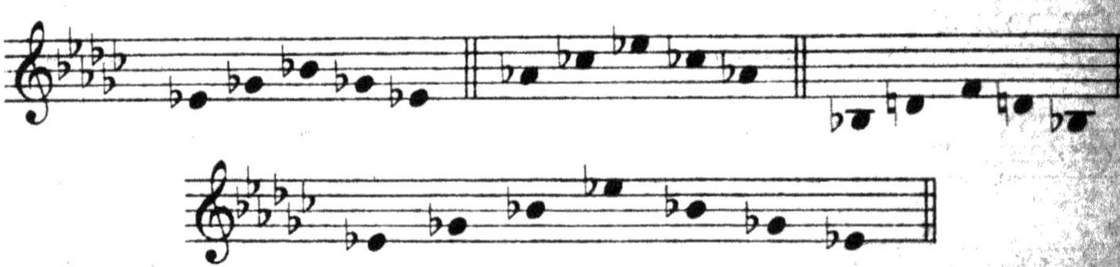

Membres de deux mesures.
La mélodie commence au temps levé.

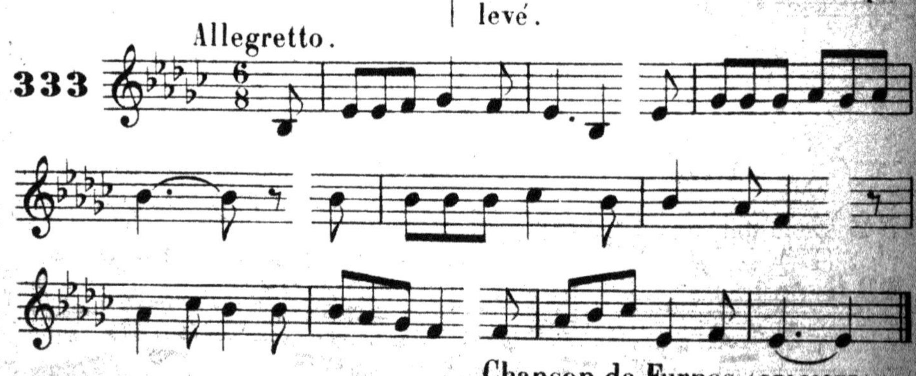

Chanson de Furnes (BELGIQUE).
(Wij kommen op hooge bergen.)

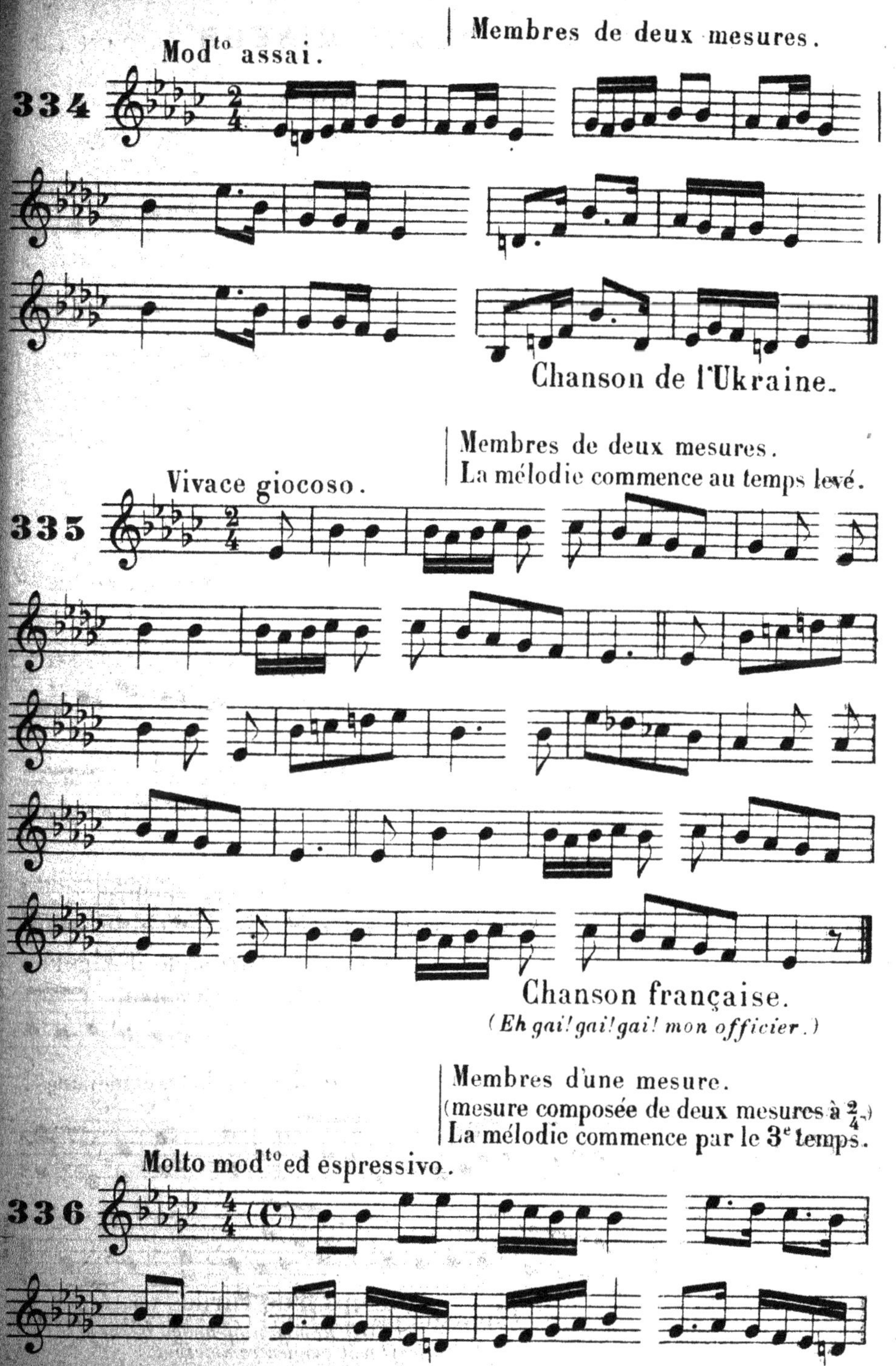
Membres de deux mesures.
Mod^to assai.
334
Chanson de l'Ukraine.
Membres de deux mesures.
La mélodie commence au temps levé.
Vivace giocoso.
335
Chanson française.
(Eh gai! gai! gai! mon officier.)
Membres d'une mesure.
(mesure composée de deux mesures à 2/4.)
La mélodie commence par le 3e temps.
Molto mod^to ed espressivo.
336
4/4 (C)

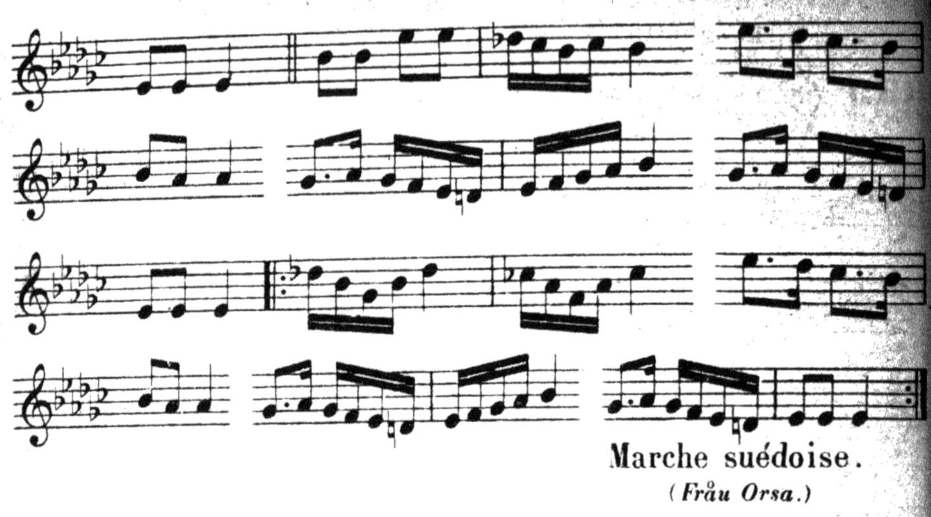

Marche suédoise.

(*Fråu Orsa.*)

Membres de deux mesures.
La mélodie commence par le deuxième tiers du temps levé.

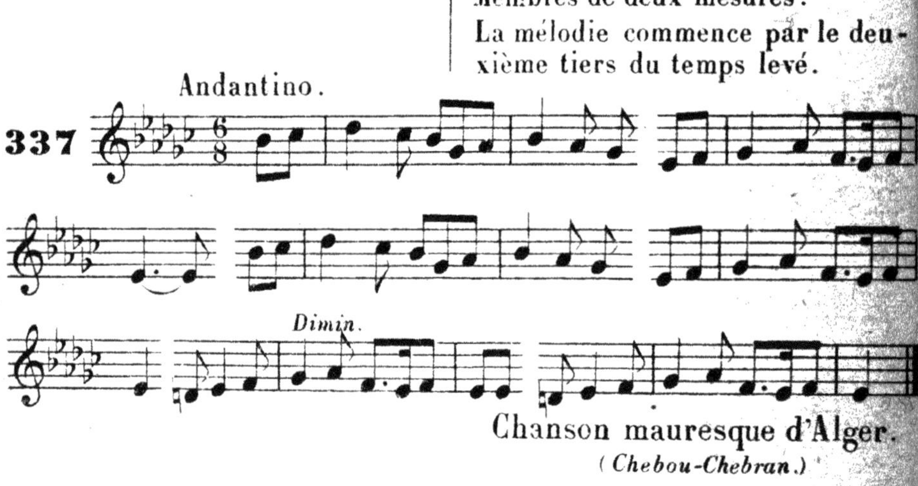

Chanson mauresque d'Alger.

(*Chebou-Chebran.*)

Membres de deux et de trois mesures.

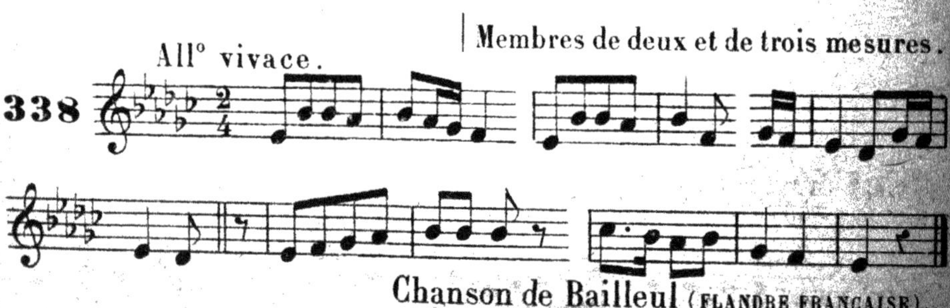

Chanson de Bailleul (FLANDRE FRANÇAISE).

(*Geeft wat om den rommelpot.*)

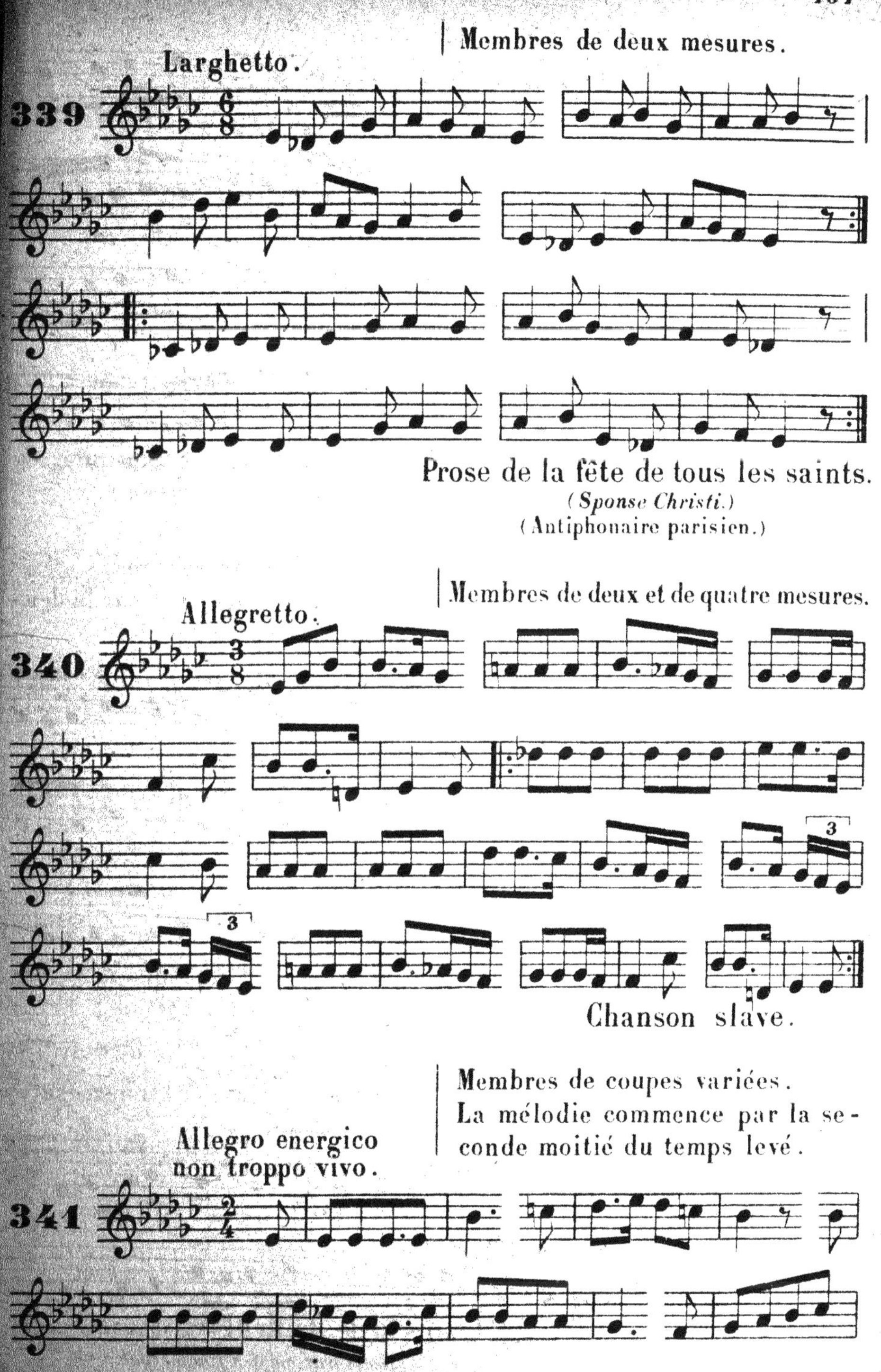
Membres de deux mesures.
Larghetto.
339
Prose de la fête de tous les saints.
(Sponse Christi.)
(Antiphonaire parisien.)
Membres de deux et de quatre mesures.
Allegretto.
340
3
3
Chanson slave.
Membres de coupes variées.
La mélodie commence par la seconde moitié du temps levé.
Allegro energico
non troppo vivo.
341

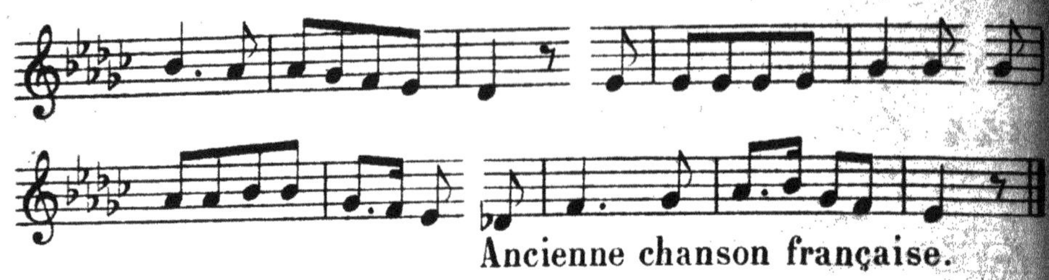

Ancienne chanson française.

(Réveillez-vous Picars, Picars et Bourguignons.)

Membres de trois et de quatre mesures.

Lento.

342

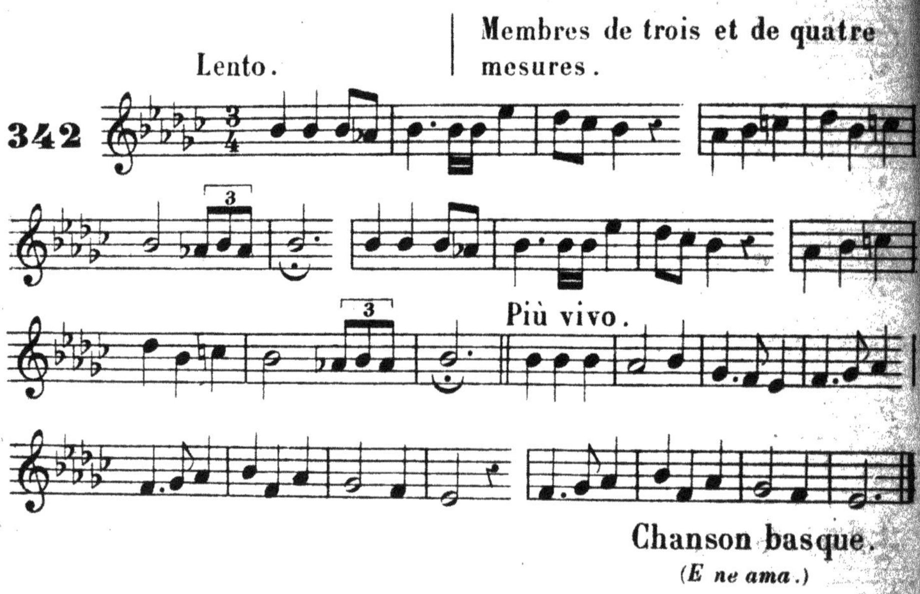

Chanson basque.

(E ne ama.)

Membres de deux mesures.
La mélodie commence par le temps levé.

Moderato.

343

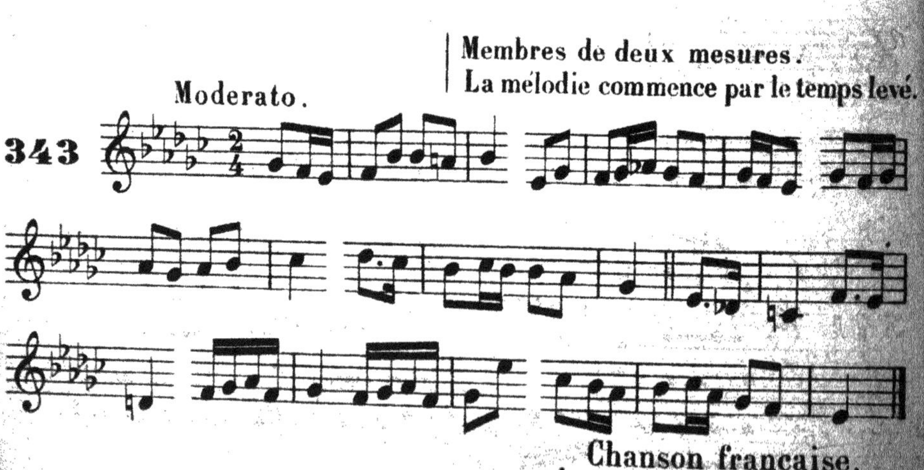

Chanson française.

(Ah! Madelon, qu'avez-vous donc?)

Membres de quatre et de trois mesures.

Moderato.

344

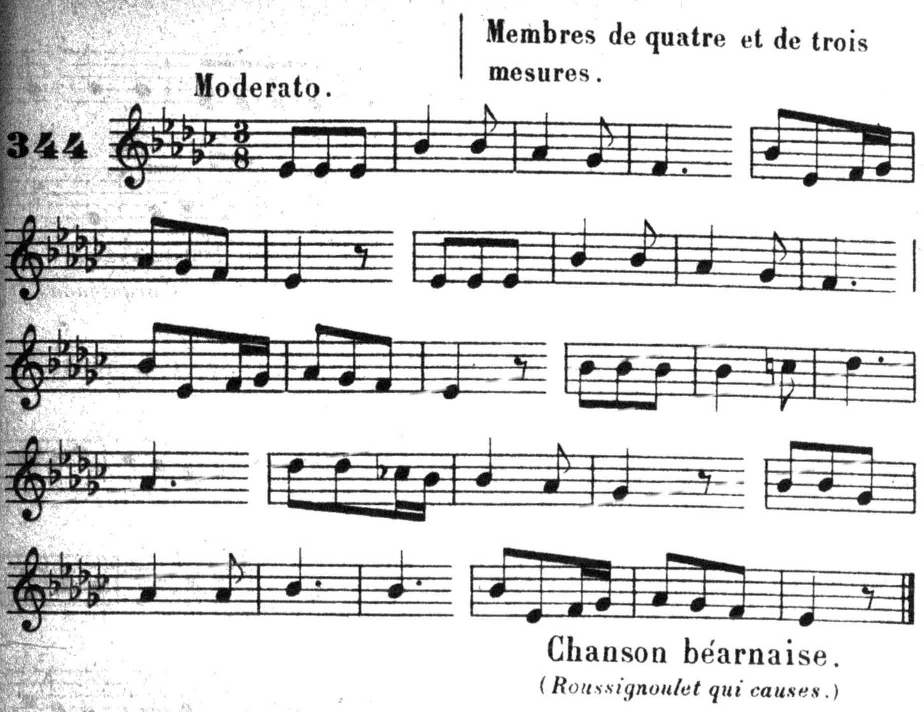

Chanson béarnaise.
(Roussignoulet qui causes.)

Membres de trois et de deux mesures.
La mélodie commence au temps levé.

Moderato.

345

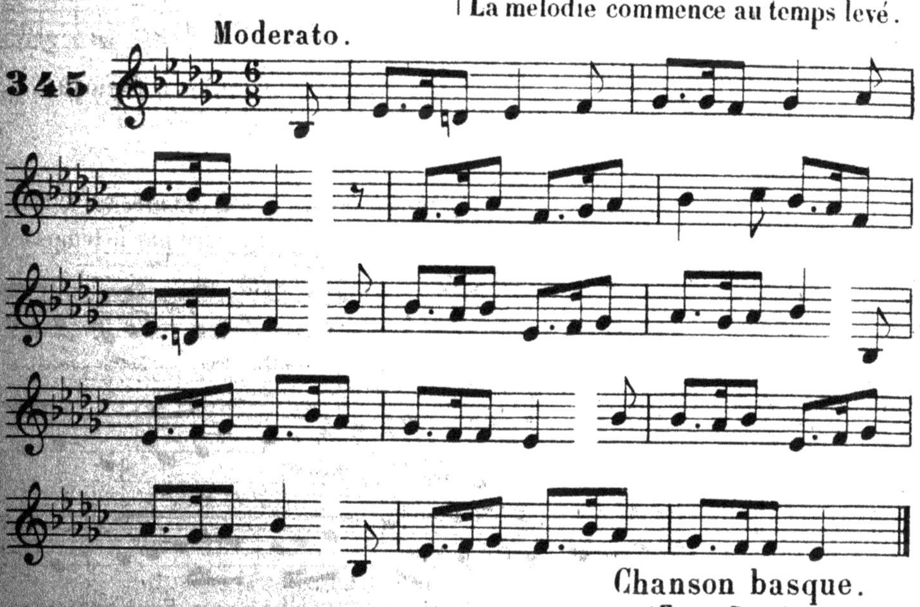

Chanson basque.
(Ezcon Berriac.)

TON DE MI BÉMOL MAJEUR

Membres de deux mesures.
La mélodie commence au temps levé.

All[tto] giocoso.

346

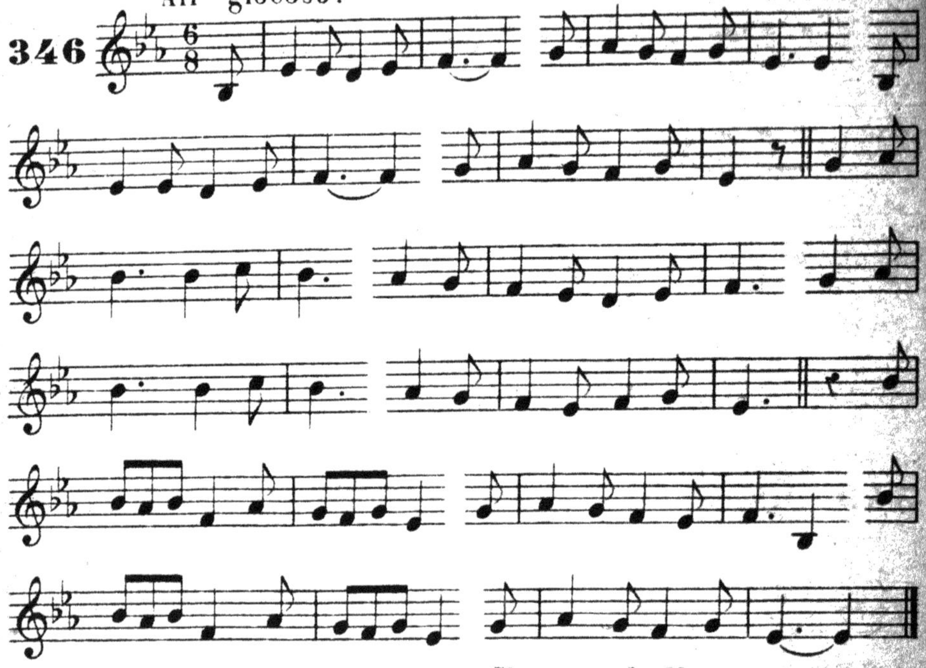

Chanson de Mons (BELGIQUE).
(El doudou.)

Membres de deux et de quatre mesures.

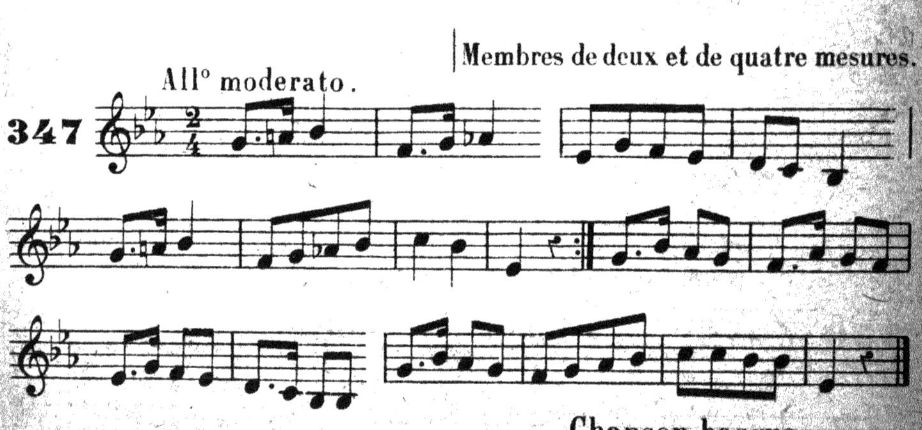

Chanson basque.
(Chacolin, Chacolin, Chacolinac on eguin.)

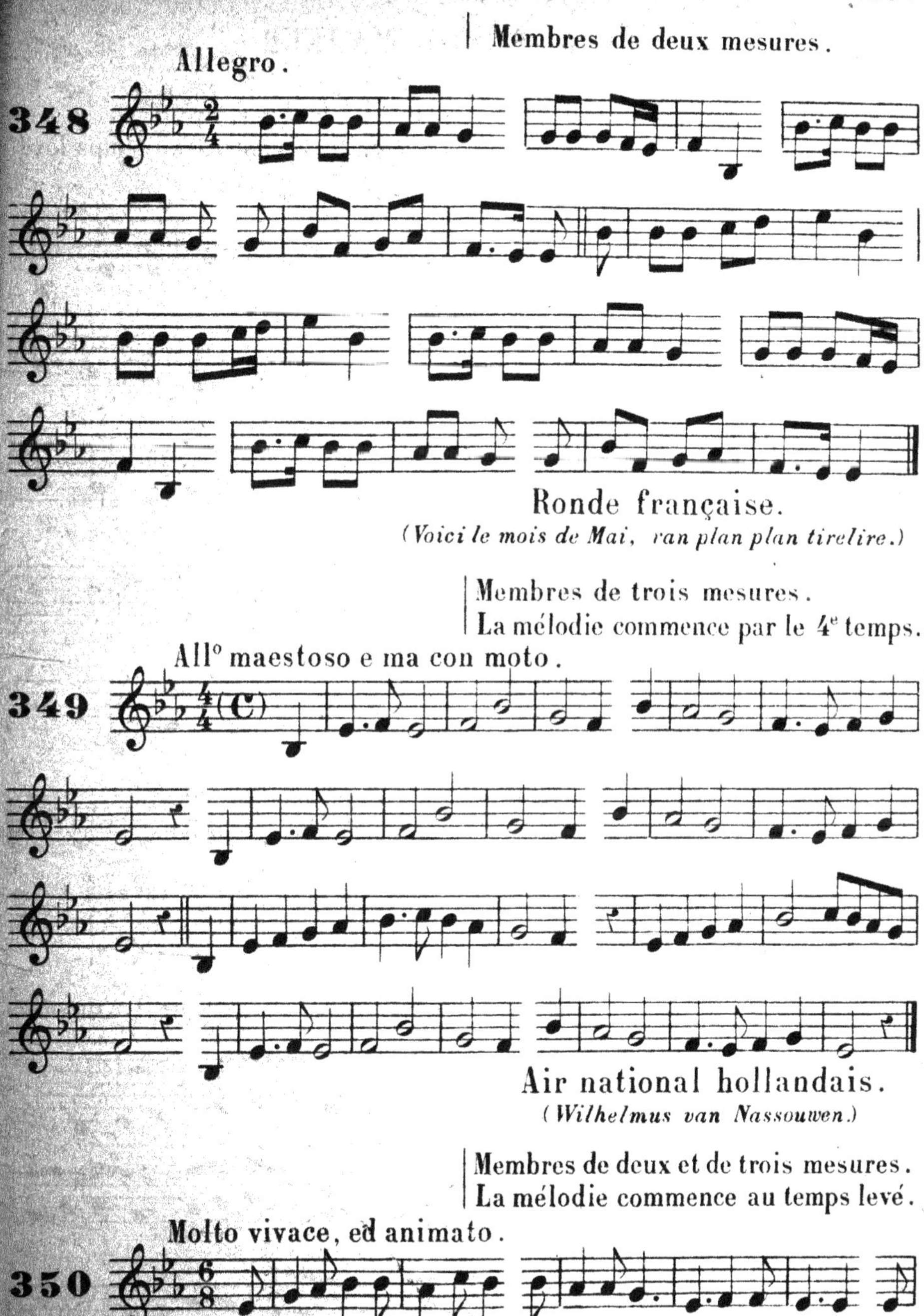
Membres de deux mesures.
Allegro.
348
Ronde française.
(Voici le mois de Mai, van plan plan tirelire.)
Membres de trois mesures.
La mélodie commence par le 4e temps.
Allº maestoso e ma con moto.
349
Air national hollandais.
(Wilhelmus van Nassouwen.)
Membres de deux et de trois mesures.
La mélodie commence au temps levé.
Molto vivace, ed animato.
350

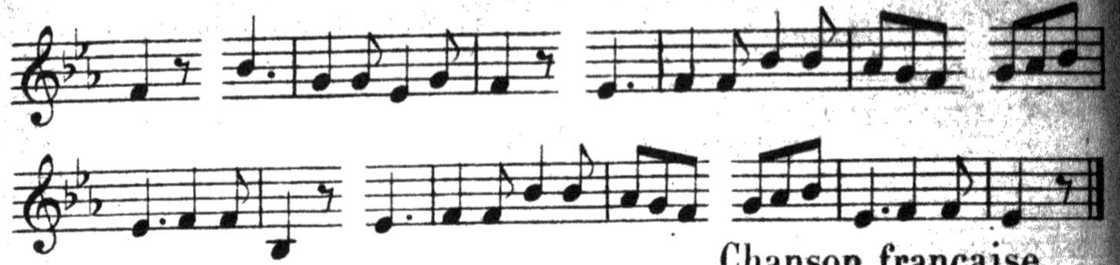

Chanson française.

(La Carmagnole.)

Membres de coupes variées.

Andantino.

351

Allegro

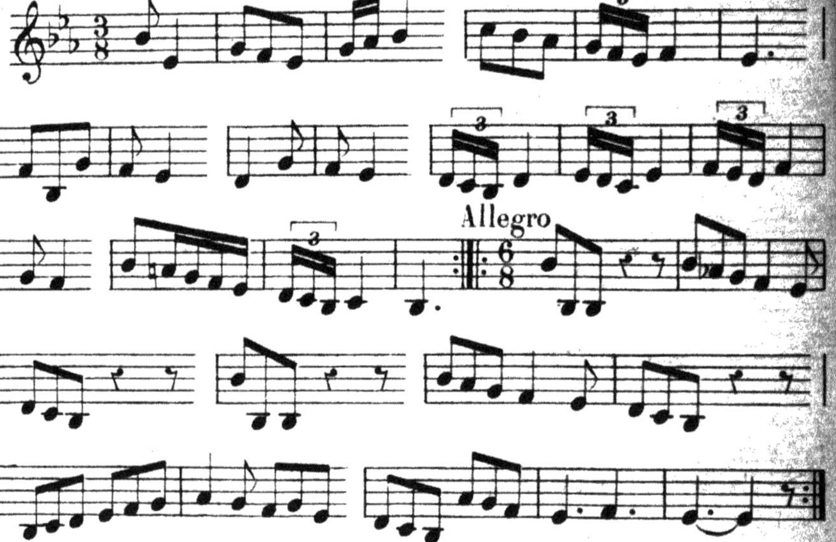

Chanson vénitienne (Aria di batello).

(Dolce xè quel diletto.)

Membres de deux mesures.
La mélodie commence par le temps levé.

352

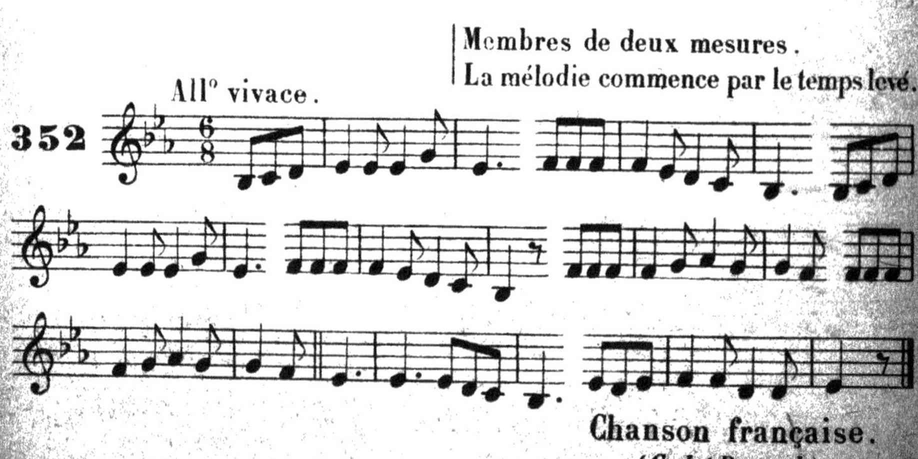

Chanson française.

(Cadet Roussel.)

Membres de deux mesures.

Marziale.

353

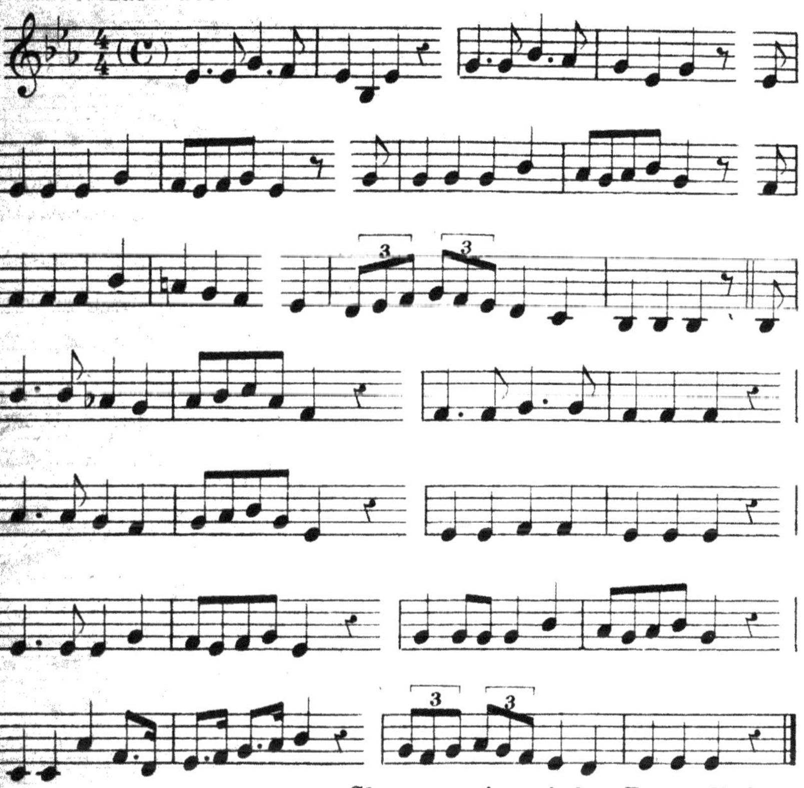

Chant national des Etats Unis
de l'Amérique du Nord.
(Hail Columbia.)

Membres de deux mesures.

Allegretto.

354

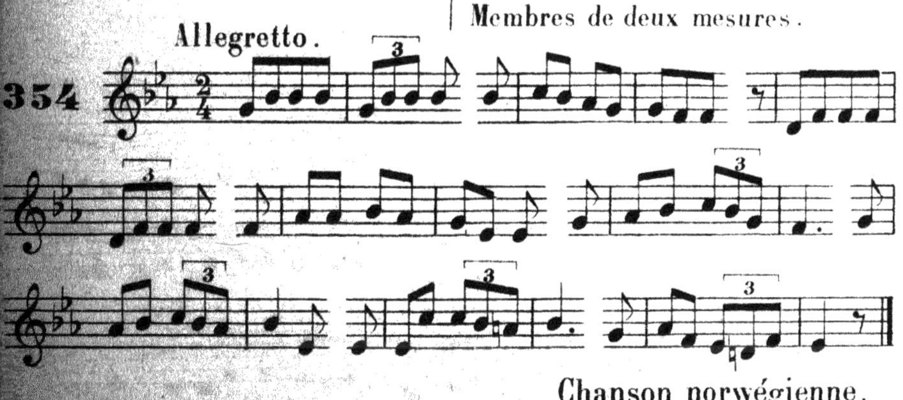

Chanson norwégienne.
(Jäntan som vill giffa sig.)

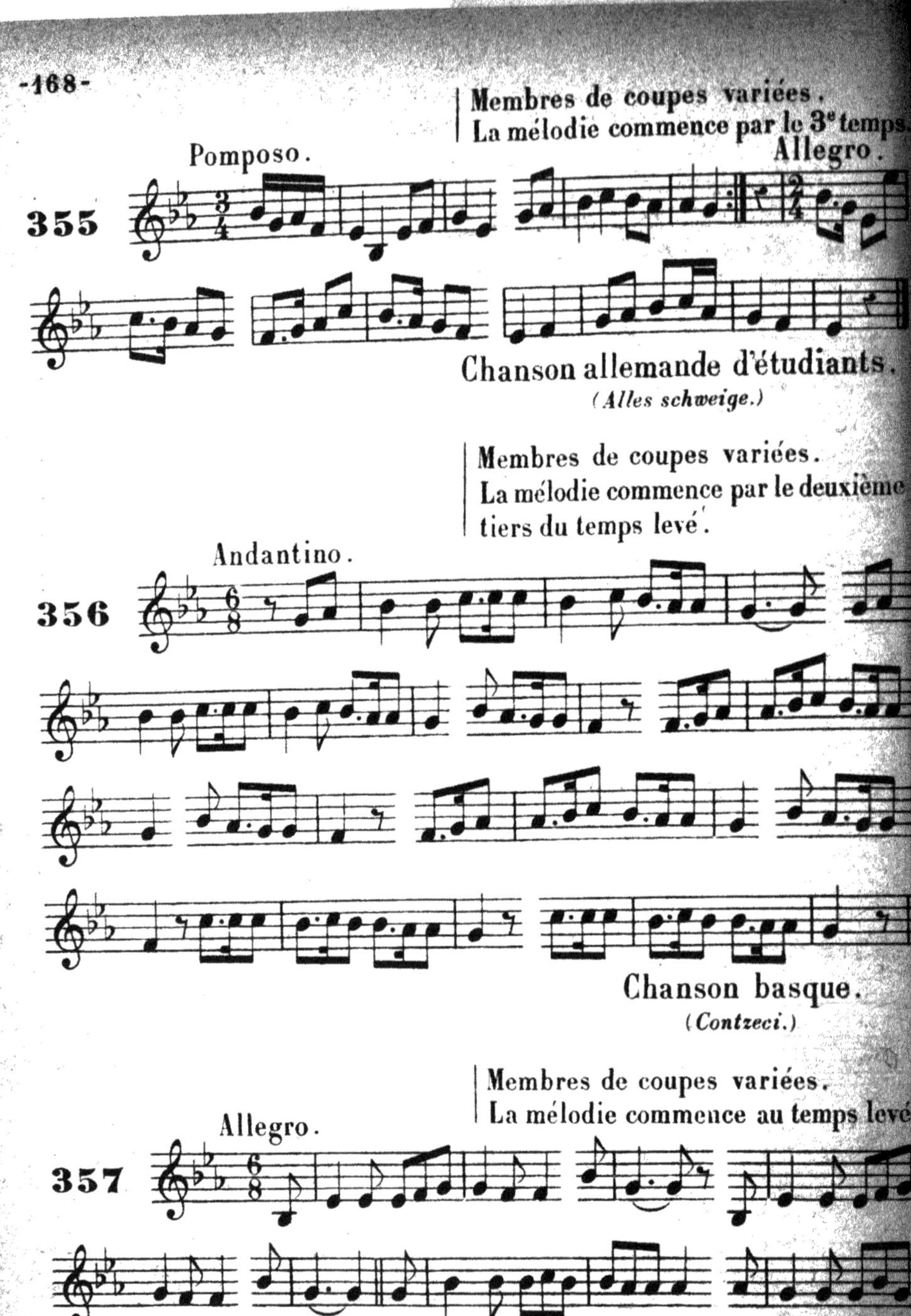

Chanson flamande.

(Van den koekoek.)

Membres de deux mesures.
La mélodie commence au temps levé.

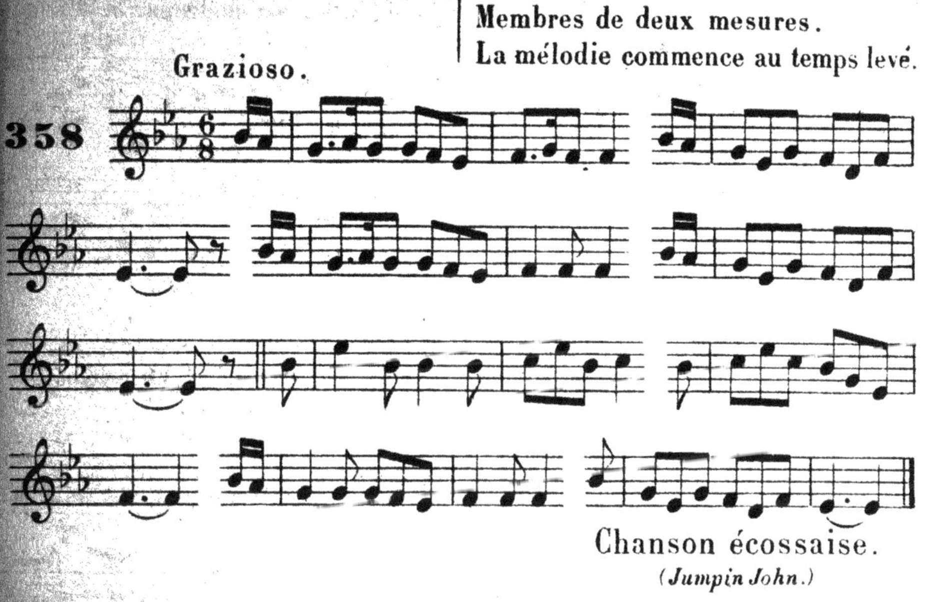

Chanson écossaise.
(Jumpin John.)

TON D'UT MINEUR

Membres de deux et de quatre mesures.
La mélodie commence par le temps levé

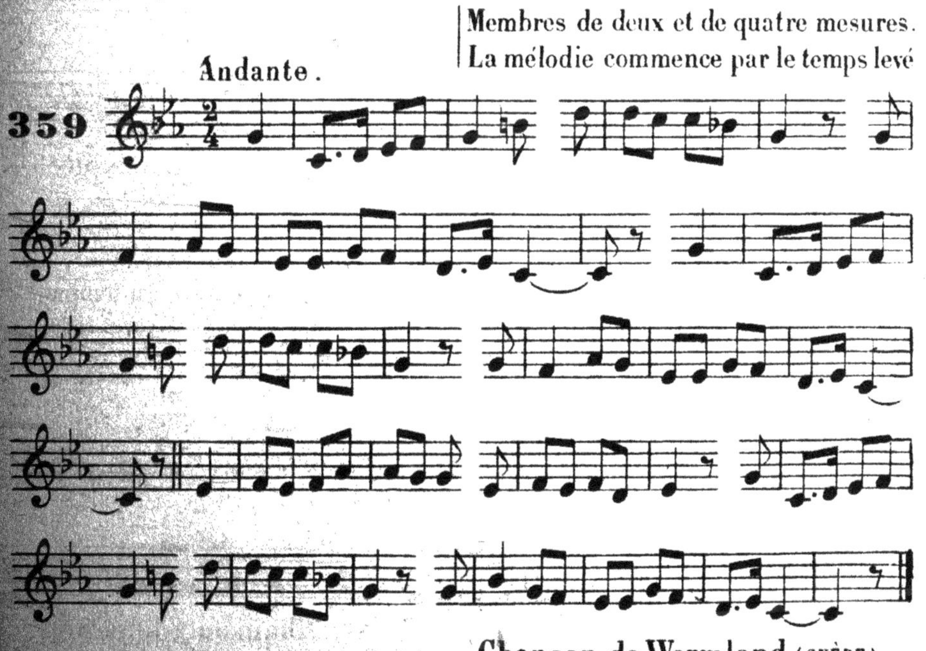

Chanson de Wermland (SUÈDE).
(Ack! Wermeland, du Skőna.)

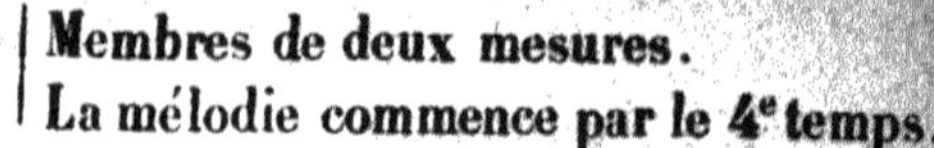
Membres de deux mesures.
La mélodie commence par le 4e temps.

Mod^to assai.

360

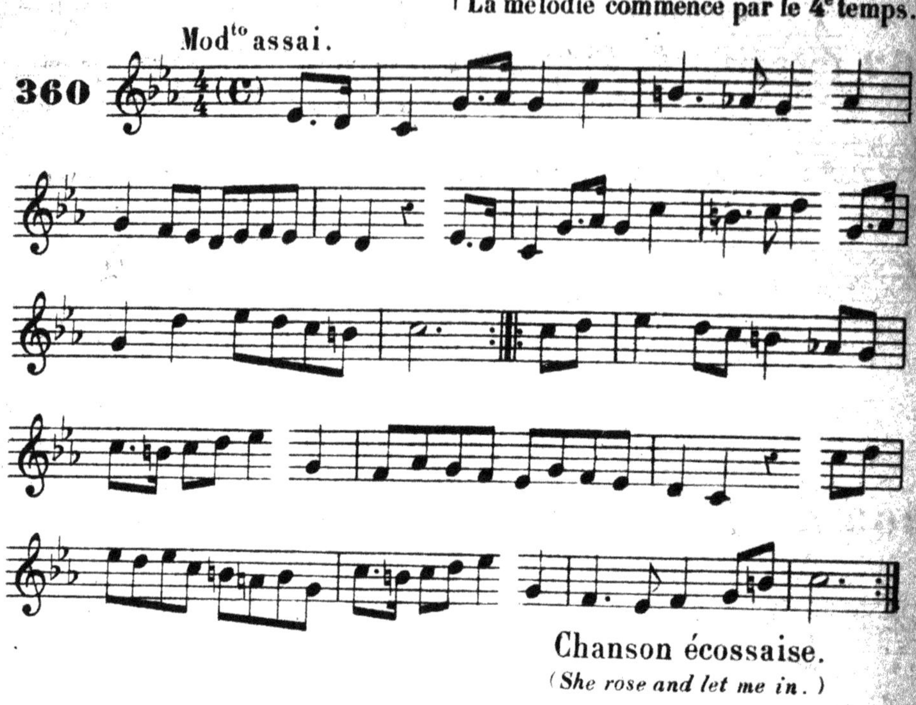

Chanson écossaise.
(*She rose and let me in.*)

Membres de quatre et de deux mesures.

And^te sostenuto.

361

Chanson slave.

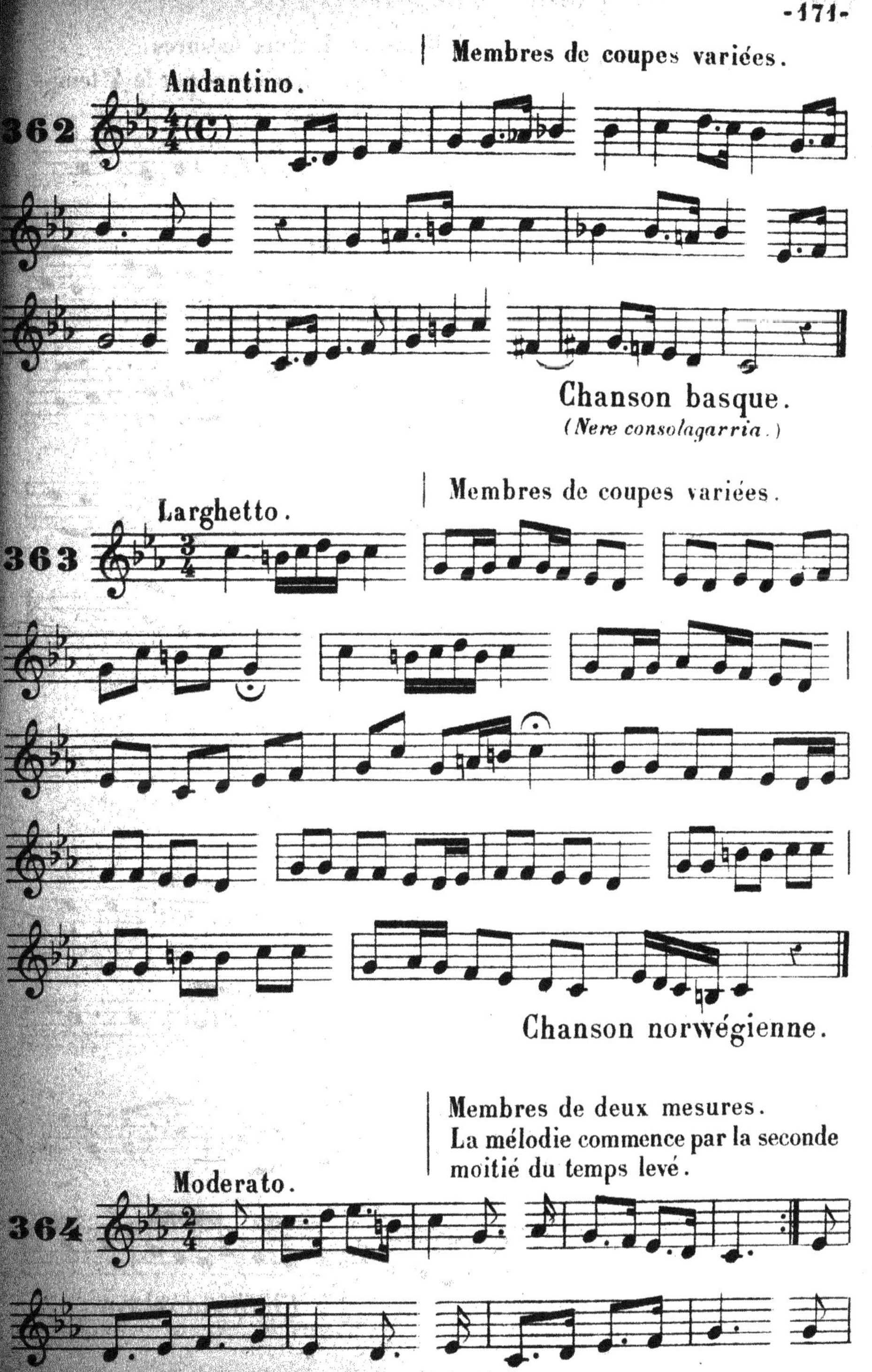
Membres de coupes variées.
Andantino.
362
Chanson basque.
(Nere consolagarria.)
Membres de coupes variées.
Larghetto.
363
Chanson norwégienne.
Membres de deux mesures.
La mélodie commence par la seconde moitié du temps levé.
Moderato.
364

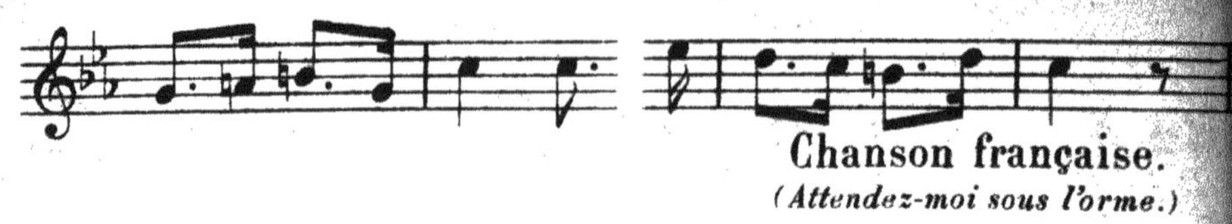

Chanson française.
(Attendez-moi sous l'orme.)

Membres de deux mesures.

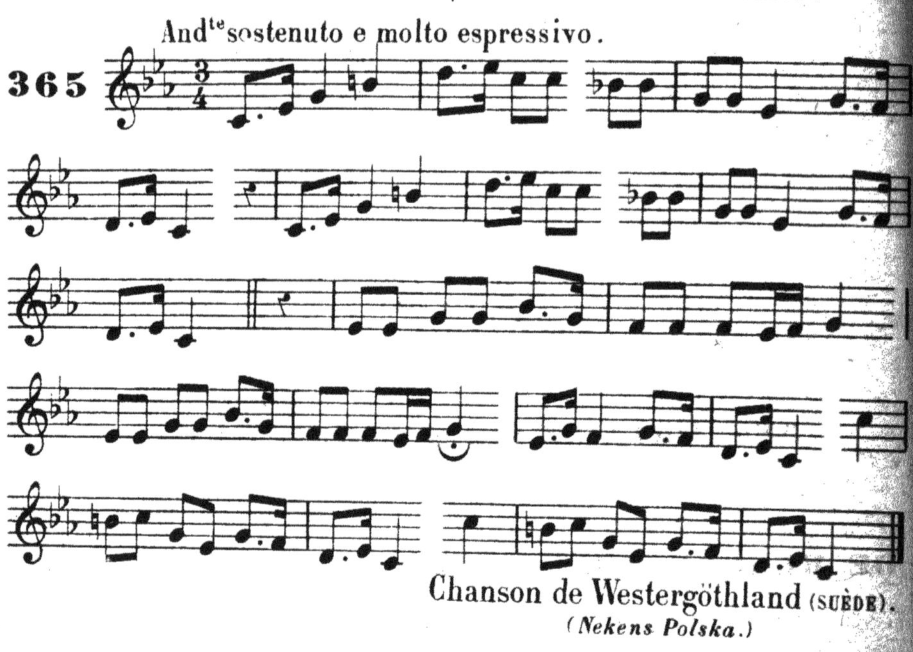

Chanson de Westergöthland (SUÈDE).
(Nekens Polska.)

Membres de deux et de trois mesures.
La mélodie commence par le temps levé.

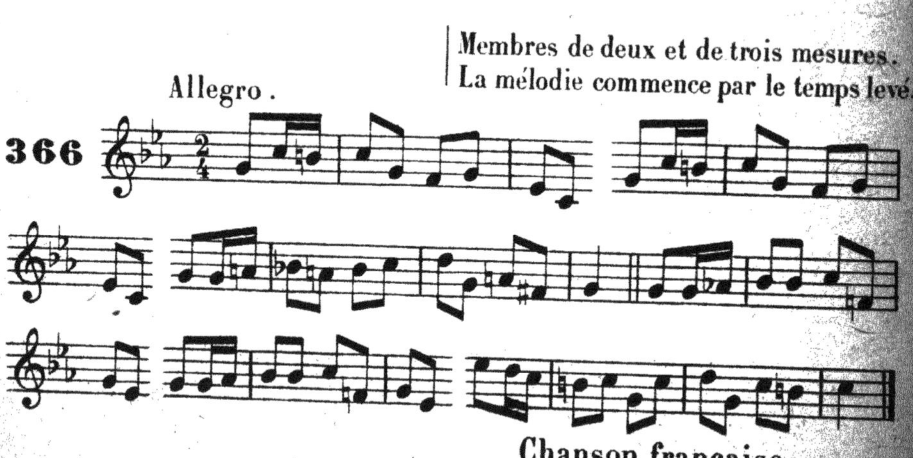

Chanson française.
(Quelle liqueur est plus vermeille.)

RÉSUMÉ

DES PRINCIPALES DIFFICULTÉS

DE MESURE, DE RYTHME ET D'INTONATION

Membres de deux mesures.

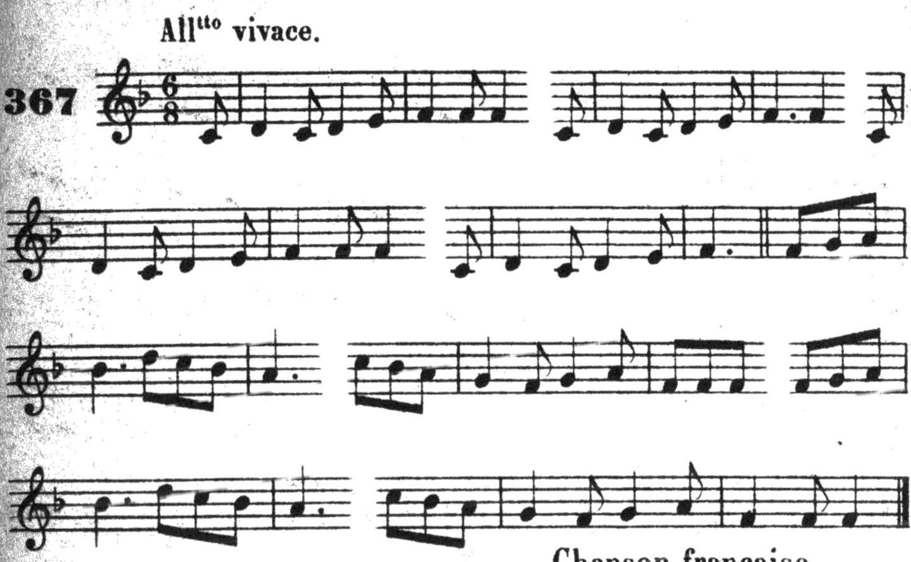

Chanson française.
(Il était un roi d'Yvetot.)

Membres de deux et de trois mesures.

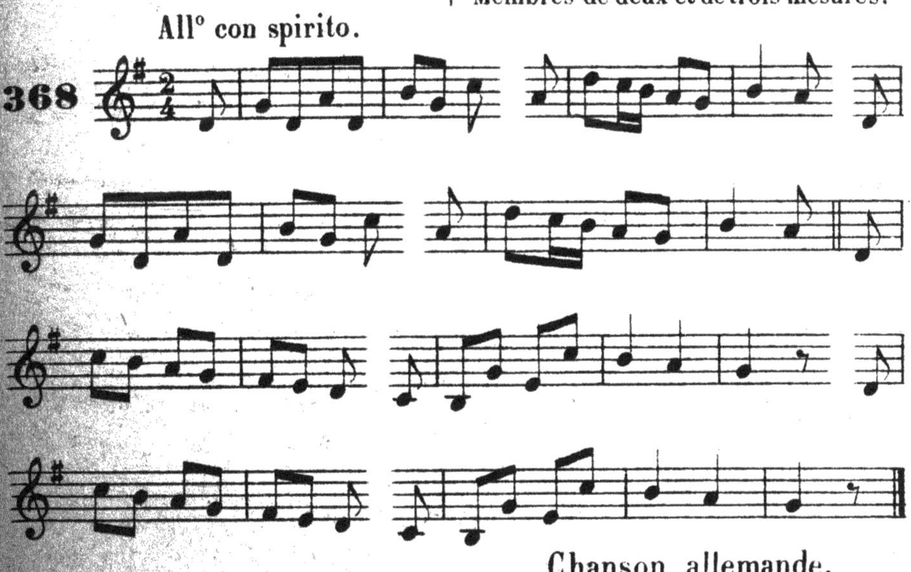

Chanson allemande.
(Ich bin vergnügt im Siegeston.)

Membres de quatre et de trois mesures.

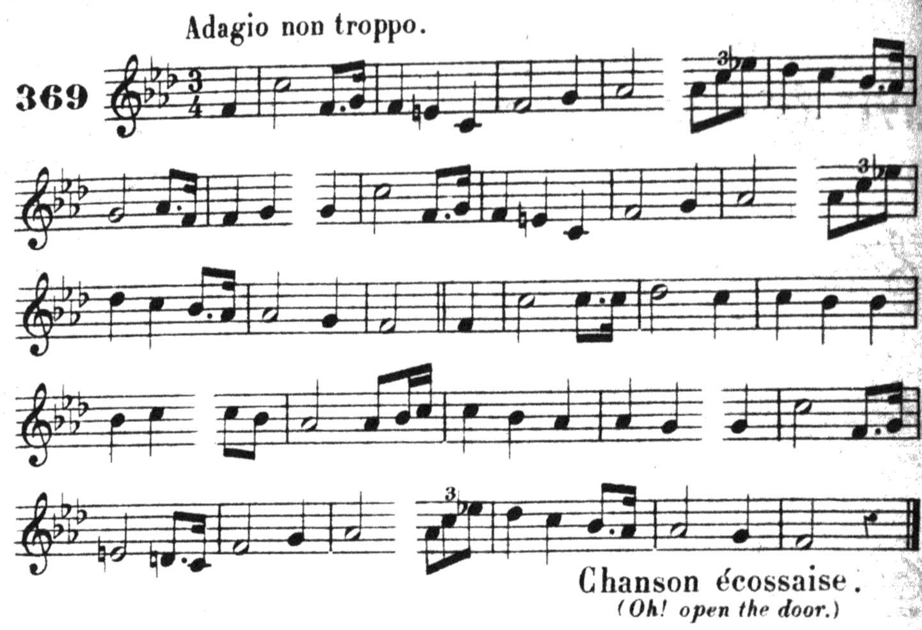

Chanson écossaise.
(Oh! open the door.)

Membres de deux mesures.

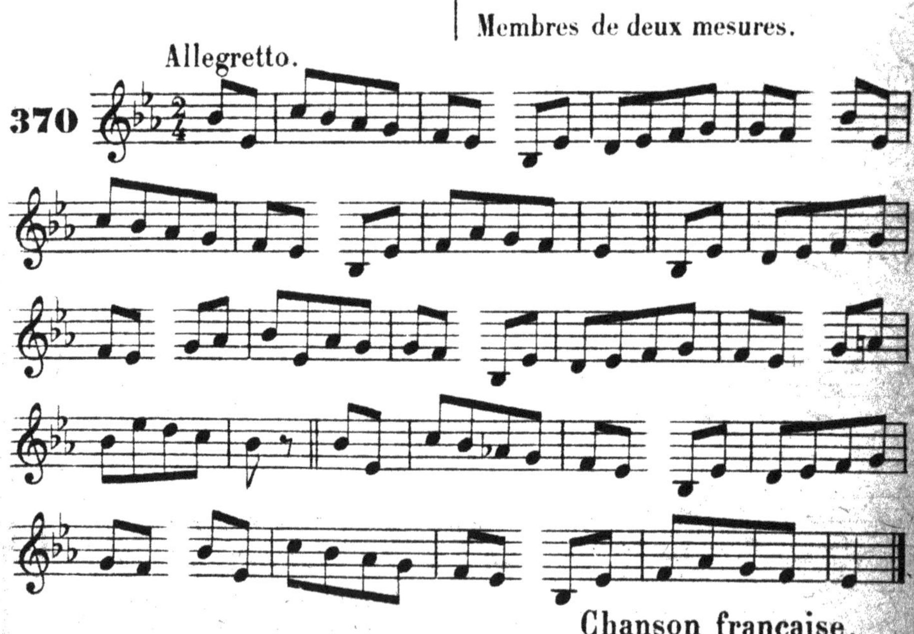

Chanson française.
(N'allez point au bois seulette.)

Membres de deux mesures.

Allº moderato ma giocoso.

371

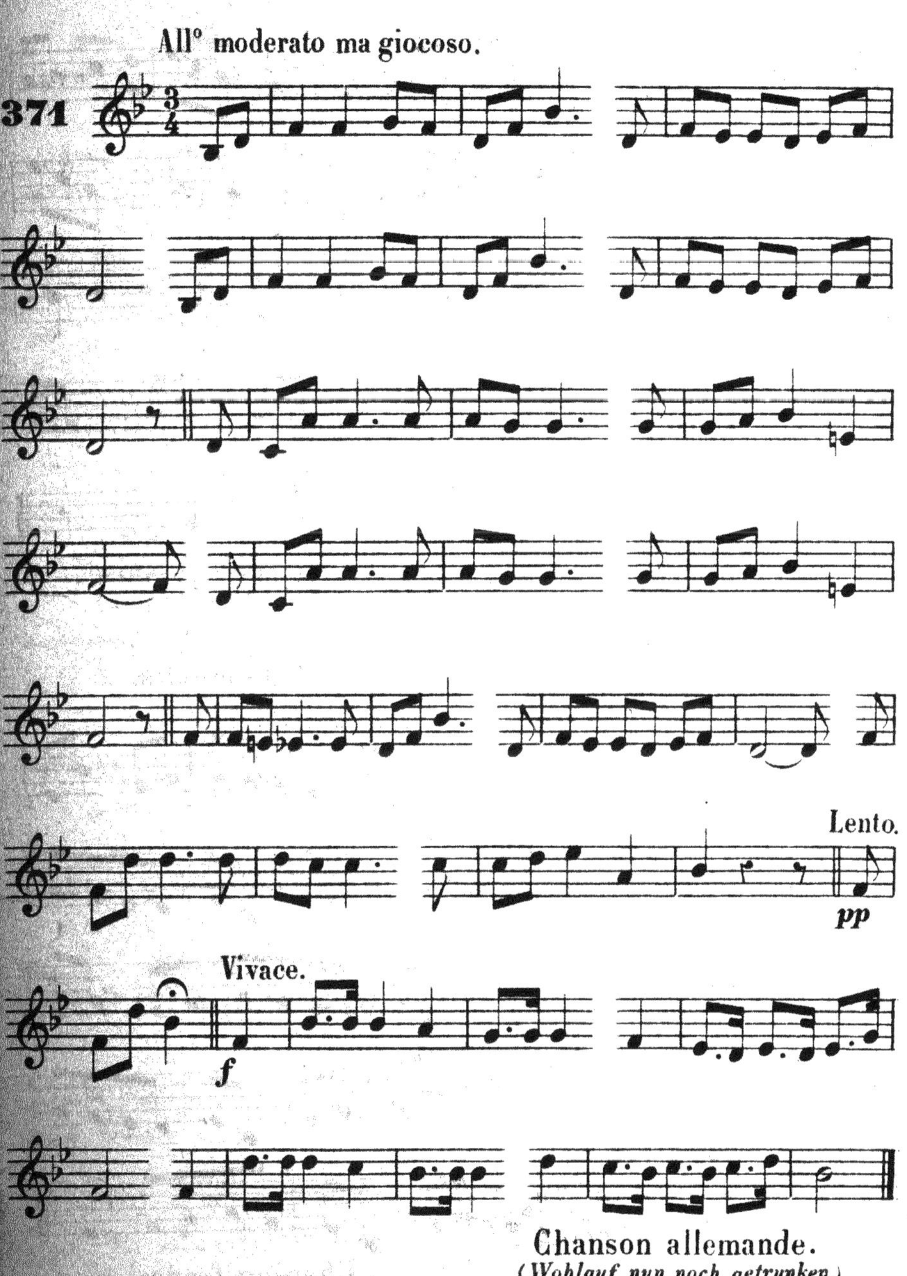

Chanson allemande.
(Wohlauf nun noch getrunken.)

Membres de deux mesures.

Andantino.

372

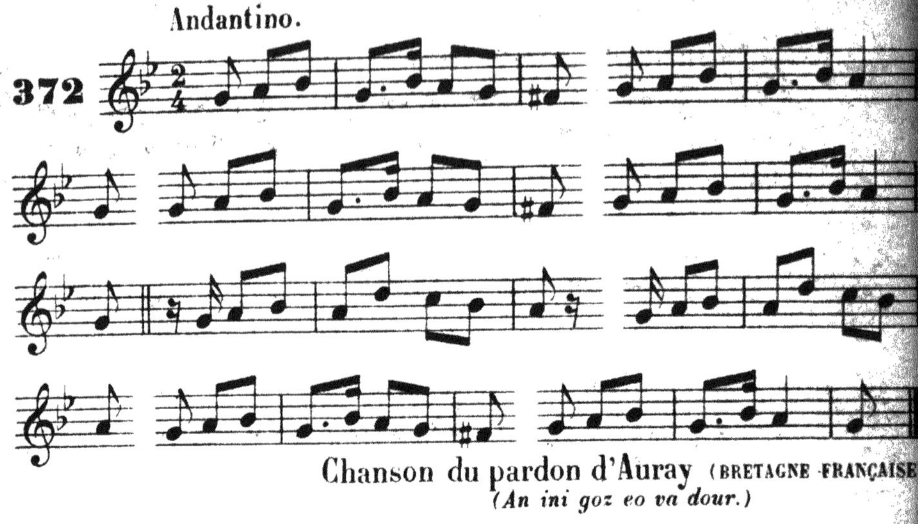

Chanson du pardon d'Auray (BRETAGNE FRANÇAISE).
(An ini goz eo va dour.)

Membres de quatre et de deux mesures.

Très vif et animé.

373

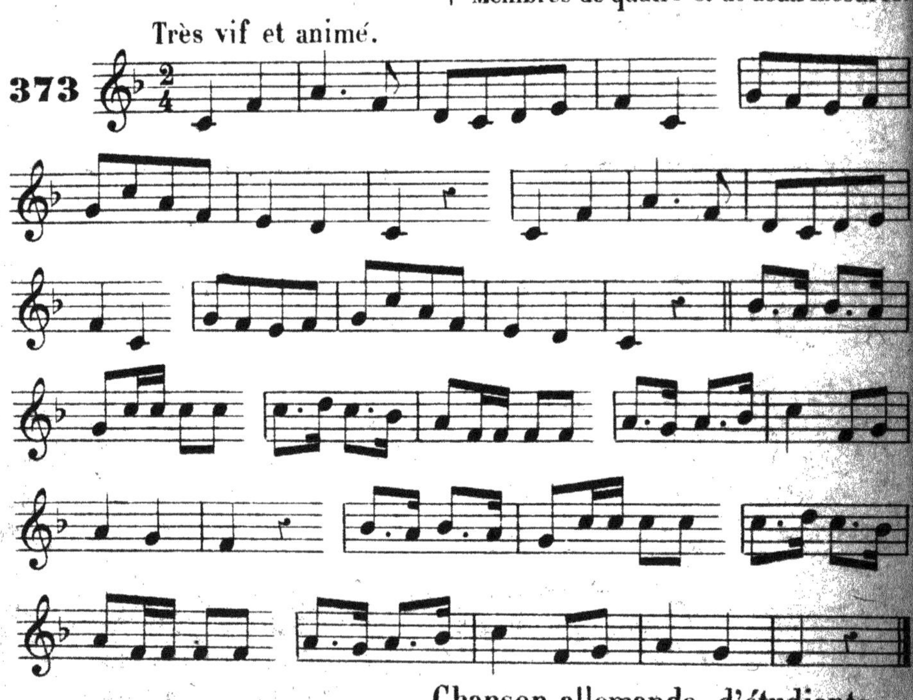

Chanson allemande d'étudiants.

Membres de coupes variées.

Adagio.

374

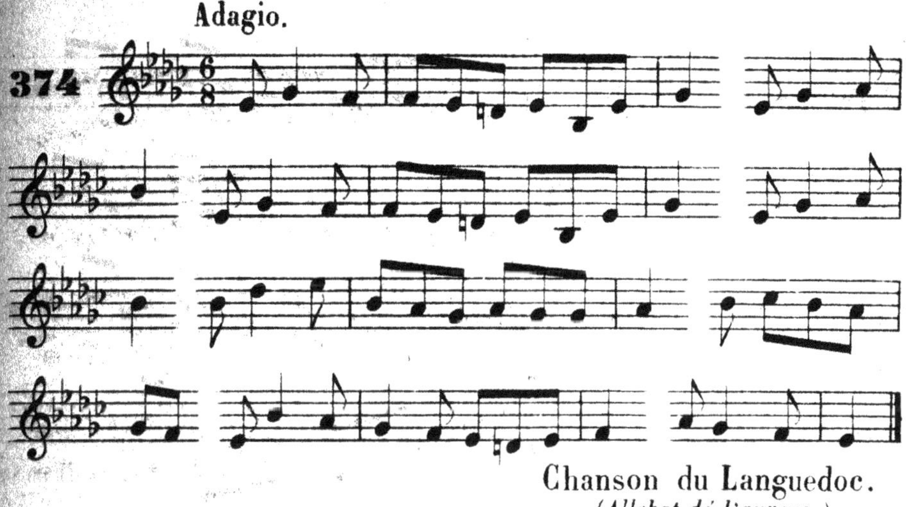

Chanson du Languedoc.
(Allebat dé l'auroro.)

Membres de deux mesures.

And^{no} con moto.

375

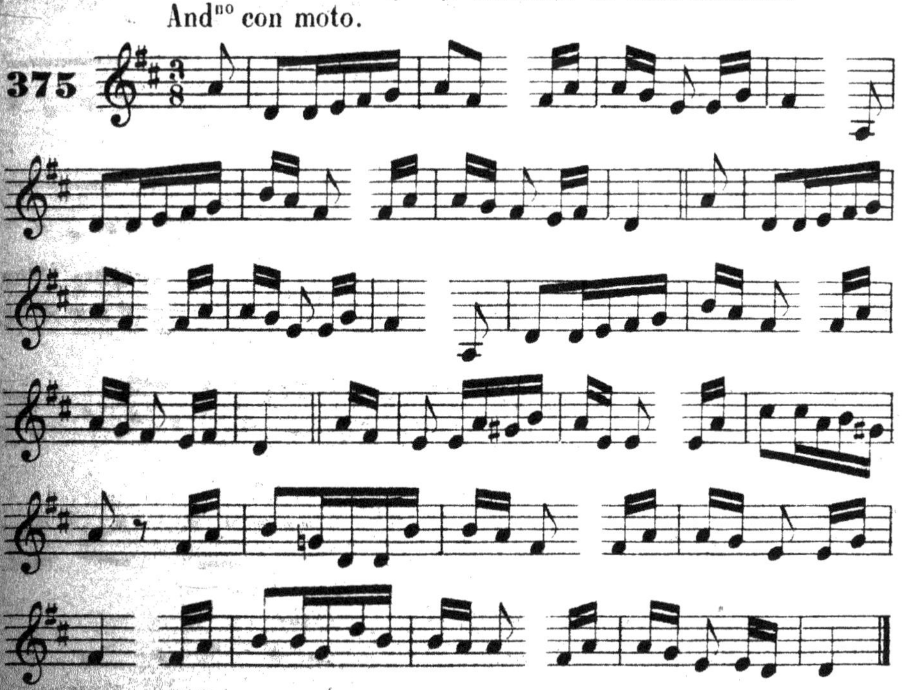

Chanson du Tyrol.
(Bin aus und ein ganga in ganza Tyrol.)

 (Mélodie pentaphone; gamme primitive de cinq notes.)

Membres de quatre et de deux mesures.

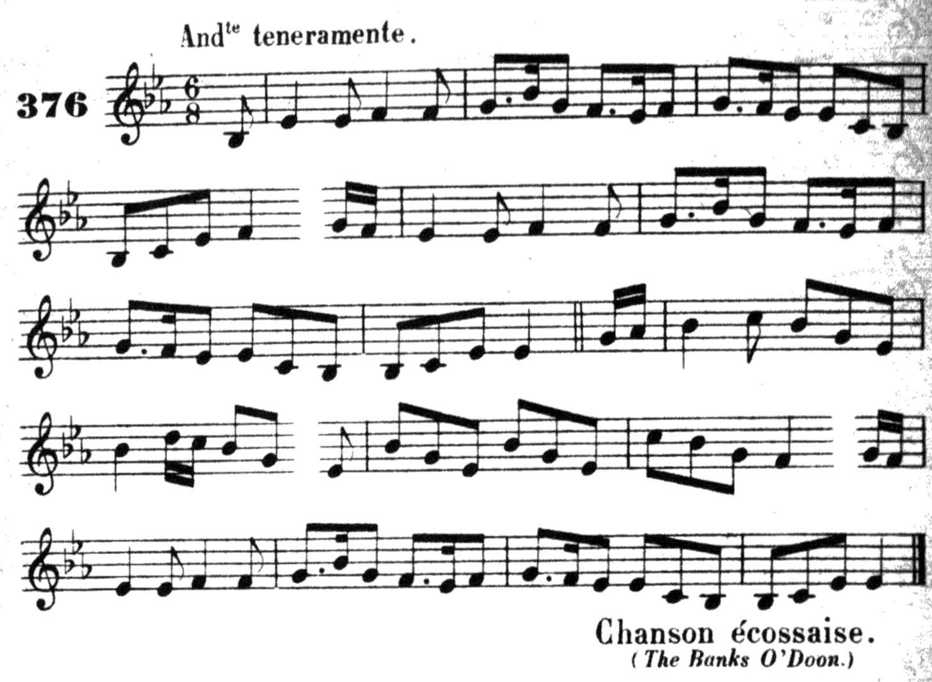

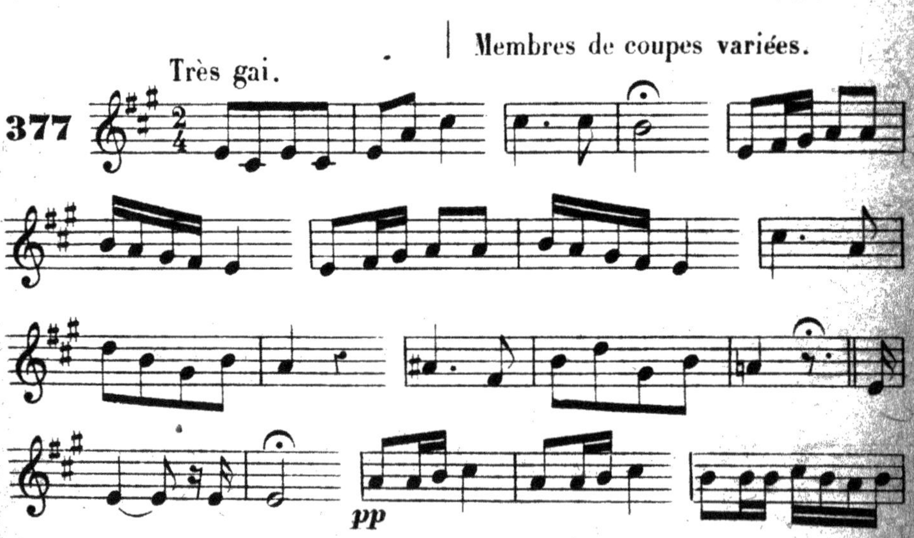

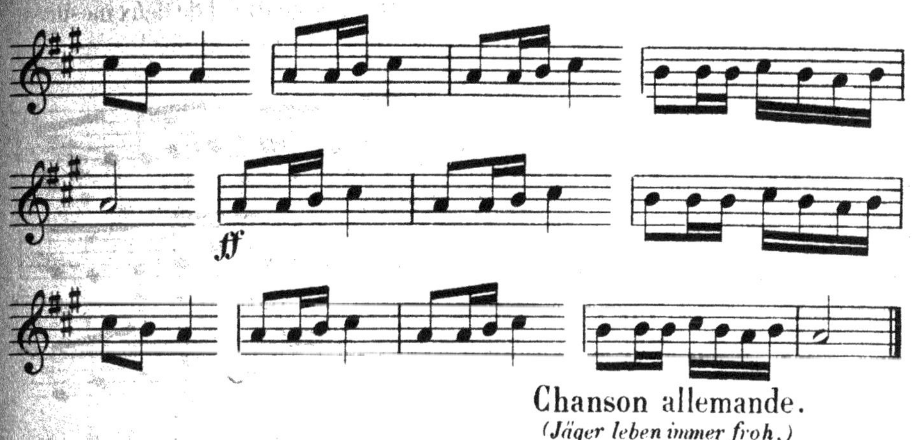

Chanson allemande.
(Jäger leben immer froh.)

Membres de deux et de quatre mesures.

Andantino.

378

Riten.

a Tempo.

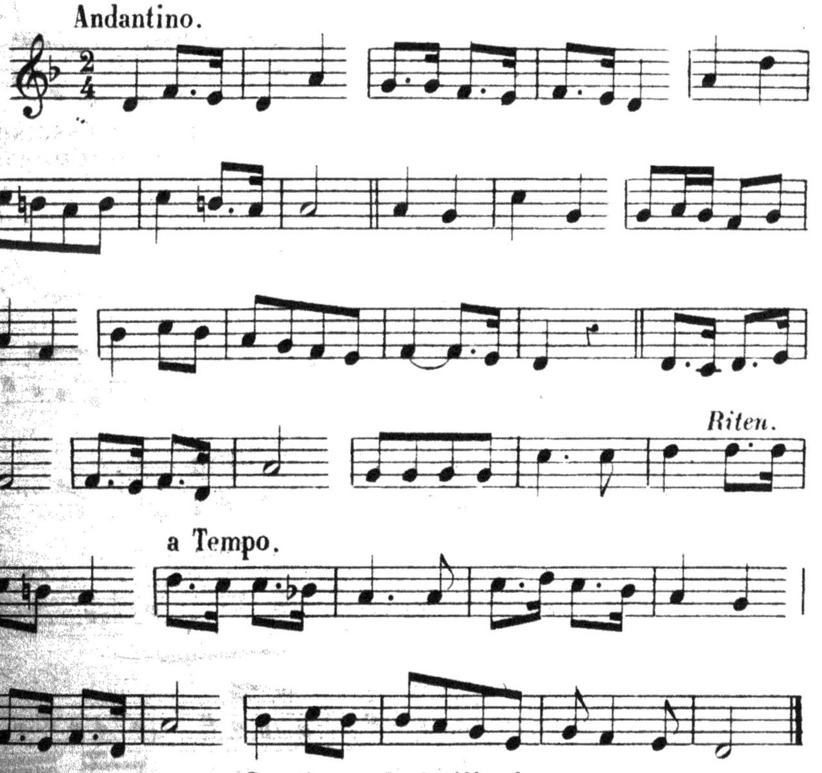

Cantique de Bailleul (FLANDRE FRANÇAISE).
(Schoone maegd, Maria, ons verlangen.)

Membres de deux mesures.

Très vif et animé.

379

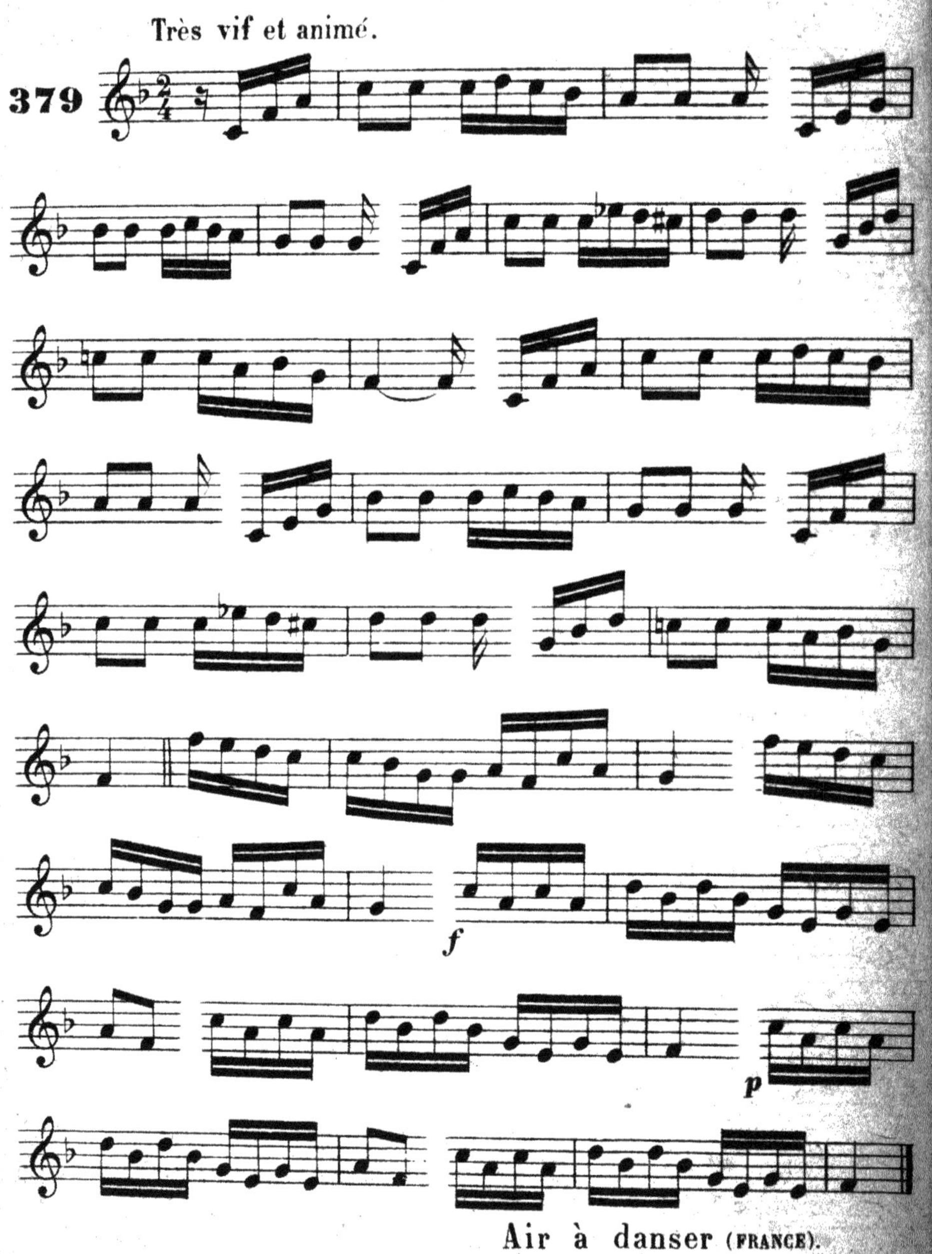

Air à danser (FRANCE).

(La trénis.)

Membres de coupes variées.

380

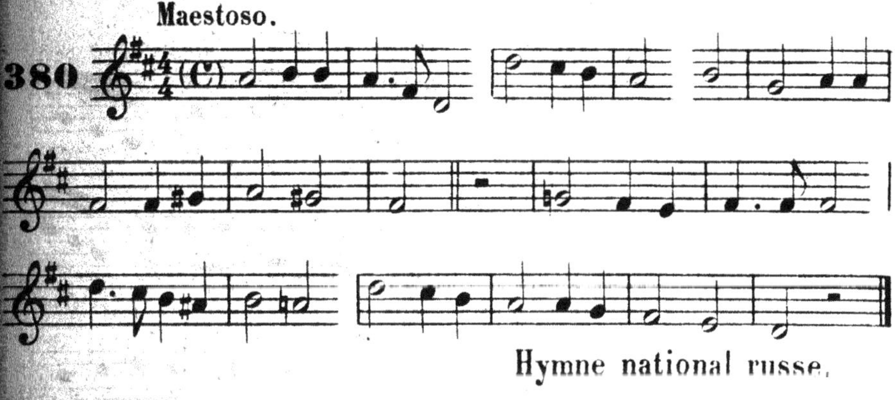

Hymne national russe.

Membres de quatre et de deux mesures.

381

Mod^{to} espressivo.

mf

mf

Cresc.

p

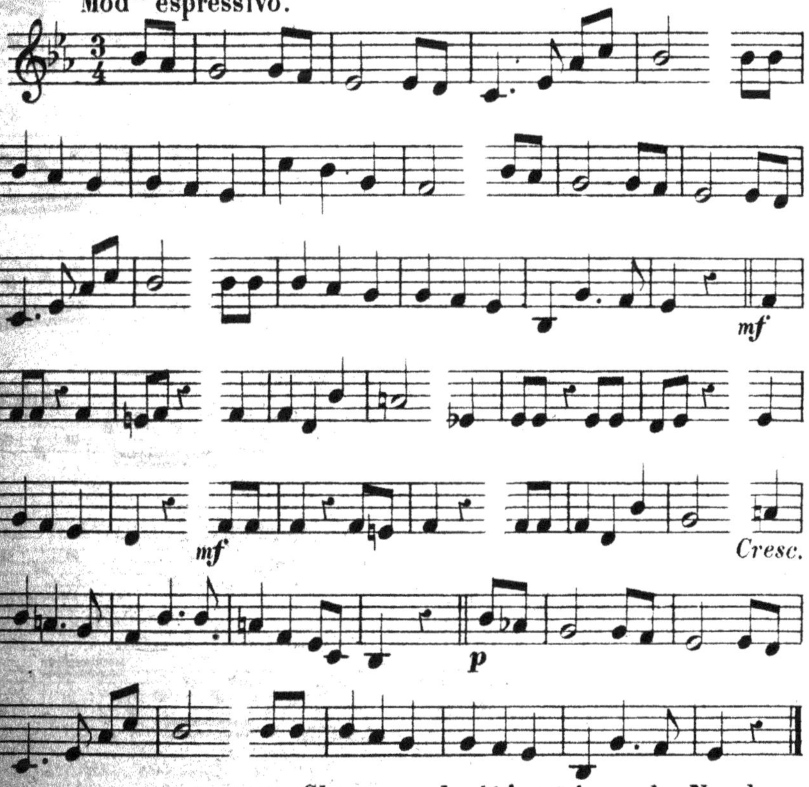

Chanson de l'Amérique du Nord.

(To the west, to the west, to the land of the free.)

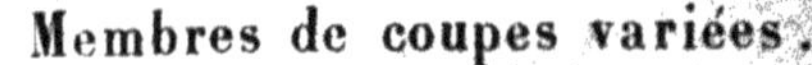
Membres de coupes variées.

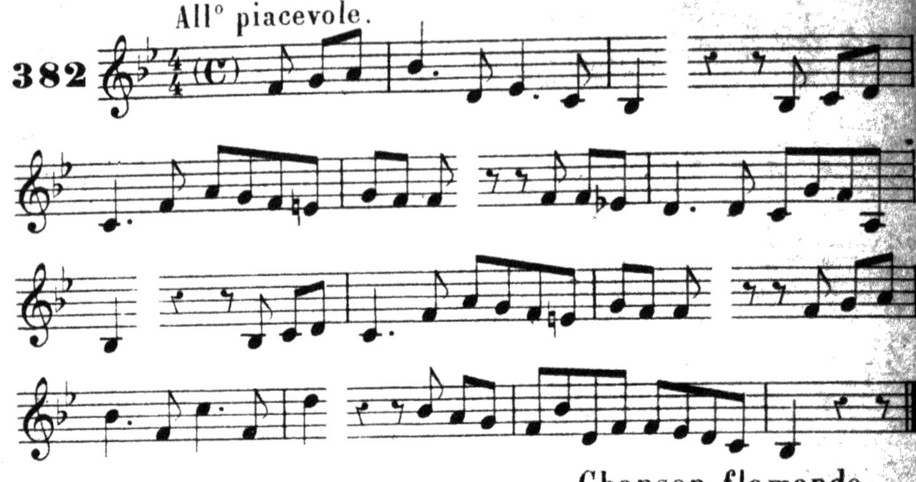

Chanson flamande.

(Ik zat te zingen voor mijn deur.)

Membres de deux mesures.

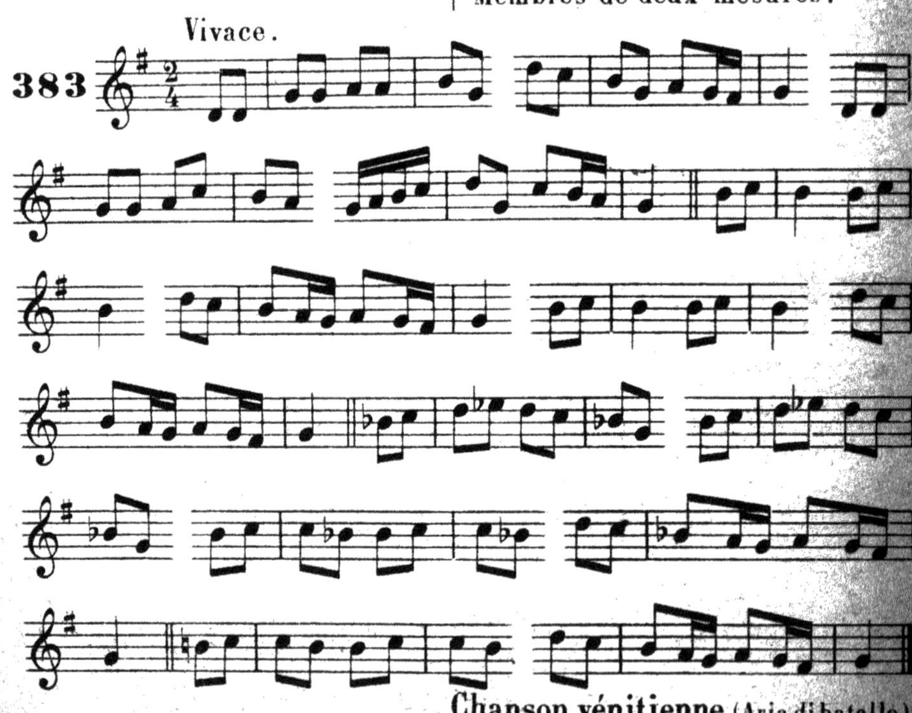

Chanson vénitienne (Aria di batello).

(Si pen mi star, pen todesch.)

Membres de deux mesures.

Andantino.

384

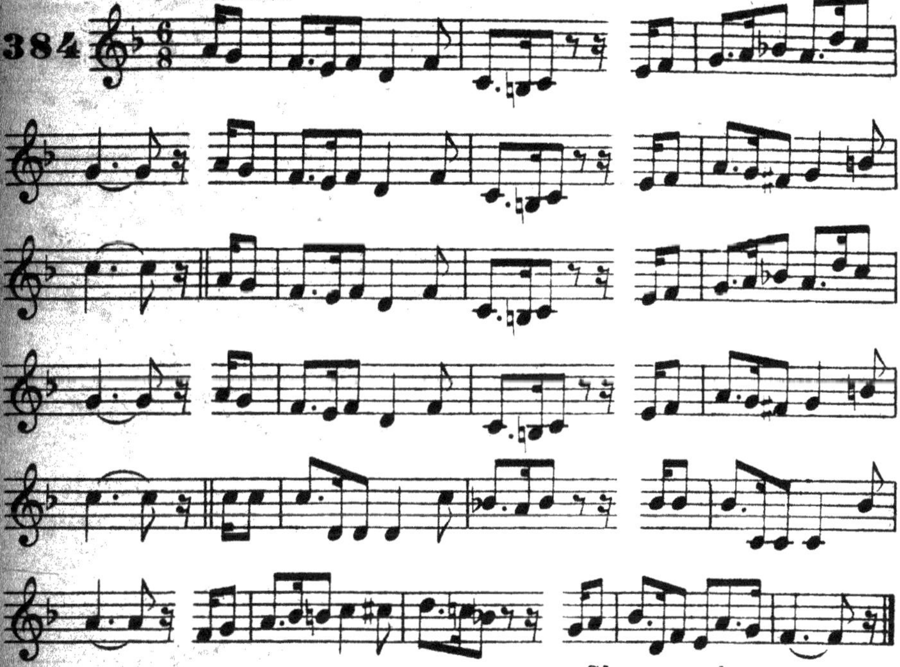

Chanson basque.

(Ume eder batieu si nuben.)

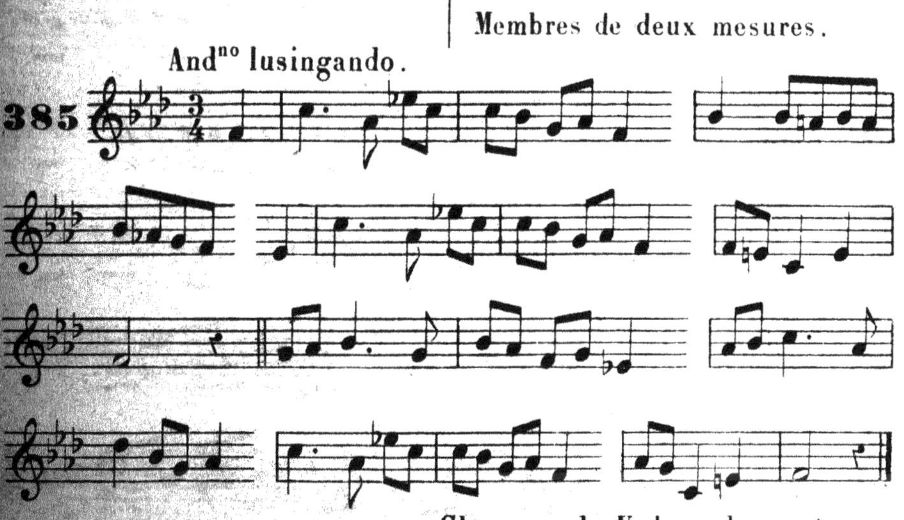

Chanson de Kolmorden (SUÈDE)

(Ack hör du lilla vännen så säj!)

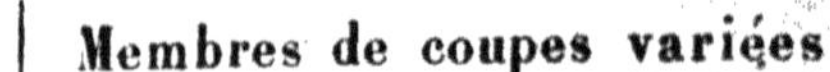
Membres de coupes variées.

Vivace.

386

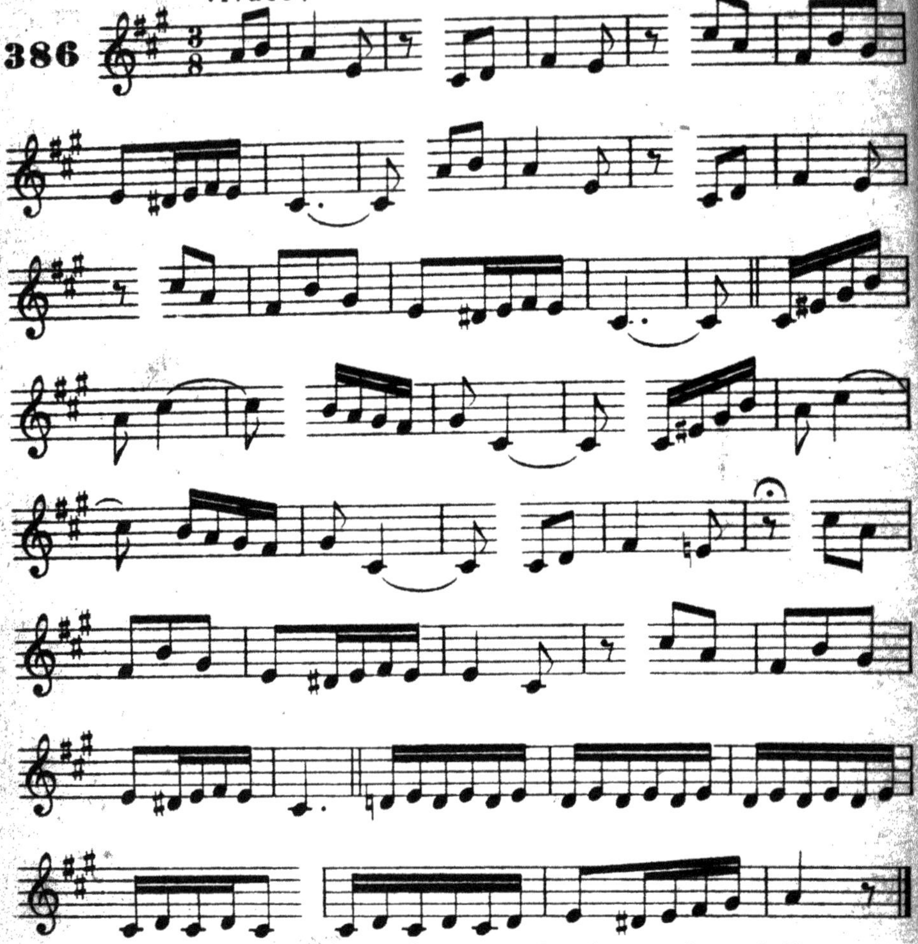

Chanson des Bohémiens d'Espagne.

Membres de coupes variées.

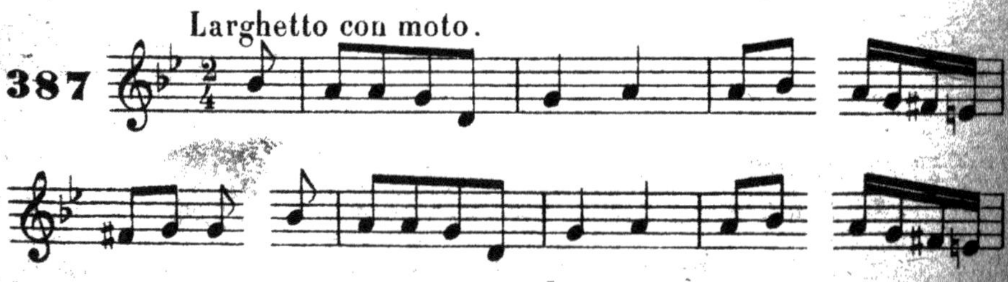

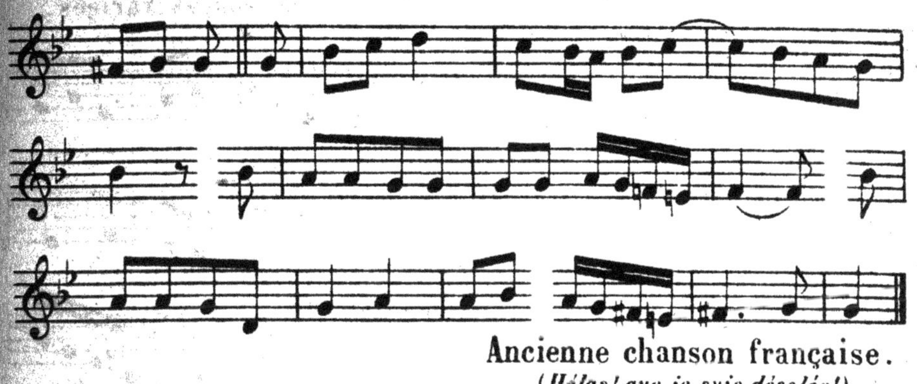

Ancienne chanson française.

(Hélas! que je suis désolée!)

| Membres de deux mesures.

All° mod^{to} e comodo.

388

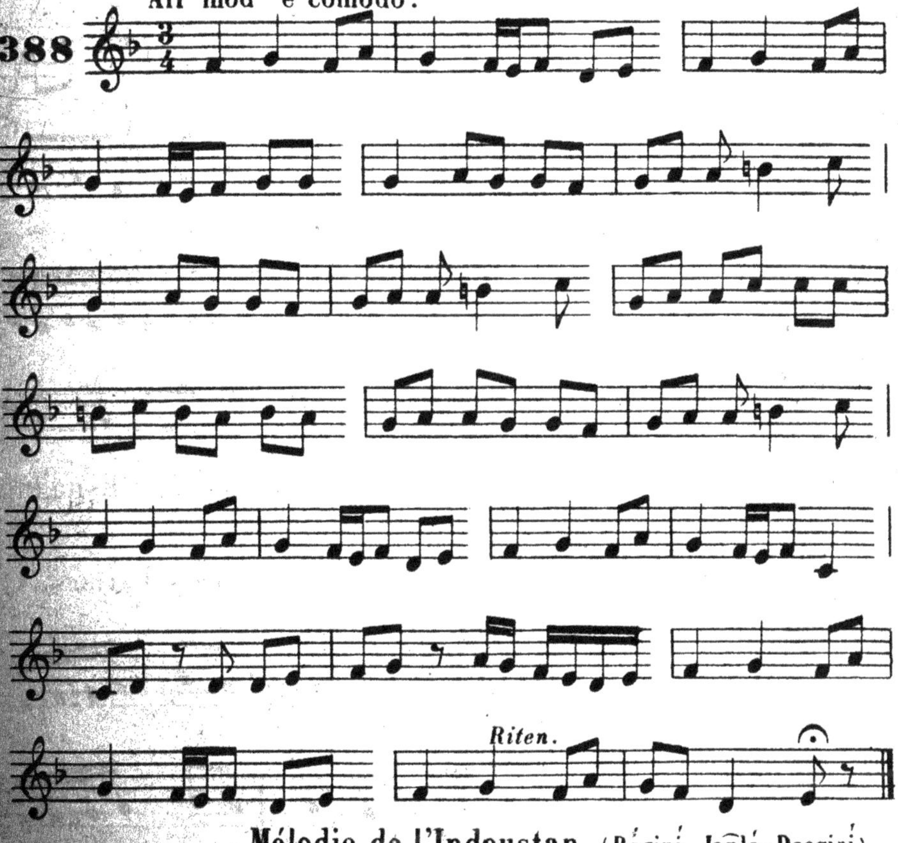

Riten.

Mélodie de l'Indoustan (Rágini Jan͡la-Deogiri).

(Dhair yyañ ra hu dhair.)

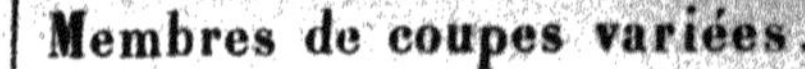

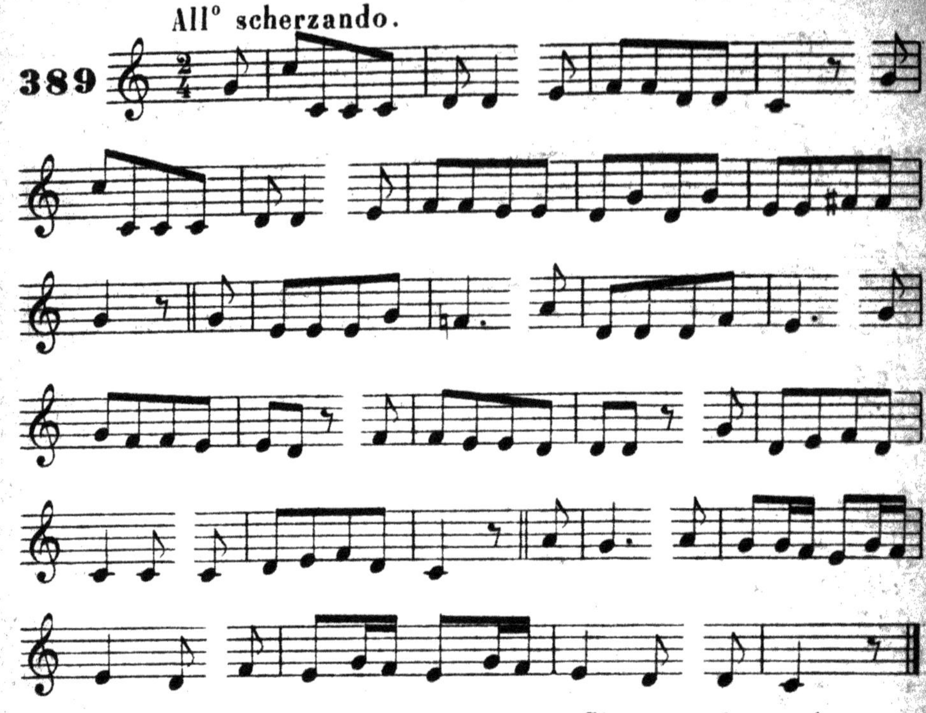

Chanson française.
(Oui, noir, mais pas si diable.)

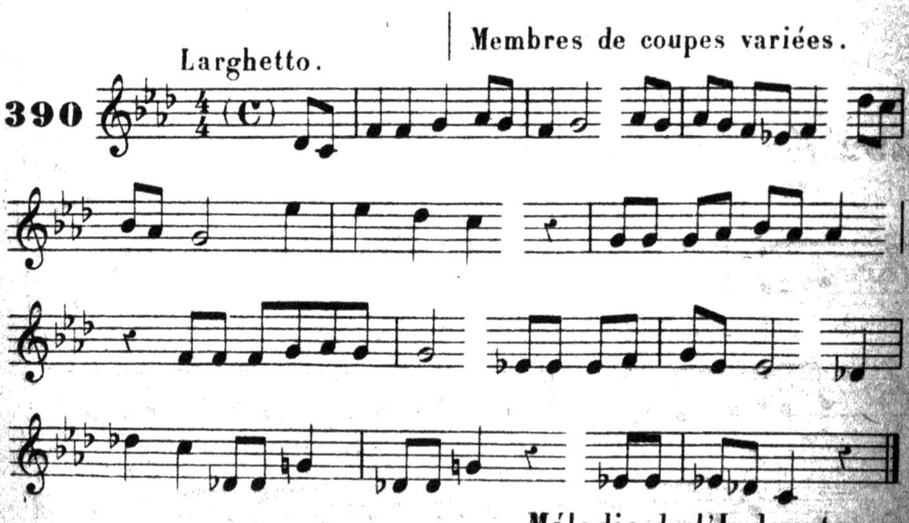

Mélodie de l'Indoustan.
(Rágini Yoginá.)

Membres de deux mesures.

Lento dolente.

391

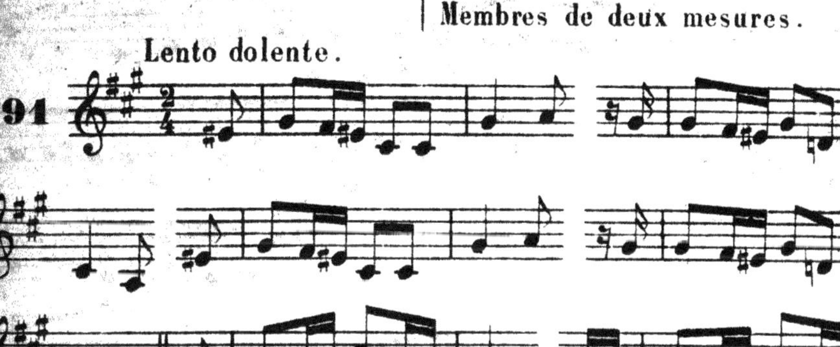

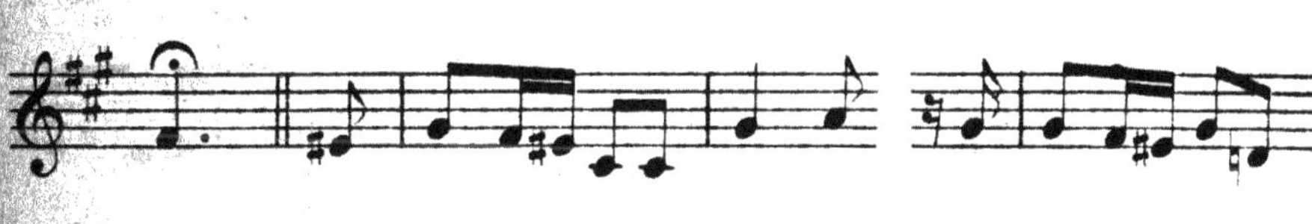

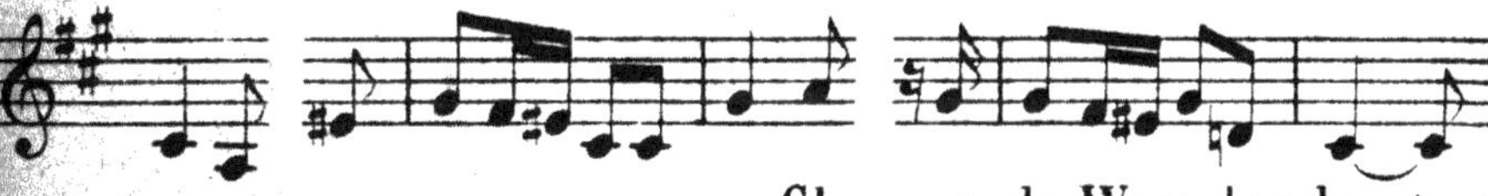

Chanson de Wermland (SUÈDE).

(Allt när såsom.)

Membres de coupes variées.

Molto All° ed energico.

392

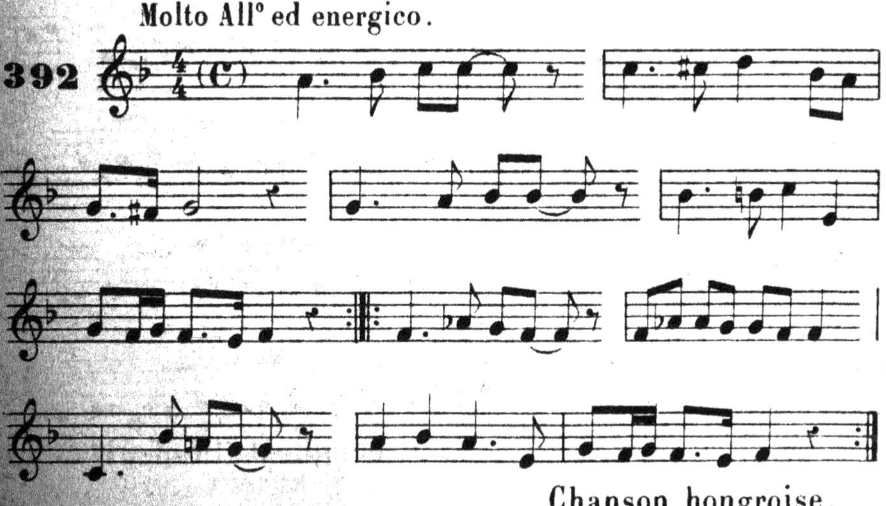

Chanson hongroise.

Membres de deux mesures.

Molto moderato.

393

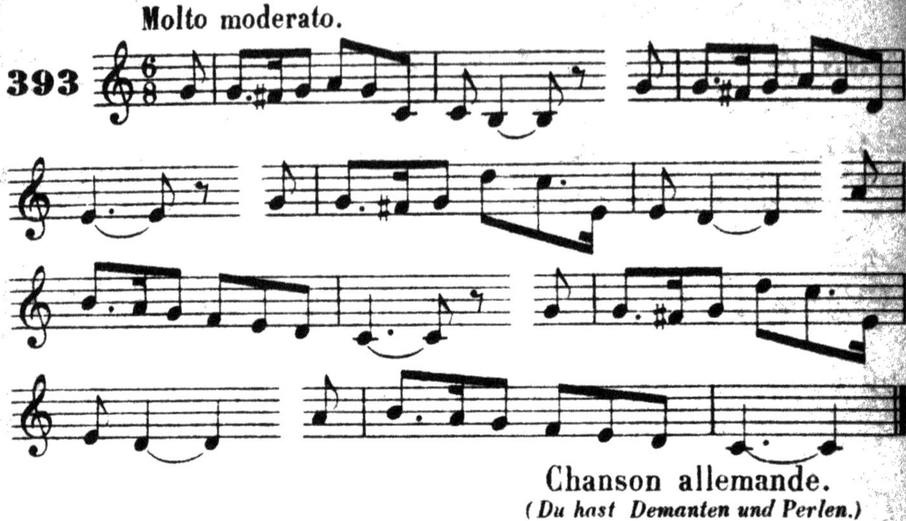

Chanson allemande.
(Du hast Demanten und Perlen.)

Membres d'une mesure.
(mesure composée de quatre mesures à $\frac{3}{8}$)

And^{te} con moto.

394

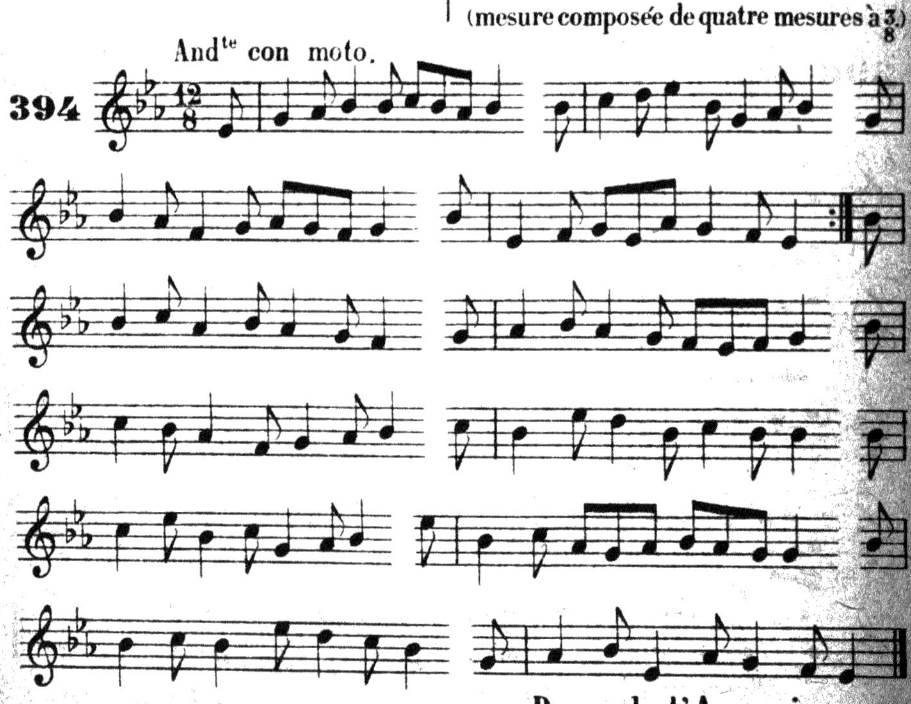

Prose de l'Ascension.
(Solemnis haec festivitas.)
(Antiphonaire parisien.)

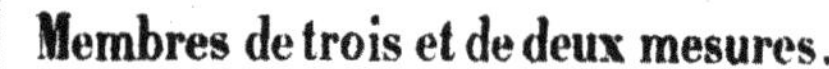

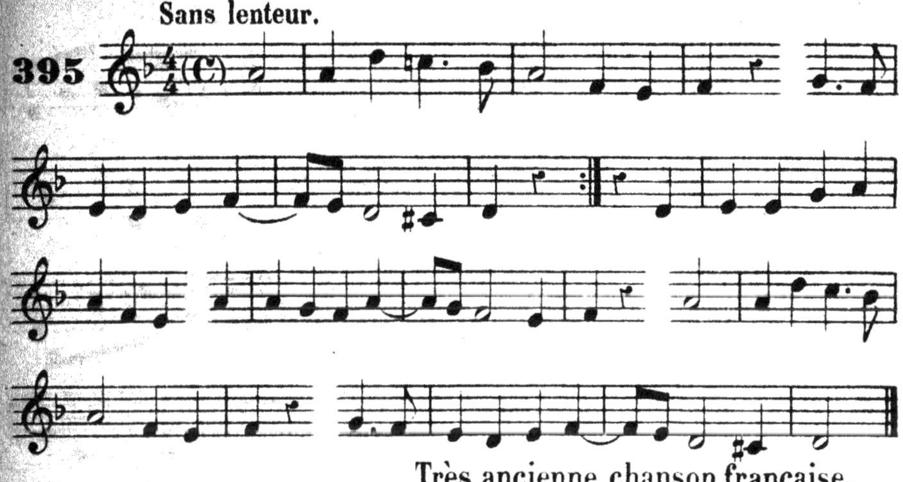

Très ancienne chanson française.
(Dieu garde celle du déshonneur.)

Membres de quatre mesures.

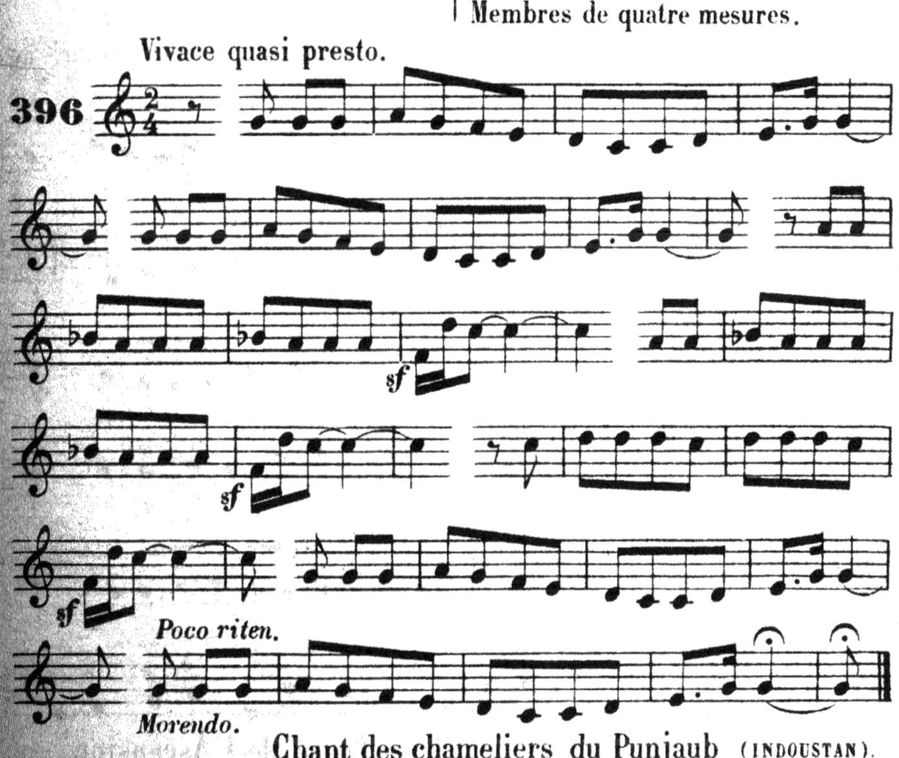

Chant des chameliers du Punjaub (INDOUSTAN).
(Tuppah.)

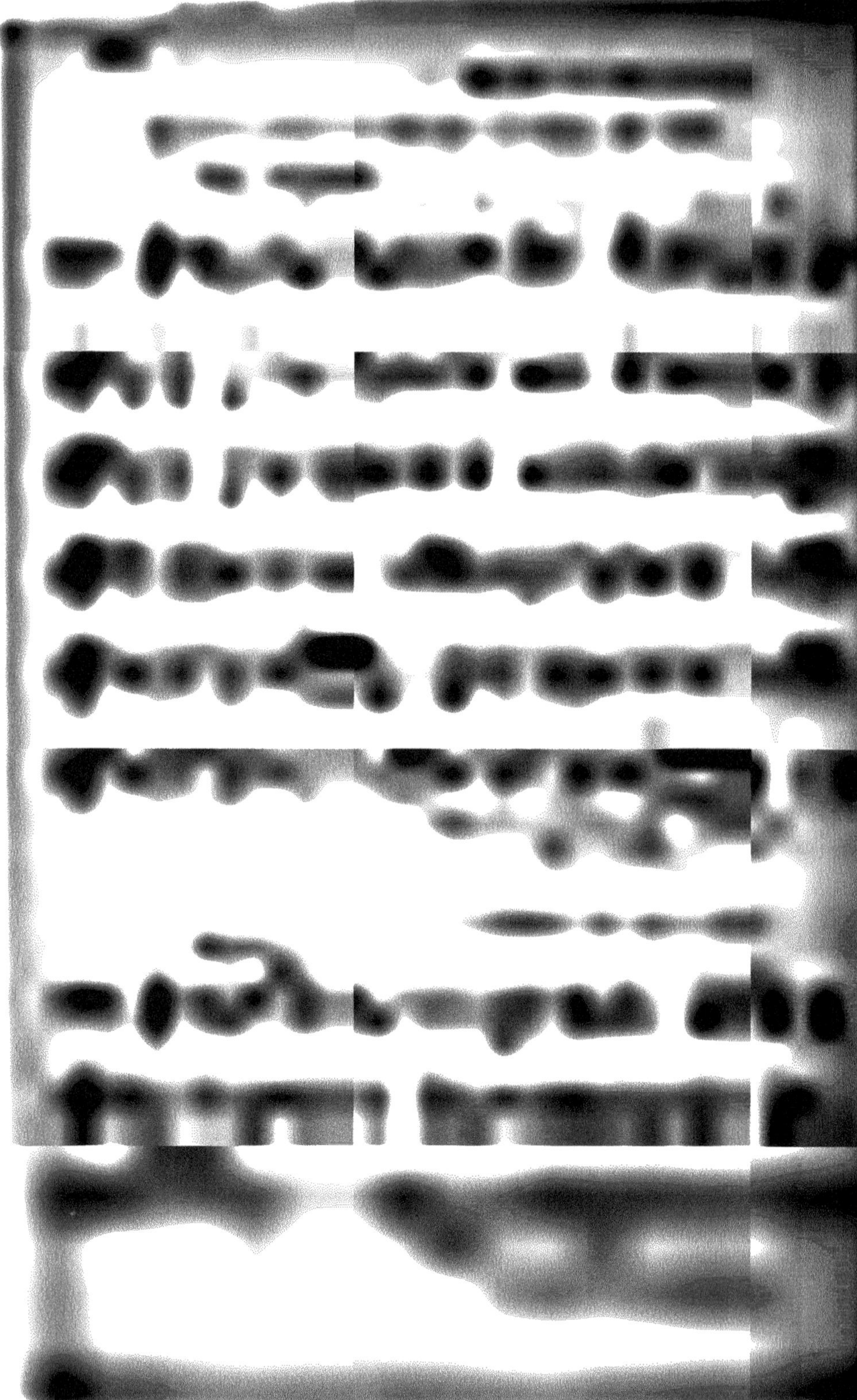

Membres de deux et de trois mesures.

(Battre la mesure en divisant les temps par deux)

Larghetto.

399

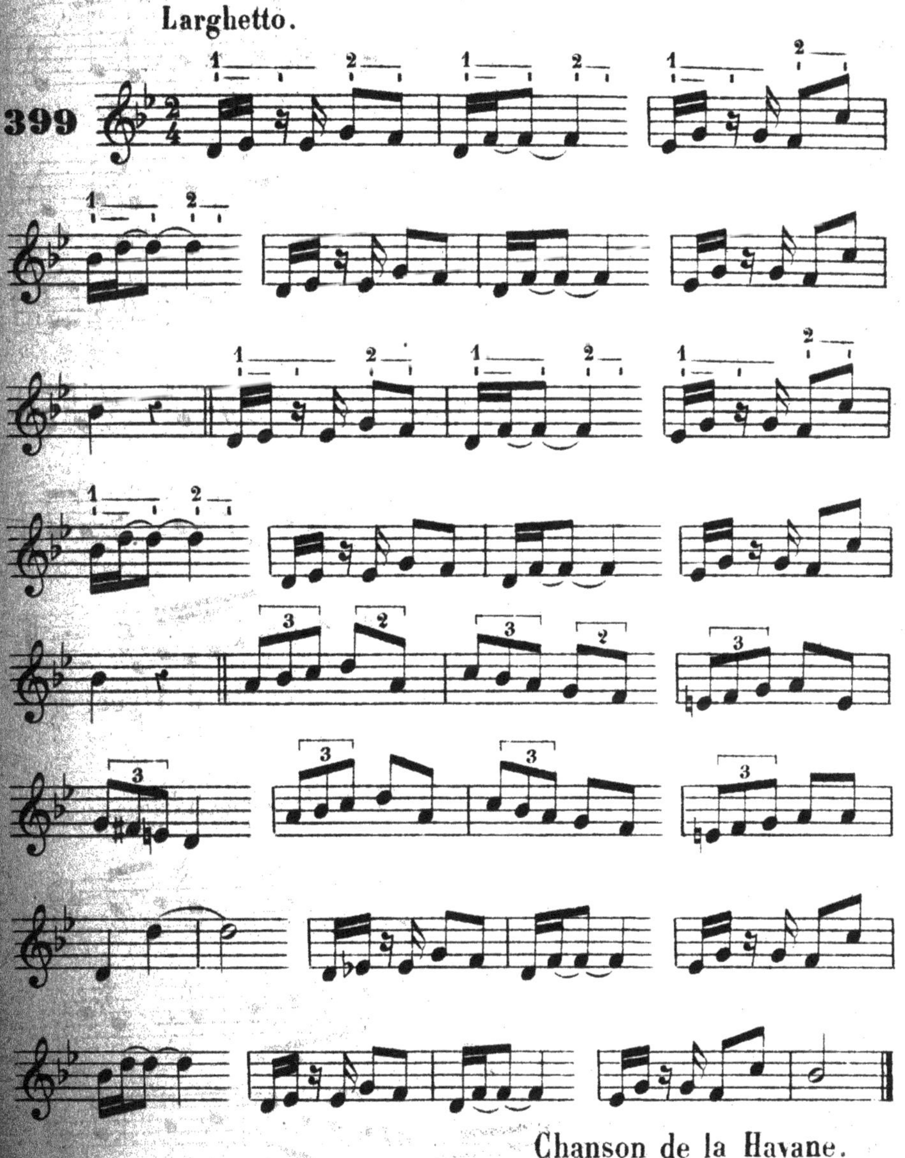

Chanson de la Havane.

(Nena mia.)

Membres de coupes variées.

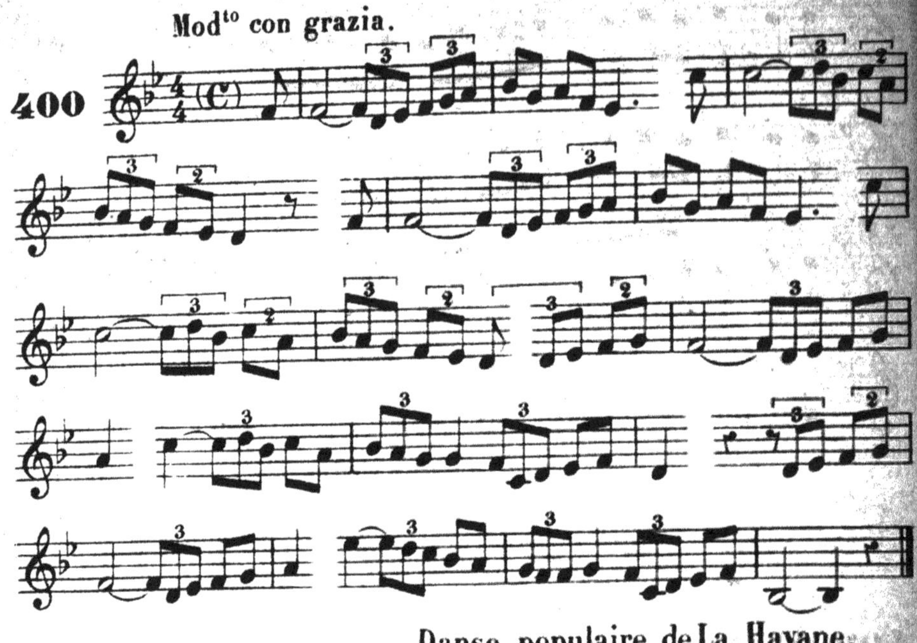

Danse populaire de La Havane.

Membres de coupes variées.

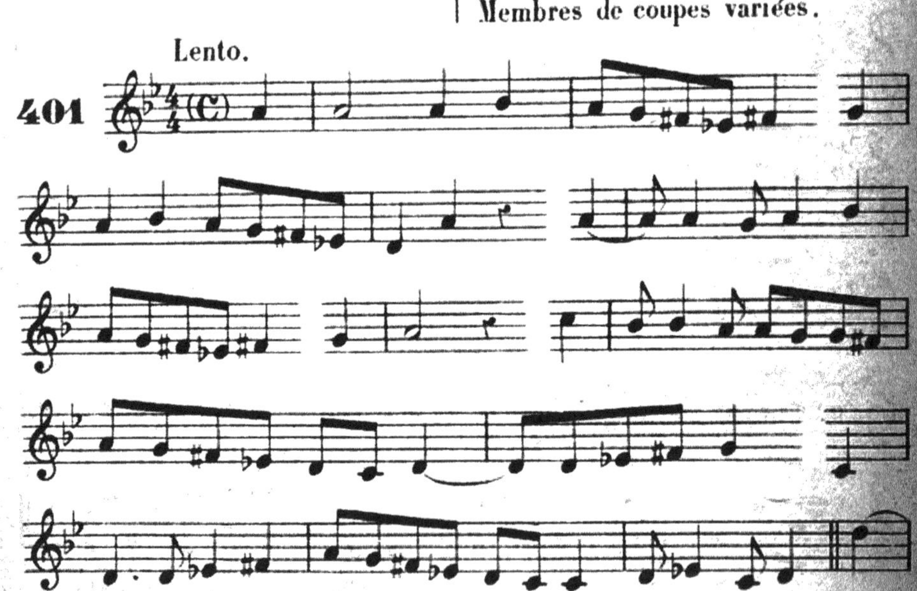

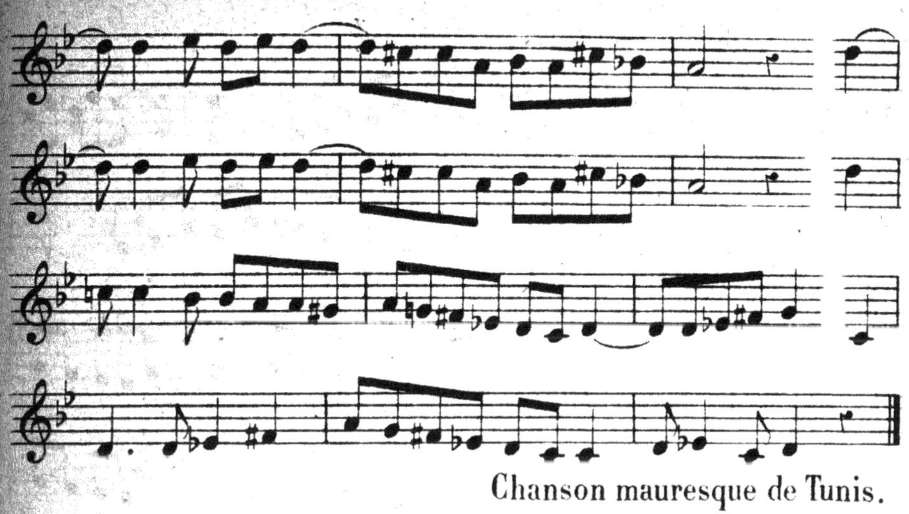

Chanson mauresque de Tunis.

Membres de coupes variées.

Allº animato e leggiero.

402

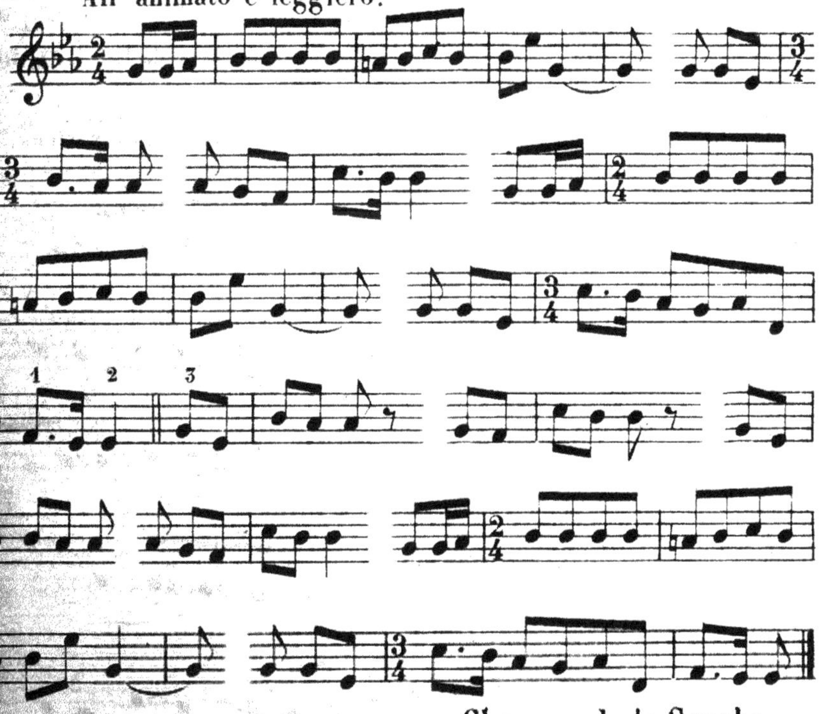

Chanson de la Souabe.
(Die Auserwählte.)

Membres de coupes variées.

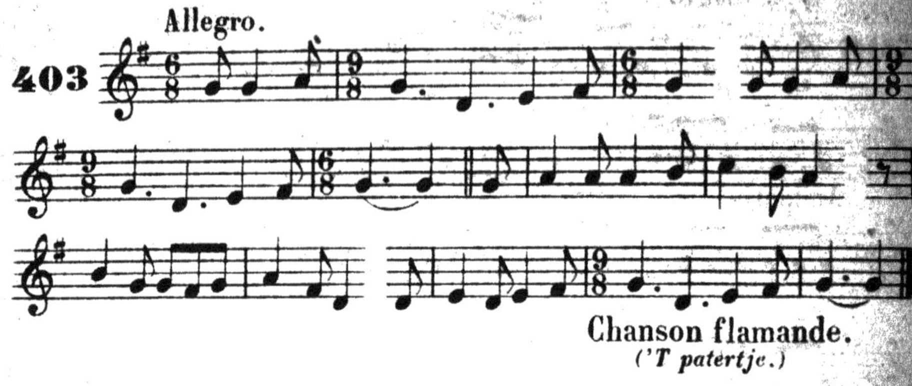

Chanson flamande.
('T patertje.)

Membres de coupes variées.

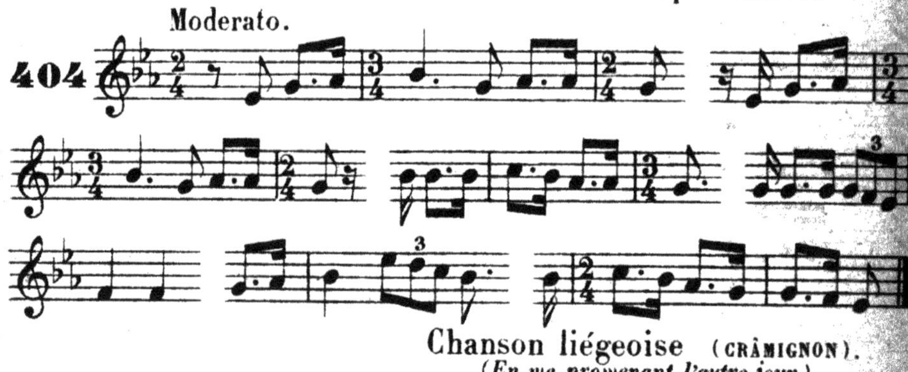

Chanson liégeoise (CRÂMIGNON).
(En me promenant, l'autre jour.)

Membres de coupes variées.

Andantino.

405

Chanson des Pyrénées Orientales.
(Una cansounetta nobè bou la dirè.)

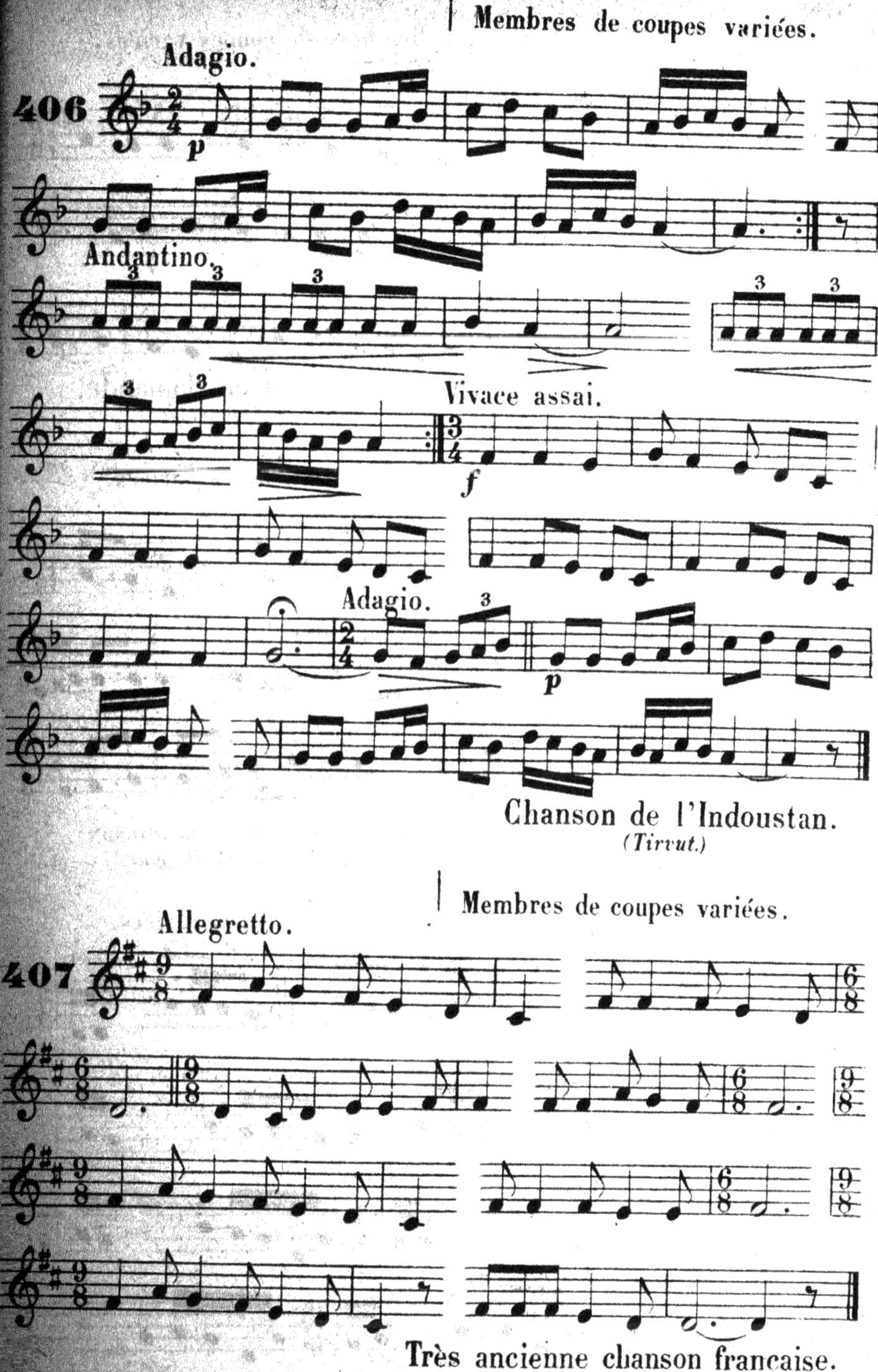
Membres de coupes variées.
Adagio.
406
p
Andantino.
Vivace assai.
f
Adagio.
p
Chanson de l'Indoustan.
(Tirvut.)
Membres de coupes variées.
Allegretto.
407
Très ancienne chanson française.
(James damoreux couart.)

MESURE A CINQ TEMPS.

Mesure à $\frac{5}{4}$.
(mesure composée d'une mesure à $\frac{3}{4}$ et d'une mesure à $\frac{2}{4}$.)

Membres de deux (doubles) mesures.

All° vivace.

408

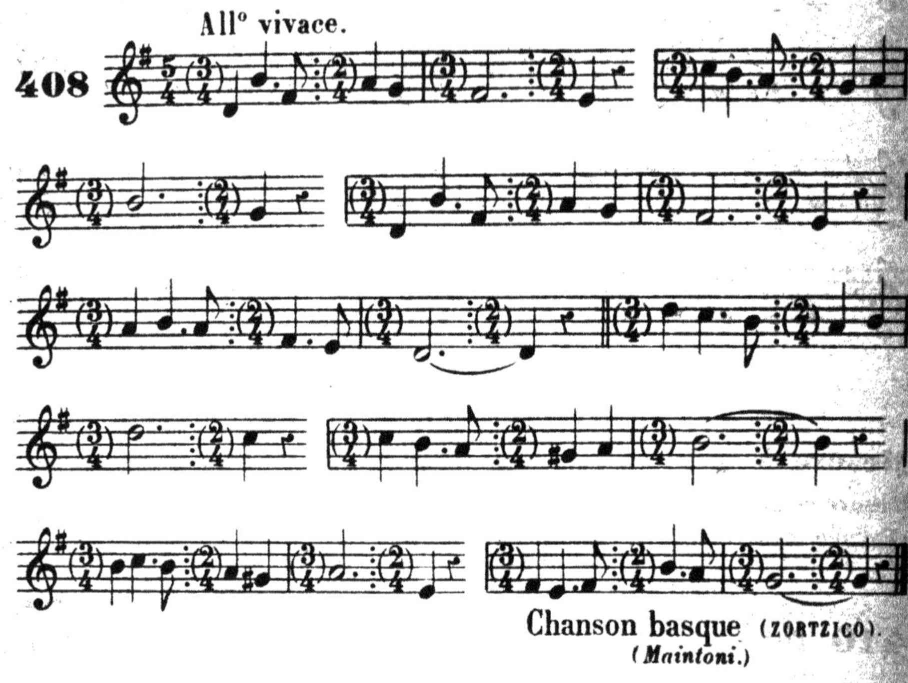

Chanson basque (ZORTZICO).
(Maintoni.)

Membres de deux (doubles) mesures.

All° non troppo.

409

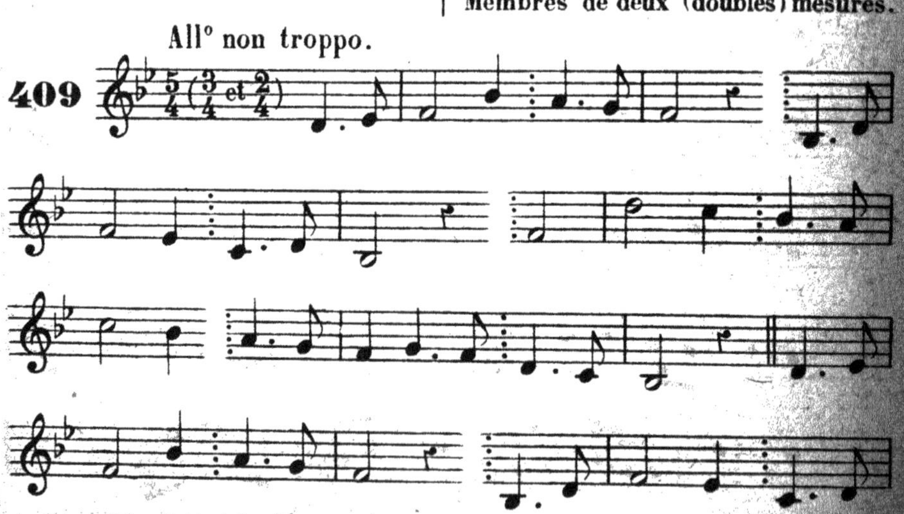

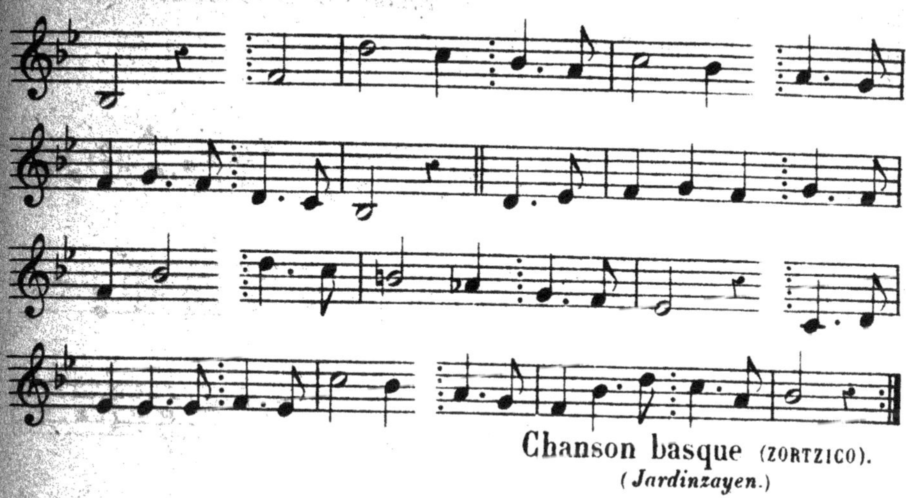

Chanson basque (ZORTZICO).
(Jardinzayen.)

Mesure à $\frac{5}{8}$.
(mesure composée d'une mesure à $\frac{3}{8}$ et d'une mesure à $\frac{2}{8}$.)

Membres de deux (doubles) mesures.

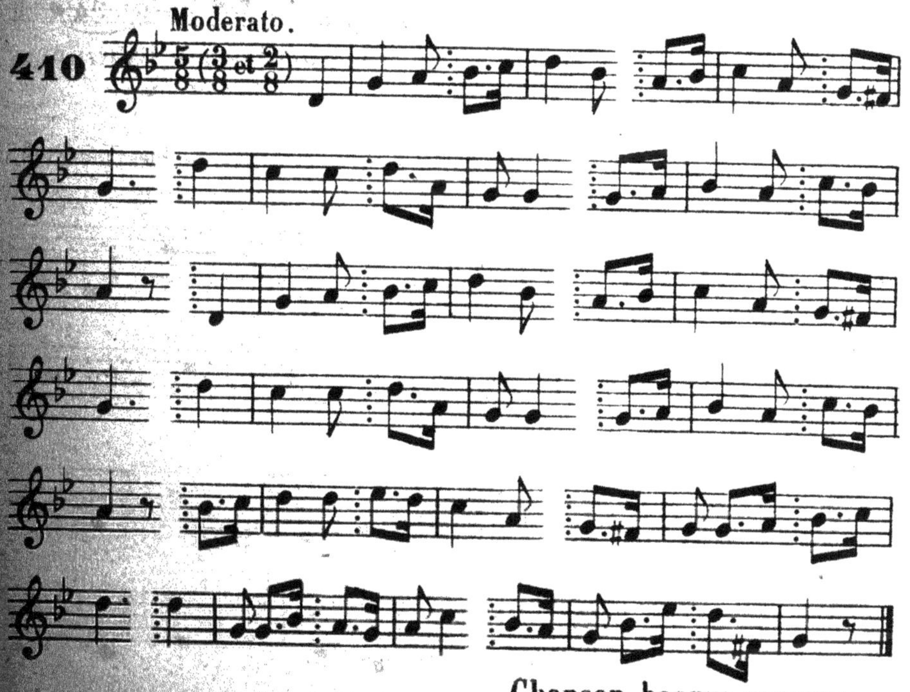

Chanson basque (ZORTZICO).
(Nere Senaria.)

Membres de deux (doubles) mesures.

All° vivace.

411

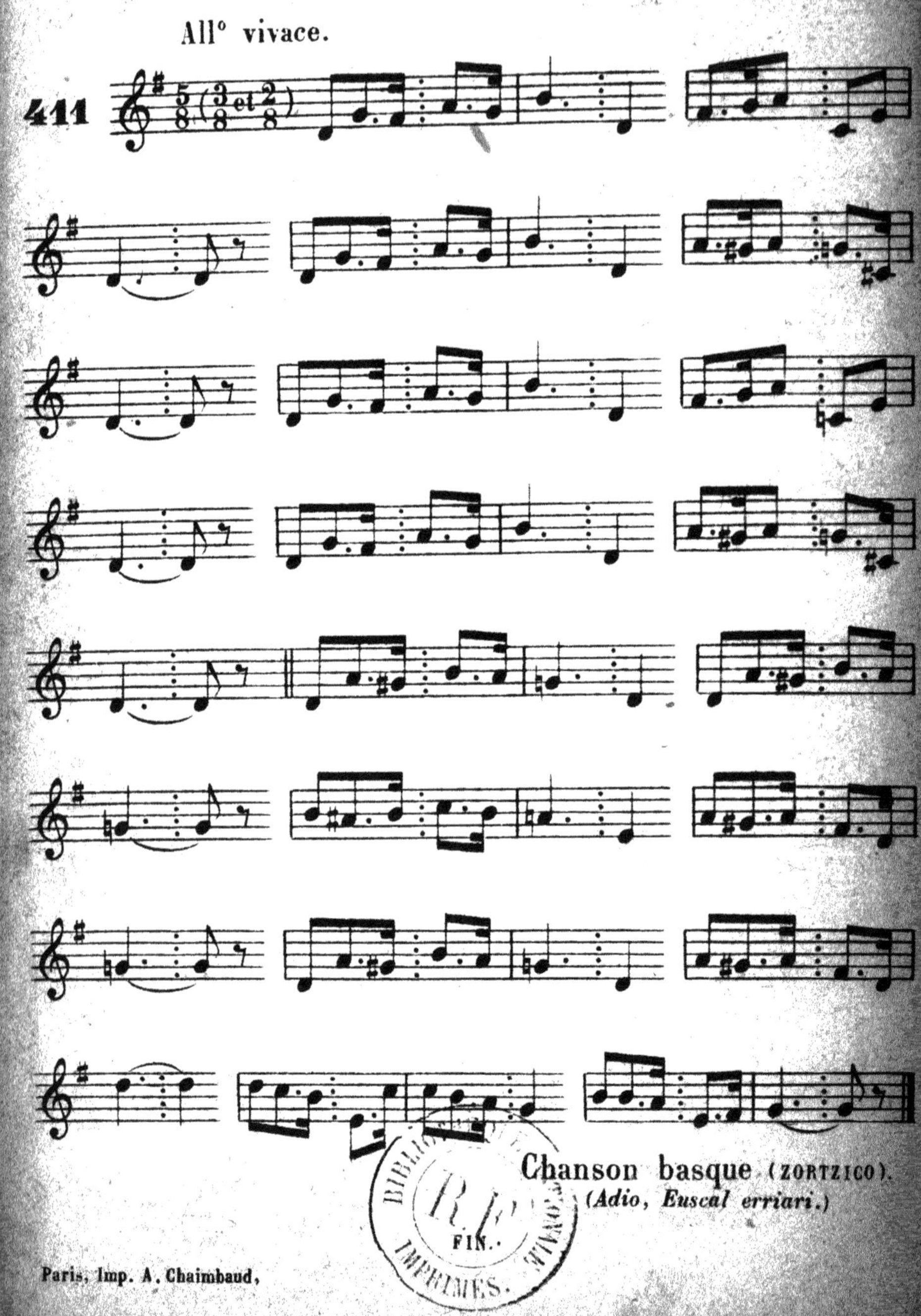

Chanson basque (ZORTZICO).
(Adio, Euscal erriari.)

FIN.

Paris, Imp. A. Chaimbaud,

www.ingramcontent.com/pod-product-compliance
Ingram Content Group UK Ltd.
Pitfield, Milton Keynes, MK11 3LW, UK
UKHW022016170726
13837UKWH00001B/215